中小学生高效学习系列丛书



# 高中生
# 好方法 好成绩

衡雪林·编著

天津出版传媒集团
天津科学技术出版社

**图书在版编目（CIP）数据**

高中生好方法好成绩 / 衡雪林编著. -- 天津 : 天天津科学技术出版社, 2018.5

ISBN 978-7-5576-4742-1

Ⅰ.①高… Ⅱ.①衡… Ⅲ.①高中生一学习方法 Ⅳ.①G632.46

中国版本图书馆CIP数据核字(2018)第040596号

---

责任编辑：曹　阳
责任印制：兰　毅

---

天津出版传媒集团
天津科学技术出版社 出版

出版人：蔡　颢
天津市西康路35号　邮编 300051
电话（022）23332392（发行科）　23332369（编辑室）
网址：www.tjkjcbs.com.cn
新华书店经销
三河市恒彩印务有限公司印刷

---

开本710×1000　1/16　印张16.75　字数250 000
2018年5月第1版第1次印刷
定价：39.80元

# Contents 前　言

有这样一句意味深长的话：“高中是人生中欠壮待熟之时，不抓住这个时节及时播种，勤劳耕耘，就难望果实累累的丰收。”

我们必须认识到，现代社会的复杂多变已经给所有的中学生造就了一种极富挑战性的生存环境。这就要求所有的高中生首先要正视自身所面临的一切，尤其是自己的不足之处。要想在激烈的竞争之中赢得一席之地，除了要发挥自己原有的优势，还要弥补自己的缺点和不足。

当前，研究学习方法，探索学习途径，提高学习效率，越来越被广大高中生所重视。由于高中阶段需要学习的知识量大增，如果没有适合自己的学习方法，就很难完成繁重的学习任务，就只会使自己成为功课的奴隶。学习方法是提高学习效率的利器，学习方法的优劣具有决定性的意义。

从学生学习的实践来看，学生能否学好，关键在于是否掌握了学习的主动权。而学会如何学习，则是获得主动权的根本所在。进化论的创立者达尔文说过：“最有价值的知识是关于方法的知识。”他认为，掌握方法比掌握具体知识更重要。无数科学家成长的道路充分说明了研究学习方法的重要性。

本书就是专门向那些急需掌握学习方法的同学们，提供一些常见的、实用的方法。这里有一些学习策略，更多的是一些具体操作模式。从高考前平时的饮食起居入手，针对整个“高考链条”中的复习备战、查漏补缺、心理调适、临场发挥、考试细节、答题技巧，以及学生的考后调整等方面进行全方位研究探讨，熔状元经历、教师谈经、专家论道、编者心得于一炉，是广大考生高考制胜的成功宝典。

编　者

Contents 目录

# 第一篇 最有价值的是方法

## 第三篇　备考与试题分析

## 第四篇 考试的要领和技巧

# 第一篇

# 最有价值的是方法

# 第一章 适合自己的才是最好的

## ◆学习要有计划

古人云：“凡事预则立，不预则废。”学习也是一样。在同学们中有两种态度值得注意：一是认为计划纯属“多此一举”，因而根本就不订学习计划，采取放任自流的做法，学习凭情绪。这自然是没有什么效率可言的。二是订了计划，实施不力。懒惰思想作怪，计划目标太高，不符合实际，不科学，从而难以实施。

很明显，这两种态度对我们的学习有很大的妨碍，要想有高效的学习，就要有切实可行的学习计划。它的作用可概括为以下几点。

一、激发学习热情

一个学生没有了希望，也就没有了勇气；没有了目标，也就没有了动力。有了学习计划，就有了奋斗的蓝图，它能使自己行动有依据，努力有方向，心

**特级教师**

一份好的计划能使时间安排得更合理。干什么，干多少，先后步骤，计划中全有了，无须观望，避免了弯路，从而促进了学习效率的提高。缺乏计划性的同学坐下来，还要为干什么而考虑半天，这也是一种时间上的浪费。一个学习有计划的同学因为知道玩一个小时，聊一小时将会耽误计划中哪项任务而会对这一小时倍加珍惜，在干什么上做出取舍。

中充满希望，这对一个人的鼓舞是难以估量的。一位同学感到自己外语基础差，制订了每天掌握10个单词的目标。当他看到在自己的努力下目标成为现实，外语成绩提高了的时候，他感到了快乐，这促使他更自觉地执行计划，也使他的学习步入了正轨。

### 二、磨炼自己的意志和毅力

在执行计划过程中，经常会遇到一些意外的情况，为了保证计划实施，就要努力排除各种干扰和诱惑。如三九寒冬强迫自己爬出温暖的被窝；当天的作业没完成时，再吸引人的电视节目也不看。在这个过程中，意志和毅力会逐渐得到提高。

### 三、养成良好的学习习惯

心理学家的研究与实验表明，人们把某种行为形成一种习惯，大约需要21天。制订和执行一个科学而周密的计划，有利于养成良好的学习和生活习惯，提高独立学习的能力，使我们成为在学习和生活上有条理的人。按照科学的学习计划办事，就会使学习生活节奏分明，一旦形成了“条件反射”，就不用为每一个具体的学习行动付出意志上的努力了。什么时间起床，什么时间睡觉，什么时间坐下来学习，会非常自觉地去进行，而且会逐渐形成习惯。可以说，良好学习习惯的养成是离不开科学的学习计划的。

## ◆如何制订学习计划

制订一个切实可行的学习计划可使学习目的明确、按部就班，并充分合理地利用时间；还可以使各科学习彼此协调起来，使自己成为学习的主人。否则，学习就会带有一定的盲目性。制订学习计划需要注意以下几个方面。

### 一、明确目标

每个同学要为自己确定学习所要达到的阶段性目标。如每天、每周、每月所要达到的目标，使自己能时刻看到努力的方向，而不至于盲目徒劳。

在制订学习计划时，要将学习与其他各项活动统筹安排，除了学习、吃饭、睡觉等必不可少外，还应把娱乐和锻炼时间也计算在内。另外，别忘记了给自己留一点与朋友和家人谈天的时间，以及看电视的时间。一天的活动富有变化，学习、活动井然有序，过一种健康而有规律的生活，这是有效学习的基础。

二、结合自己的实际

每个同学必须了解自己的学习状况，包括以前各学期的成绩，目前的学习状况，以及若干学期以来学业方面的发展情况，是不断进步，是今不如昔，还是起伏不定。要明确通过本阶段的学习，自己究竟掌握了多少内容，哪些内容生疏，哪些地方薄弱，这些都必须做到心中有数。通过分析，自己实事求是地确定学习的起点、范围及重点。

三、学习计划的周期不宜太长

我们可以制订一个长期总体性的把握大局的学习计划，以它作为自己的纲领来对待。但对于一个详细的学习计划来说，时间不宜太长。因为，学习状况是不断变化的。如果在执行了一段时间后发现自己的薄弱学科有长足的进步，不足的知识点也已得到巩固，就要适当地对计划进行调整，将时间向其他相对较弱的学科转移。

四、执行计划要灵活

比如复习某一科目时遇到两道难题，卡了半个小时也没有思路，却非要攻下不可。结果呢，不但这些题没完成，其他科目的计划也耽误了，自己情绪也难免受到影响。这时不妨先将这两道题放一放，先完成其他科目的计划，再回头处理这些难题，时间不允许的话也可以推到下一天或某个时候。

五、结合老师的教学进度

考试之前各科的复习是系统的并具有针对性的。每位同学对知识掌握的情况各不相同，而老师的进度安排多是以班内同学的平均掌握程度为标准。对所有的同学来讲，首先对自己的实际情况要有清楚的了解，把握老师所讲内容中自己似会非会的问题。及时查漏补缺，切忌急于冒进，以有针对性地牢固掌握为原则。

## ◆课本是一切考题的“根”

高中的老师们经常会提起一句话，叫作“万变不离其宗”。说的是不管试题怎样变化，出题的大范围不会改变，考查的知识点同学们也都学过，都可以在书上找到答题的依据。这里所指的书，就是教科书，也就是我们的课本。课本上的内容是我们解答一切问题的依据，不管考试的试题如何灵活多变，也无论试题难度究竟多大，其考查内容都来自课本。

既然说课本是一切考题的根本，那么也就是说所有的考题都是以课本上的某个知识点为核心衍生而来的，吃透课本就能够更加容易地发现解题的脉络从而快速解题。那么，究竟该怎样吃透课本呢？

①研究目录。通过目录，你可以把每个章节的知识脉络理清，在头脑中形成一个大概的知识框架，然后逐步回忆每个部分的具体内容。

②具体章节一字不落。在看各部分章节的时候务必要保证一字不落。只有这样，你才能理解每一个知识要素。同时，你要把重点知识用不同颜色的笔标记出来，以区分不同的理解难度。

③不断浏览书上做好标记的知识点，加深印象。这也是需要你经常做的事情。

其实，不断回归课本说起来容易，但是做起来却不简单。这需要考生不断地提醒自己，时时刻刻都能清醒地意识到课本的重要性，这样才能把课本完全吃透。

我们在研读课本时应避免两大问题：缺乏新鲜感和跳跃式阅读。这两大问题是研读课本的“杀手”，需要大家特别关注。

首先，不管是多么熟悉的课本，不管已经阅读了多少遍，都要不断地给自己暗示，以“这是一本新书”的心态来阅读，保持对课本的新鲜感。你可以在课本上不断地做一些简单的批注，把一些考题简单地标记在课本上，这样你每次看课本的时候都会有新的收获。

另外，看书的时候一定不能跳跃式阅读，即遇到自己已经熟练掌握的内容就一字不看，这样非常容易造成知识盲区。要知道，单单依靠几次考试是不能判断你对某部分的内容是否全部掌握了的。一旦你忽略了其中的某个细节，如果下一次的考试题目将该部分内容的考查细节稍做变化，你就可能会不知所措。所以，在考试之前，一定要认真地研读课本，把每个知识点都理解透彻。

## ◆笔记本是珍贵的资料

笔记本是我们高中阶段整个课堂学习的见证，里面有各科的重点、难点及代表某类意思的标记，它将是我们学习的有力助手。

### 一、学科资料本

一个学科一个笔记本，用它来记录老师的板书和章节的重点。倘若你在高一时就已经养成了做笔记的习惯，那么你上高三的时候就会轻松许多。你可以把某一科目所有的笔记汇总订成一个大资料本，之后去掉一些非重点内容。

这类笔记的最大作用在于能够将典型例题进行归纳总结并将同类型的题目进行汇总。这样就可以在做一道题的时候进行更多角度、更深层次的思考。学科资料本的种类很多，一般来说，语文有易错字词本、文言实词虚词本、作文素材本；数学有公式定理本、典型例题本；英语有单词本、语法本、作文本，等等。

学科资料本最大的特点就是能够将各科中各部分的知识点和需要掌握的内容梳理清楚，便于我们从整体上把握课本的知识脉络，节省我们的时间。

### 二、典型题、错题本

在很多学校和班级，典型题、错题本是人手一本的。在考试之前，大家都会把这个本上的内容再看一遍以加深印象，这样可以有效防止相同类型的错误在考试中再次出现。典型题、错题本不能仅仅把题目和答案记录在上面就算完事，还应该加上详尽的注释，包括自己的思维误区、相关知识点、解题心得等。经常温习上面的内容，可以使自己的错误率大幅度降低。

典型题、错题本的形式很多。有的同学是将遇到的好的题目和错的题目都抄在同一个本子上，过一段时间

**清华状元**

不管使用哪种类型的典型题、错题本，平时经常翻阅这些题目才是最关键的。倘若仅仅是在考前搞突击，效果也不会很明显。平时不断积累、反复巩固在备考过程当中尤为重要。

再把这个本子上的内容重新做一遍，倘若又出现了错误，就把错误的内容抄写在另外一个本子上，形成递进式学习法。也有的同学是将自己做过的卷子订在一起，然后在每份卷子上都标注上自己做错题的题号，这样翻开卷子就会一目了然。还有的同学将题目进行分类，使其条理清晰，从而能够更有目的地进行复习。不同类型的典型题、错题本都有各自的优势和劣势，这就需要同学们依照自己的喜好来确定哪种类型更适合自己。

有一点要明确的是，重新做题集并不是“题海战术”。我们提倡要做适量的习题，解答标准化的样卷，因为只有题目做得多了，解题的思路才会增多，才会熟能生巧，遇到相同类型的题目才能驾轻就熟。所以，做适量的试题是学好高中各学科的必要条件。反之，我们也要清楚一点，即使把所有在高中学到的知识点都汇集起来，最多也只是一本小册子，抓住其中精髓才是重中之重。而做题的目的是掌握解题方法与技巧，总结解题规律，起到举一反三的效果。因此，我们要做的是典型题，切不可陷入题海而事倍功半。

## ◆我们要端正学习态度

学习态度不同，学习动力和学习效果也会不同。因此，可以说学习态度制约着学习的效率和学习的成绩。良好的学习态度是学习成功的内因之一。

### 一、态度和结果成正比

成功就必须努力，付出才有望回报。有些人爱读书，有些人爱玩乐，这样的习惯本无优劣之分，只是个人爱好不同而已。但是，人们之所以鼓励读书学习，反对过度的玩乐，并不是因为读书的人真的比玩乐的人强多少，而是出于一个很简单的逻辑——你付出什么，就会收获什么。你的行为决定着你是否会成功，你的心态决定着你的命运。

谁不想过那种睡到自然醒的生活？不想的人恐怕是“火星人”。上大学后可以、工作后可以，但现在，高中阶段的你不可以。你身上承载着太多人对你的希望，你不能让这些爱你的人受伤。所以，即使前方充满艰难险阻，但你已经没有了退却的道路。就地卧倒不是明智的做法，因为等到你再仰头观望时，你的同龄人早已把你远远地抛在身后。

社会竞争的残酷，高考形势的严峻，对学生的知识和能力提出了越来越高的要求。考试作为我们知识和能力的一种检验形式，作为迄今为止比较有效的选拔人才的手段和方法，理应受到学生足够的重视。挺过去就是美好的生活，挺不过去就要面对残酷的现实。学习绝对不是家长要你学、老师要你学，而是你自己内心想要学！如果你有这样的内在动力，还有什么困难不能克服呢？

## 二、鱼和熊掌不可兼得

面对瞬息万变的信息时代，兴趣、爱好与学习之间的问题逐渐升级，如何处理好兴趣爱好与学习之间的关系成为不容忽视的问题。这时你就需要做出取舍，拿出最大的克制力，“忍痛割爱”。

1. 上网、看电视。网络和电视能够让同学们最快地了解这个世界上发生了哪些新奇的事情。可是，这两件事也是最具危险性的，因为很多同学容易上瘾。网上的连载、电视上的连续剧都会使大家一看再看，浪费了大量的学习时间。

2. 个人嗜好。音乐是没有国界和年龄限制的。很多同学酷爱音乐，连写作业的时候都离不开音乐。实际上，这样特别容易分神，最后搞得音乐没听好，功课也没做好。倒不如认真做完作业，躺在床上舒服地享受音乐带来的快乐。还有的同学酷爱体育运动，玩的就是极限，每次都是大汗淋漓，回到家累得连饭都不想吃，哪还有精力复习？

3. 高三时的情愫。这是一个很奇怪的现象，高三繁重的课业压力不仅没有使同学们放下“感情”，反而愈加强烈，

**特级教师**

电视不能看，网不能上，了解社会的最佳方式就是报纸和杂志了。当然，这里说的报纸和杂志指的是新闻类的，绝对不是那些刊登明星小道消息的娱乐报刊。在阅读过程中，不仅可以获得信息、增长知识，还可以提高文学素养，对同学们的写作帮助很大。一些政治评论性的文章，其写作手法和层层剖析的思路在写议论文时使用，一定会使自己的文章增色不少。

这连很多专家都不能做出解释。大概就是因为同学们压力太大，故想寻找命运同路人吧！这个问题确实很棘手，解决不好就会闹得“人仰马翻”。不过，高三恋情也不全都是悲剧，也有“相互促进、共同发展”的，但这只是少数现象。说句实在话，同学们还是要现实点，毕竟每个人都要为自己的未来负责。如果因为“早恋”导致了高考的失败，自己的未来都无从谈起，两个人的未来则会变得更加渺茫，所以大家还是暂时放下儿女情长为好。

## ◆让大脑处于最佳状态

学习时除了要保持良好的心态以外，还要注意使头脑保持最佳状态。所谓头脑的最佳状态，是指注意力集中、记忆深刻、思维敏锐、思路清晰、提取信息准确而快捷。为此，这里向大家推荐一种健脑法和两种健脑操。

这种健脑法指三分钟瞑目静思健脑法。这一方法是日本京都大学川田爱义教授提出来的。实验表明，瞑目静思可以缓解或减弱大脑某些功能的紊乱，使脑电波处于稳定和谐状态；可以使机体耗能量减少，需氧量降低，呼吸次数减少；可使血液中被称为“疲劳素”的乳酸含量下降；可以有效地刺激主管情感的大脑右半球，从而最大限度地发挥主管思维的大脑左半球的功能。这一方法有三个步骤。

第一步，静坐。瞑目静思时，首先应安静、平稳地坐着。在椅子上静坐时，腰部自然挺直，两腿自然靠拢。椅子高度要适中，使大腿正好与地面平行，大腿和小腿间弯曲成直角。

第二步，呼吸。调整好坐式后，用 2 分钟时间来调节呼吸，这是瞑目静思的重要环节。这时两眼要自然地轻微闭合，使调节呼吸时有安宁的情绪。调节呼吸包括腹式呼吸和静数呼吸两个环节。腹式呼吸时，要尽量缓慢鼓腹和深深吸气，然后再缓慢吐气使腹部恢复正常。反复操练后，可使呼吸次数从每分钟 9 ~ 10 次，逐渐降到 5 ~ 6 次。为了使调节呼吸所具有的放松和安宁的情绪及排除杂念的作用得以充分发挥，除进行腹式呼吸外，还可以辅以简单有效的静数呼吸，即吐气时默不作声地数“1、2、3、4……”这是为了使身心处于统一的状态。

第三步，暗诵。整个暗诵过程为1分钟，这是瞑目静思、集中精力的精髓。进入暗诵时，仍应保持腹式呼吸，动作可更加轻缓。同时，应把放在大腿上的双手提起来，用同样姿势轻轻放在胸前，此时，便可不出声地在心中默念。暗诵的内容可选择自己的美好理想和坚定信念，如“我一定会成功”“我头脑很清醒、思路很清晰”“我有信心、有能力”等简单词句。这样有条不紊、反复多次地暗诵1分钟后，就可慢慢地睁开双眼。

同学们可每天在睡前或起床后，也可在每次学习前或学习疲劳时，甚至在紧张的考试间隙瞑目静思，然后再投入学习或考试。此时，清醒的头脑会使你的记忆力、注意力、思维能力和想象力成倍增长。

两种健脑操都是手指健脑操。科学研究证明：人体各部分器官乃至每一块肌肉，在大脑皮层中都有相应的代表区域，而占区域最广泛的就是手指运动中枢。人的双手能做出成千上万种动作，人的大脑能进行瞬息万变的思维，手的动作与脑的思维紧密相关，手的动作越复杂越能激发大脑的思维功能。

两种手指健脑操的具体做法如下。

第一种：伸出两手食指，准备在桌面上敲打；右手食指敲打一下，左手食指敲两下，尽量不要搞错，连续敲3分钟；再改为右手食指敲两下，左手食指敲一下，连续敲3分钟。熟练后速度逐渐加快。

第二种：两手做抱球状，以右手大拇指与左手食指相碰，再以右手食指与左手中指相碰，同时，右手大拇指与左手食指相离。如此，以右手中指对左手无名指，以右手无名指对左手小拇指，以右手小拇指对左手大拇指，后一对相碰后，前一对相离，连续做5分钟。熟练后逐渐加快。

手指健脑操简便易行，随处可做，不但能激发大脑活力，而且当你考前情绪不佳时，集中注意力做做这样的练习，能暂时摆脱考试焦虑的困扰，缓解心理压力，使头脑保持最佳的竞技状态。

# 第二章
# 高考目标的正确树立

## ◆有目标才会成功

任何一件事情要想圆满完成都离不开清晰而明确的目标，高考也是如此，只有目标明确才能有的放矢，才能达到理想的彼岸。在对考入清华、北大的状元们进行认真研究后，我们发现，他们有一个惊人相似的特点，那就是他们都有一个清晰的，适合自己的目标，并且在目标确定之后，他们都能坚持朝着这个目标去努力，不管遇到什么困难，都不轻言放弃。

在学习和社会实践活动中，有目标的人才能勇往直前，才能为实现自己的目标而奋斗。没有目标的人，就没有内在动力，任由外力推移，终生一无所获。因此，目标犹如空气，是生命中不可或缺的。没有空气，人不可能活下去；没有目标，人就不可能成功。

任何一个人都应该从实际出发去制订自己的目标：倘若你的成绩名列前茅，那你定目标时就要更高、更远，并且应该更多地去考虑名校的名专业，由此给自己设定各个阶段的目标；倘若你的成绩属中游水平，那你制订目标时就要使自己大踏步前进，成绩大幅度提升，并且应该想办法朝重点高校进发；如果你的成绩不尽如人意，那你制订目标时就要使自己紧追猛赶，尽快摆脱困境，同时应该现实地考虑自己的升学问题。如果你没有意识到这点，或许你就会进入一个周而复始的困惑之中。你明明成绩不佳，但一心想读重点大学，期望值过高，而短期内成绩提高不明显，达到目标似乎遥遥无期，往往会使自己一蹶不振，心灰意冷。你明明成绩中游，但脑海中一直想着名牌高校，追求太高太远的目标，这往往会使自己陷入无限的惆怅之中。

实际上，无论你的考试有怎样的结果，都不要责怪他人，也不要抱怨上天的不公平，毕竟过程是结果的直接影响因素，而这样的结果也都是你平时的努力付出换来的。如果结果并不理想，那或许是因为自身的学习方法不得当，又或许是因为自己努力得还不够，总之一定能够找到问题所在。

从实际出发制订的目标是最现实、最有效的。倘若自己已经把一个又一个的目标实现了，那可以说自己已经尽到了全力。在高考这件人生大事上，任何人都不会随意处之，而将每一个目标变现实就意味着在高考中取得了成功。人生应有目标，学习应有目标，高考更应有目标，有了目标才会有成功。

## ◆三轮复习应完成的目标

进入高三，就进入了紧张的复习阶段。这个阶段可分为一轮复习、二轮复习、最后冲刺复习（三轮复习）。虽然学校之间的情况各不相同，设置的复习阶段也略有不同，但要达到的目标却基本一样。

### 一、一轮复习的目标是要夯实基础

一般来说，一轮复习的时间是最长的，也是最详细的。这是成绩能上一个大台阶的最有利时机，错过了这个时机，要想较为轻松地超越别人就不容易了。在这个阶段，考生应该把“夯实每个知识点”作为自己的目标，然后想办法去把这个目标实现。要知道，老师在讲授的时候，往往是依照班级中等学生的学习情况来安排自己的教学进度的。倘若在这个阶段你觉得“吃不饱”，那么你就可以在把老师布置的各项任务完成好的基础上，加大难度进行训练；倘若在这个阶段你觉得“吃得过饱”，那么你就应该尽可能拿出更多的时间来跟上老师的进度。在这个时候，只要能够保证自己跟得上大部队，那就达到了目标。

## 二、二轮复习的目标是综合能力有突破

经过了一轮的复习，考生对自己所学知识有了比较清楚的了解，也能够逐渐建立自己的知识脉络。通过这些知识脉络，考生就已经可以解答高考中的中档题了。所以在实际的二轮复习阶段，考生的解题能力应该已经有了比较明显的进步。同时，这个阶段也是学习水平的分水岭，成绩在这个时候就开始逐渐拉开差距。

进入高考第二轮复习，应该确立以下五个目标。

（1）**重拾遗忘知识点**。高考第二轮复习绝对不像一轮复习那样按部就班，复习前后的跨度非常大，而且老师往往会以专题的形式来进行复习。这就需要考生必须掌握一轮复习中所学到的基本知识，找到相关内容提前准备，抓住复习的主动权。虽然经过一轮复习后，考生对基础知识的掌握有了较为明显的提高，但是在综合运用这些知识方面还是非常薄弱的。同时，由于一轮复习的知识量非常大，一些概念、公式和方法会慢慢遗忘，所以，在这个阶段，就更应该回顾课本、学习笔记和错题本，避免知识点大量遗忘，尽可能地巩固自己的学习效果。

（2）**搭建知识结构**。高考第二轮复习将会加大横向关联内容的联系，其实就是前面所说的以专题形式来进行复习。这就需要考生能够搭建自己的知识结构，而不是完全照搬别人的经验，因为每个人的实际情况并不相同，别人的知识结构对你的帮助不大。所以，这就需要自己一步一步地把基础夯实，在牢固的基础知识之上构建自己的知识结构。

（3）**形成自己的学科思想和方法**。有些题目确实会有简便方法，运用这些简便方法可以更快更好地把题目做出来。倘若在高考考场上能够想出解一道题目的简便方法，的确可以大大提高解题速度和解题质量。但是在复习阶段，同学们大可不必把精力投到寻找简便方法上去。这个阶段，要以形成自己的学科思想和方法为目标，构建准确的解题思路。经过这样的训练，虽然你的解题方法不是最简单的，但却是最稳妥的。

（4）**跟紧老师的复习思路**。这是一个看起来不像目标的目标。然而，跟上老师的进度在这个阶段却显得尤为关键。按照老师的部署，在“消化”完当堂课的内容的基础之上，认真完成各科课后习题，并把课本上的典型例题做熟做透。

倘若在复习的过程中遇到了困难，要尽可能进行独立思考，把思考的过程和结果记录下来，并在最短的时间内找老师或同学求证，发现自己的问题所在。

（5）**多做中档题**。高考复习最忌讳的就是钻牛角尖，专挑偏、怪、难题去做。在高考第二轮复习过程中，大可不必去做这些高难度的题目，因为这样不仅严重影响了自己的自信心，也大大阻碍了对基础知识的掌握。这个阶段，要以成绩提高最大化作为自己的目标，尽可能地提高解题的正确率，提高解题质量，并及时总结、记忆、消化。

同学们能够实现以上五大目标，就达到了高考第二轮复习的目的。

### 三、最后冲刺复习的目标是提高应用能力

高考第三轮复习，到了最后冲刺阶段，实际上也就进入了“攻坚”阶段。在这个时候，考生应该开足马力对所学知识进行强化练习，积极配合学校和老师进行模拟考试。模拟考试是高考前的练兵，一般来说，学校都会依照高考的时间、学科顺序等来安排模拟考试。同学们要严格按照高考的要求进行考试，提早发现自己的知识漏洞。

最后冲刺阶段虽然不能使你的成绩大幅度提高，但其复习效果的好坏却在很大程度上决定着你高考的成绩。毕竟这个阶段离高考最近，是最不能出现问题的一个阶段，也是高考复习中最关键的一轮。

这个阶段的目标非常明确，那就是在牢固掌握基本知识的基础之上，尽可能地提高自己的应用能力。在这个阶段，虽然不提倡做难题，但把历年考试的最后一道题或者最难的一道题拿出来尝试着解答一下是十分有必要的。因为通过难题的训练，可以使自己综合考虑

**特级教师**

高考的每个阶段都有各自的目标，高三生活实际上就是把每个阶段的目标一一攻克。考上理想的大学是每个考生的最大目标，但想要实现这个目标，就需要耐心地先把一个个小的目标完成。

各项因素的能力显著提高，能够更好地进入高考备考状态。但在这里也要提醒同学们，务必要选择历年的高考命题来做，切不可随便找一些习题，否则很可能既浪费精力，又达不到练习的目的。

冲刺阶段我们最应该做的就是大踏步地向前迈进。不管你是否已经做好了准备，进入这个阶段，你就要勇敢地面对高考，把自己的目标一一实现。

## ◆完成目标不打折扣

确定每个学习阶段的目标并非难事，毕竟在高三的道路上有太多的指路人，你可以在老师或父母帮助下很轻松地为自己制订一套行之有效的学习方略。然而，大家需注意的是，制订目标容易，实施起来却并非想象中那么简单。

倘若你在高三之初给自己制订一个目标是每天背诵 30 个单词，这看起来好像并不困难，但是你计算一下，如果你能坚持下来的话，100 天后你就将记住 3000 个单词。一般来说，能够熟记并准确使用 3000 个单词就可以与外国人比较轻松地交流了。但是你觉得你有可能在 100 天后达到这样的水平吗？一般情况下是不大可能的。因为英语学习除了单词的记忆之外，还有语法的学习、口语与听力的训练等，再加上一些不确定的干扰因素会影响你的复习进度，更可怕的是遗忘会使你忘记了曾经背过的单词，这些因素都会导致最终结果并非预期中那样令人满意。

所以，我们希望大家在制订可行性学习方案的同时，尽量确保执行过程能不打折扣。

### 一、完成时间不打折扣

这点其实很重要，你往往会因为各种突发事件耽误了自己的学习进度。可是，你应该每天尽可能地节省下一些时间来把当天没有完成的计划完成。这或许是一件非常痛苦的事情，因为你将要付出比别人更多的劳动，但是你也将睡得更安稳，毕竟你丝毫不用担心那些没有完成的任务在第二天会给自己带来的困扰。

或许有同学认为执行计划可以灵活，不必这么死板。这说得一点也没错，但前提是你必须是一个毅力非常强的人。如果你前一天的事情没有做完，而你又可以在完成了第二天需要做的所有事情之后把第一天未完成的事情补做完，那毫无疑问，你完全可以这样安排学习进度。倘若你不具备如此毅力，那么建议你还是不要贸然尝试，否则遗留的问题将像滚雪球一样越来越大，让你不堪重负。因此，灵活安排学习计划对绝大多数同学来说并不适用，按部就班的学习才是常理。

## 二、完成质量不打折扣

速度和质量往往是一对冤家。一味地追求速度所导致的结果就是质量的低下；而一味地追求质量所导致的结果可能就是速度的缓慢。高考考查的就是考生的整体水平，这就要求我们在知识的掌握上不能出现盲区。如果我们每个大的知识点都掌握了，但对一些细微的知识点却总是一知半解，这样必然会使自己在答题的过程中遇到很多的困难。能力强的学生可能会运用所学知识及时解决，但能力稍差一点儿的同学可能就会因此失分。所以，不管在哪一学习阶段，保证学习效果非常重要。

## 三、巩固成果是关键

我们不能仅仅把目光聚集在一个又一个新目标上。因为过去完成的目标是新目标的基础。倘若基础不牢固，完成后面的目标将会很艰难。所以，无论我们设置多少个目标，无论这些计划多么具有可行性，都需要想尽一切办法巩固以前所取得的成果。

这一点实际上很多高分考生都深有体会，不管是错题本还是随身携带的记忆小本，其目的就是为了不断温习曾经掌握的知识。换角度想想看，高考答案一公布，会有很多同学恍然大悟，其实之前都接触过类似题目，只是在考试的时候没有记住或没有灵活运用罢了。这实际上还是因为基础不牢固。

因此，我们应该尽量避免犯“空中楼阁”之类的错误，将“楼”从平地上盖起来。

# ◆要经得起挫折的考验

在实现目标的过程中，难免会遭受“风吹浪打”，我们要有经受挫折的心理准备。古人云：“天将降大任于斯人也，必先苦其心志，劳其筋骨，饿其体肤，空乏其身，行拂乱其所为，所以动心忍性，增益其所不能。”

随着历史的进展，到了21世纪，人们愈加认识到抗挫折能力的重要性，以至许多有识之士纷纷提出，一定要下大力气培养下一代的抗挫折能力，要让他们经受磨难，让他们承受压力。

德国天文学家开普勒，刚出生便多灾多难，在母亲腹中只待了7个月就早早来到了人间。后来，天花又把他变得疤痕累累，猩红热又弄坏了他的眼睛。但他凭着顽强、坚毅的品质发奋读书，学习成绩遥遥领先于他的同伴。后来因父亲欠债使他失去了读书的机会，他就边自学边研究天文学。在以后的生活中，他又经历了多病、良师去世、妻子去世等一连串的打击，但他仍未停下天文学研究，终于在59岁时发现了天体运行的三大定律。他把一切不幸都化作推动自己前进的动力，以惊人的毅力，摘取了科学的桂冠，成为“天空的立法者”。

国外有的学校，甚至把学生送上孤岛，老师们离去，让学生学会求生。许多理论家发表了成千上万篇论文，论证“抗挫折能力”“磨难教育”“压力教育”“淬砺教育”“死里逃生教育”等的必要性。现代社会，信息广、变化大、多元化、快节奏、高效率、多机遇，成功的机遇越多，受挫折的次数也越多，就越需要人具备抗挫折能力。要怎样培养抗挫折能力呢？以下七种办法都可以试一试。

1. 坚定信念不动摇。抗挫折能力的强弱，决定人一生成就的大小。所有为人类做出巨大贡献的伟人，都经历过无数次挫折，都有很强的抗挫折能力。初中语文课本中《生于忧患，死于安乐》这篇文章，不能只停留在读书的时候会背诵，最要紧的是从心里接受这样的观念。

2. 把失利这一挫折当成机遇。当成什么机遇呢？当成磨炼自己意志的机遇，当成增强自己能力的机遇。挫折能断送一个人，也能锻炼一个人，全看你怎么对待。

有这样两个面对挫折的故事。

一家公司招聘职工，一位高才生去应聘，发榜后，见没有自己的名字，便跳河自杀。后来发现他考的分数是第一名，抄分的时候抄漏了。高才生跳河被人救起，闻知自己是第一名便去报到，老板却无论如何不肯要，理由是：“这么一点挫折便要跳河，今后遇到更大的挫折怎么办？”

另有一位希腊人到一家公司去应聘清洁工。招聘者问他：“你会写字吗？”答：“只会写自己的名字。”于是他没有被录用。后来，他发愤图强，成了一位大富翁，在自己豪华的会议室举行记者招待会。记者说：“您的经历太动人了，您该写一本自传。”他说：“那是不可能的。如果我会写字，我只能是个清洁工。”

同样面对不被录取的挫折，结局却截然不同。聪明的人善于把挫折当成激励自己奋发向上的阶梯。

3. 在挫折面前，要满怀必胜信心。情绪不好时，不妨放开喉咙高呼几声：“我能成功！”面对挫折，决不退缩，要千方百计去寻求新的解决问题的途径。全国各省市每年都有许多这样的事例：重点高中的学生没有考上大专，而一般高中的学生却考上了本科，有的还考上了国家重点大学。有了好环境是好事，没有好环境，只要自己自强不息，不屈不挠地努力，也能取得优异的成绩。

特别是在高中这个阶段，一名勉强考上重点学校，排在最后的学生，常常不如到普通高中去，排在最前面效果好，因为那样更受老师们的重视。

4. 学习中，生活中，都要发挥自己的积极性、主动性，减少对老师、对家长的依赖。凡是自己能做的事，决不请别人帮忙，只有这样，才会在克服困难中提高能力。

5. 早上或晚间，培养锻炼身体的习惯。体质弱的孩子，一般难以经受挫折。每天早起，坚持跑上两三千米，风雨无阻，冬夏不断，自然增强了抵抗风雪冰霜的能力。即使在学习中有点挫折，也会觉得不在话下了。

6. 日常生活中，可以故意制造难题，创设困境，从而想出解决难题、走出困境的办法。

7. 用跳读、细读相结合的方法，多读一些伟人的传记。读得多了，就能体会人生就是一个不断战胜困难、战胜挫折的过程。和伟人比起来，我们遇到的困难和挫折实在算不了什么。伟人是在海洋里与大风大浪搏斗，而我们更像是在公园里划船，遇到的其实只是小风浪。读伟人传记还可以向伟人们学到战胜挫折的方法和技巧。

有了抗挫折能力，便成了意志顽强的人。一个意志顽强的人，很容易克服学习道路上的困难。

# 第三章 心态左右你的一切

## ◆积极的心态助你好运

作为一名优秀中学生，无论你现在的状况是多么不如意，你都要保持乐观的心态，期待一个美好的未来，认为自己总有一天会跳出目前单调的生活，进入一个多彩的世界，美好、舒适、快乐正在等着你。要清楚自己的目标，并不断地向着这个目标努力，相信自己有能力成功，那么你就一定会有所成就。

也许有些事情目前看来毫无可能，但只要我们能坚持认为有一天一定会找到可行的办法来完成，那么思想就会逐渐进入一种创造性的状态，就会去吸收正面的力量，帮助我们成功。

愿望会变为动力，促使其最终变为现实。努力使你的思想变得积极、振奋，不要允许它有一刻去怀疑你自己能否做到正在做的事情。这些怀疑

**特级教师**

中学生应如何积极地面对自己的命运呢？首先，应当从内心里坚定不移地相信自己，充满自信地期待。换句话说，也就是将所有的精神与意志全部集中在我们的期望与解决问题的方法上，只有这样，我们的意志力才能帮助我们实现自己的期待与理想。那些强烈的期望将赋予我们活力，使我们积极完成自己的目标。

是很危险的，它们会破坏你的创造能力，动摇你的决心。所以，中学生一定要经常对自己说：我一定能得到我所需要的东西，这是我的权利，我一定能行。

我们强烈的愿望以及争取某件事情的决心在我们的心中建立了一个模型，这样我们的意志就能按照这种模型努力把它再现于现实生活中。这是一幅精神图画，为我们带来了积极性、建设性与创造力。

如果中学生能够使自己的思想永远被自己的目标所填充，努力使生活中的每一个细节都朝着自己的目标发展，确保你所有的努力都是为了实现自己的目标，直到养成了一种生活习惯，那么你将得到所有你期望的东西。与此同时，我们必须时刻注意那些可能为我们的生活带来混乱的东西，比如，仇恨和忌妒、对待别人不友好的态度以及复仇和怨恨的想法，因为这些想法都是我们的敌人，它们将耗尽我们的能量，使我们在获得进步的过程中受到阻碍。

中学生必须拥有一种协调与平和的思想，一种自由的想法，这样我们才能变得更有效率。也就是说，我们所有的想法都必须具有建设性、具有创造力，而不能带有破坏性。勇气、信心与决心才是我们精神世界中至关重要的东西，它们将为我们带来成功。

中学生可以在任何方面表现自己的信心、勇气或是一种大无畏的精神，而这样的思想态度将为我们带来乐观与进步，使我们更具进取力。

## ◆学会自我减压

中学生需要适度的精神压力。这是中学生解决问题的必要条件。但是过度的精神压力，却不利于学习。例如，高考时年年都有考生晕场，就是由于临考前一段时间过多地考虑了考试成绩好坏对自己终生的影响。这种心理上过重的精神负担必然造成这样的动机：“我一定要考好，不然这一辈子就完了。”这种强迫心理造成过度精神紧张，妨碍大脑的正常思维活动，结果反而考不出好成绩，以至于中途晕场。

过度的精神压力给中学生身心健康带来的危害是明显的、严重的。那么，应怎样做才能解除中学生的过度精神紧张而达到心理平衡呢?

能不能放松自己，关键是能否对自己提出合理的期望水平。俗语说，人贵在有自知之明。每一个中学生都应对自我有一个客观的评价，正确地分析自己的优势与不足，据此提出适合自己的合理期望。也就是说，不要想着一定要考上北京大学，只要能够把自己的实际水平正常发挥出来，考上什么学校就是什么学校。不要事事都想做成，也不要每一事都要求完美。你的一生可能不很伟大，但要活得有价值。只要你能够这样想，你就会心态平衡，轻松上阵。各行各业的能手之所以能成功，就是因为他们认识到了自我的优势，根据优势提出合理期望。我们每个人都可以做到这一点。事实上，许多人都是经过了多次尝试，最后才找到了自己真正的方向。美国画家惠斯勒最初想当兵，后来因为他化学不及格，从军官学校退学。他说："如果硅是一种气体，我应该已经是少将了。"

中学生平时就要养成乐观、豁达的心态。人生在世要学的东西很多很多，其中有一样不能不学，那就是宽容。因为，它是心灵里不可或缺的精品。古人说得好：宰相肚里能撑船。只有心胸似海的人，才能有效地控制自己，特别是在挫折面前表现出大度来。我们不应一遇挫折就自怨自艾，或在别人身上发泄私忿。高考的时候，你应该想到肯定有人比你强，应该允许别人超过你。不忌妒别人，你就会轻松愉快。应学会宽容和自足，这样你就能忘却那些不愉快的事，消除产生精神紧张的根源。大事不应糊涂，但小事不妨糊涂些，做个"难得糊涂"的人。这样，你会生活得比以前更轻松、更愉快。

中学生要有充分的自信，在任何情况下都要对自己说："我一定能行。"做任何事都不要怕失败，因为只有自信才会使你成功。要善于挖掘自身的潜能，改善原有的认识结构和行为模式，以提高自己对周围环境的适应性和调节能力。克服自卑心理，因为生活中一个自我感觉强大的人要比一个自我感觉渺小的人，精神负担要少得多。因此，认准了的事就去做，大声对自己说："我一定能行！"那么你一定会获得成功。

## ◆让学习变得充满快乐

现在很多中学生只要一提起学习、一提起考试就头痛。在他们看来，学习与考试就是人生最痛苦的事情。为什么会形成这样的认识呢？这都是因为他们对学习没有树立正确的观念。

从中学生学习的生理及心理过程看，在学习新知识信息时，信息通过感觉通道进入大脑边缘神经，对信息的意义和价值进行初步评价，进而进入大脑皮层加以深入判断。判断为有意义的知识信息时，就会使大脑产生一种活性物质，促使脑神经系统网络易于接通，信息易被接受和储存，学生就会感到有意义，认为重要，学得快乐，大脑被激活，就能轻松愉快地学，效率高。反之，学生若认为知识信息不重要、没有意义，就不愿学，这个信息就不容易进入神经网络，储存不牢，记不住，学得苦，学得累，效果差。

另外，快乐的学习使人振奋。主体的积极主动性高，大脑处于激活状态，大脑产生的活性物质使神经网络易于接通。因此，知识信息易于被接受、储存和提取。也就是说，此时大脑处于最佳学习状态，学习效果也最好。

反之，当快乐的心情不存在时，学习的乐趣也会荡然无存，抑或产生厌倦

**特级教师**

中学生要明白真正的学习是快乐的。它不仅是指学有所获及学会某事的成就感，而且还指学习过程本身是令人感到快乐的。学习知识技能或读书本来就是很快乐的事情，好奇心得到满足是使人快乐的，深入理解和掌握知识是快乐的，掌握了某些技能又是快乐的，使零散的知识系统化也非常快乐。因此，中学生应确立学习是快乐的信念。中学生应带着喜悦的期盼开始学习，而学习结束时应感到意犹未尽，恋恋不舍。真正的快乐学习能够使整个学习过程都变得津津有味、充满乐趣。

心情，学习的主动积极性已不存在。主体的大脑活性被抑制，智力和非智力因素处于消极状态，知识信息难以输入、储存和提取。有专家说，真正的学习是快乐的，当快乐的心情不存在时，学习也就跟着停止。传统教育常常会忽视发挥学生的主观能动性，教学方法单调，只是一味地灌输，学生只能被动地学习，学无乐趣，效果非常之差。因此，我们呼吁把乐趣归还给学生。许多学生不善于学习，不会运用学习方法，只知死读书，机械背诵，死用功，因此学得不快乐，效率低下。我们呼吁这类中学生要会学习，善用方法，活学活用，把乐趣归还给学习。

## ◆关于人生观的议论

对每个中学生来说，都需要进行自我生存意识的培养，学会自己调节自己的心境，树立正确的人生观。进行自我调节应该注意以下三点。

首先，不论是家长还是学生，都应该意识到生命是无限宝贵的，每个人都应该珍惜和爱护。因为任何一个生命都来之不易，它既是家庭的财富，也是国家的财富。

其次，生命的存在必然是在一定环境中，每个人都必须适应环境。不论是在家庭里，还是在学校里，或者社会中，不可能都是一帆风顺的，挫折和误解不可避免。意识到了这一点，你就不会因为学习上遇到障碍就否定了自己，就能够适应生存，就会自我调节，消除心理压力，解除痛苦，化解矛盾。

**北大状元**

生命的价值意义是多方面的，不能仅仅从学校的成绩来判断生命价值大小，每个人都应该坚信自己有自己的长处。不自我否定，就会有信心生存与发展，就会以健康的心态面对社会生活中的问题，正确处理学习与自己生活中的矛盾。

很显然，如果背负着沉重的精神包袱，不用说在事业上谋求成功，就是在自尊心、家庭、人际关系等方面，也不可能取得满意的效果。他们抱着一种不正确和不合逻辑的态度对待学习，他们永远无法让自己感到满足，每天都会焦灼不安的。

只求完美，害怕失败，只能使中学生处于过度紧张的境地。如何从追求尽善尽美的羁绊中摆脱出来？专家的建议如下。

### 一、对自己的潜能有个正确的估计

既不要自视太高，也不必过于自卑。有一分光，发一分热。你如果事事要求完美，这种心理本身就是你做事的障碍。不要在自己的短处上去与人竞争，而是要在自己的长处上培养起自尊、自信和工作的兴趣。

### 二、重新认识“失败”和“瑕疵”

一次乃至多次的失败并不能说明一个人价值的大小。仔细想一下，如果从不经历失败，我们能真正认识生活的真谛吗？我们也许一无所知，沾沾自喜于愚蠢的无知中。因为成功仅能坚定期望的信念，而失败则给了我们面对挫折的宝贵经验。

人只有经受住失败的考验才能达到成功的巅峰，亡羊补牢，犹为未晚。更不要为了一件事未做到尽善尽美的程度而自怨自艾。没有“瑕疵”的事物是不存在的，盲目地追求一个虚幻的境界只能是劳而无功。我们不妨问一问：“我们真的能做到尽善尽美吗？”既然不行，我们就应该尽快放弃这种想法。

### 三、请你为自己确定一个短期的目标

寻找一件自己完全有能力做好的事，然后去把它做好。这样你的心情就会轻松自如，办事也会较有信心，感到自己更有创造力和更有成效。实际上，你若不刻意追求出类拔萃，而只是希望表现良好时，你也许反倒会出乎意料地取得最佳的成绩。

目标切合实际的好处不仅于此，它还为你提供了一个新的起点，能使你循序渐进地摘取事业上的桂冠。同时，你的生活也会因此而丰富起来，变得富有色

彩，充满了人情味，不像你原来那样黯淡无味。

## ◆优化你的情绪

情绪是心理活动的核心，对同学们的身心健康有着重大影响。在考试中，同学们会遇到很多困难和挫折，情绪一时有波动在所难免。如果你的情绪一直处在烦闷、恐惧、愤怒、悲哀的状态中，即使你学得再好，恐怕也不会取得好的成绩。

山东高考状元郭华说："在高考时我对自己没有太高的要求，就像平常考试一样对待，把情绪调整到普通的练习中，这样就不会紧张了。"人们常说，紧张的情绪降低学习效率，消极的情绪妨害考试成绩，而积极的、良好的情绪可以提高学习成绩。

"卧薪尝胆"这个故事可能很多同学都知道，勾践从一个养尊处优的大王沦为一个天天干重活、脏活、受人辱骂的奴隶，其中的内心煎熬、痛苦不是平常人可以承受的，也不是平常人容易感受到的。

如果没有良好的情绪，稍有不慎，他就会被吴王杀头。他能够坚持到最后完成复国大业，实在是奇迹。他为了等待成熟的复国时机，一等就是 10 年。他的成功之处就是优化了自己的情绪。

可以说，有时候情绪的波动可以影响一个人一生的命运，所以控制好自己的情绪是相当重要的事情。那么，如何优化自己的情绪呢?

### 一、疏导自己的愤怒情绪

不正常的情绪不仅能使人产生消极的行为，损害其精神健康，而且还会使人罹患疾病。而学会调节和控制自己的情绪，则有利于自己的身心健康。尤其是处于现在这个年龄段的同学们更要注意。下面我们给大家介绍几种疏导情绪的方法。

1. 同学们要做情绪的主人，当喜则喜，当悲则悲。在遇到令人愤怒的事情时，先想一想发怒有无道理，再想一想发怒后会有什么后果，最后想一想有没有其他方式来代替，这样想过后就会变得理智起来。

2. 幽默是避免人际冲突，缓解紧张的灵丹妙药。生活中要多笑勿愁，经常幽默一下，这既可以给他人带来快乐，也可使自己心境坦然。

3. 多给自己立些小目标，小目标易实现，每实现一个小目标都会给人带来愉悦的满足感。

4. 当你追求某项目标而达不到时，为了减少内心的失望，可以找一个理由来安慰自己，就如狐狸吃不到葡萄说葡萄酸一样。这不是自欺欺人，偶尔作为缓解情绪的方法，是很有好处的。

5. 要心胸开阔，做事从大处看。只要大前提不受影响，小事则不必斤斤计较，以减少自己的烦恼。

**特级教师**

积极的自我想象能唤起人的良好情绪。考生在复习过程中，在进入考场的时候都可运用积极的自我想象，焕发与强化自己良好的情绪，防止消极情绪的产生。考生可根据自己的情况和过去自己成功的经验选择积极自我想象的内容。

## 二、保持轻度考试焦虑

一般来说，正常的学习焦虑只是轻度的紧张感，实际上这是一种恰到好处的紧张，它有利于学生的学习思维敏捷、行为镇静而又有理智。

## 三、听听音乐

听轻音乐对调节人的紧张情绪的效果是肯定的。心理学家对考场高手进行过调查研究，询问他们情绪紧张时怎么进行心理调节，他们中不少人以听自己喜欢的轻音乐来放松自己的情绪。所以，同学们可根据自己的喜好，选择一些优美的音乐来听。

## 四、积极的自我暗示

同学们在考试复习过程中与在考场上，都可根据自己当时的心态进行积极地暗示。考生可根据自己的情况采用不同的自我暗示语。当情绪过于紧张时可默念“放松、放松、放松”；当心情烦躁时可默念“平静、平静、平静”；当心灰意懒时可默念“我行、我行、我行”。

五、放松训练法

这是一种利用语言暗示进行放松的方法。同学们坐在椅子上，全身放松，两脚与肩同宽，眼睛微闭。心中默念：头部松，面部松，颈部松，前胸松，后背松，腹部松，腰部松，前大腿松，后大腿松，前小腿松，后小腿松，脚背松，脚掌松。如此，按照顺序反复默念，可使身体得到放松，精神上也得到放松。

六、想象排忧法

同学们可站着进行训练，也可在晚上淋浴时进行训练。训练时，开始想象天上下着毛毛细雨，雨水顺着面部流到胸部、腹部，雨水同时顺后脑流到背部、腰部，水继续往下流，流到前后大腿、前后小腿，流到脚背、脚心。一面想象雨水沿身体向下流，一面想象雨水把自己的烦恼、忧愁、紧张、不安等不良情绪统统冲刷掉。按照这样的顺序不断地进行训练，对消除不良情绪，排除烦恼与不安能起一定的作用。

同学们可根据自己的情况，经常选用一种或几种方法进行情绪调节。经常使用这些方法进行情绪调节，在考前、考中就能有一个好的情绪。经常使用这些方法，到了考场运用起来就会很顺手。

优化自己的情绪也就是优化自己的资源。优化的作用，一是对我们身心有好处，二是可以取得好成绩。每个同学都希望自己在考试中有一个饱满的情绪，我们给同学们介绍了以上六种方法，除此之外，还有其他的一些方法，同学们可以自己在生活中寻找适合自己的优化情绪的方法。

# 第四章 正视身边的人际关系

## ◆谨记老师的教导

不论是哪一科老师，他们在各自领域都是有所建树的，在教学中也积累了丰富的经验。他们对考试的重点、难点的把握早就是轻车熟路了，对考试的趋向也比较熟悉，对考试题型亦能分析得比较透彻。在同学们的考前复习中，老师是同学们的指路明灯，带领着同学们去攻克考试这座堡垒。

在复习的过程中，同学们要善于和老师沟通，这是非常有必要的。

首先，在沟通的过程中，可以增进师生的相互理解。

在课堂上，老师的复习讲解是针对大部分同学而言的，比较广泛，不一定能面面俱到，也不一定能切中每一位同学复习的要害。这个时候，主动和老师谈谈，谈自己在复习过程中的心得或者困惑，老师就会根据同学们所说的情况，提供一些行之有效的复习方法，建议同学们用哪些复习资料，帮助同学们攻克复习中的难关。如果不交流，老师就不会知道同学们在复习当中遇到什么困难了，也不能及时调整教学方案。而同学们呢？不懂的问题就会越堆越多，到考试的时候才发现，原来自己的漏洞这么多，到那时就追悔莫及了。

其次，在沟通的过程中，同学们可以有效地调节心理。

从复习到考试，时间比较紧张，除了在学习方面，心理上、精神上都可能会出现比较大的波动。这时候，和老师及时地沟通交流，在沟通的过程当中，同学们有了倾诉的机会，就会把压在心里的话、烦恼等说出来，这样就会觉得轻松许多。另外，老师在多年的教学当中也积累了不少调节心理的经验。如果自己觉得心理压力较大，若和老师及时地沟通，老师就会用他们的经验和知识帮助同学们消除这些负面影响，使同学们尽快地回到正轨。

第三，通过沟通，不断地调整自己的复习。

在备考阶段，老师都会组织同学们复习。课堂复习一般都是所学过的重点和难点。因此，同学们要把主要的精力用在跟老师同步复习上。如果离开老师搞“异步”复习，既费力效果又不好，很可能抓不住重点。但是，每个人的接受能力和学习能力是有差异的，同学们在跟着老师同步复习的同时，还要安排自己的复习小计划。如何做到自己的复习小计划不和老师的进度冲突，而且还能查缺补漏，进一步提高呢？这就需要和老师单独沟通。老师会根据每个人的学习情况来建议同学们安排自己的复习计划。

**特级教师**

都说老师是人类灵魂的工程师，是因为他们在我们的学习、复习当中起着引路的作用。在学习的时候，老师是启蒙者，带领同学们学习；在复习的时候，老师是指路灯，照亮同学们复习备考的路。所以，在复习的过程中，同学们要及时地和老师沟通交流，谨记老师的教导。

## ◆放弃偏见，适应不同的老师

不要对老师有偏见，更不要因此影响到自己对某门课程的学习，更不能因为对某个老师的偏见就放弃了某个课程的学习。要知道，你学什么都是在为自己，而不是为老师。要想学好，复习好，就要摘下有色眼镜，放弃对老师的偏见，这是很必要的。

老师有什么样的学生，学生有什么样的老师，一般不是凭个人意愿所决定的。如果一个学生无法适应一位老师的讲课方式，那么必然的结果就是这一学科成绩的下降。如不及时采取补救措施，其他学科也会受到影响，再想扭转局势就很难了。

在我们的学习过程中，应该努力让每一位老师都成为自己的良师。或许每个人对良师认识不同，但良师绝不能从文凭、教龄及以前取得的成绩而论，良师应是真心想教好学生，用心去教学生的老师。但是，老师也是一个普通的人，正所谓人无完人。一位老师至少要教几十个学生，不是为你一人服务的，因此，即使有些方法不太适合你，也不能因此与其对抗。我们的正确的做法是学会适应，从现在开始适应。只有这样才能减少抵触情绪，才能有利于我们对知识的接受和吸收，不偏科，还能增强我们容人的能力。

## ◆多与老师沟通

对主动学习的学生来说，他们会主动与老师沟通，让老师来理解自己、关注自己，并帮助自己。身为新时代的学生，不能坐等老师的发现与帮助，必须懂得自己采取主动，与老师进行沟通。

与老师沟通不必讲究技巧，重要的是主动。因为每个老师都希望与学生多交流、多沟通，了解学生的思想，以便给予他们更好的帮助。尤其是成绩中等的学生，更要加强自己的主动性。因为许多老师都表示，成绩特别好与特别差的学生，老师自然会留心，可是成绩中等的学生往往容易被忽视。其实，成绩中等的学生是非常有潜力的，如果你能主动出击，赢得老师的帮助，就能早日跻身成绩一流的学生行列。

我们应该主动争取和老师交流的机会。只有多和老师交流，才能让老师发现自己在学习上的不足和错误，从而提高自己的学习成绩。考入名校的李晶同学认为，在学习上，与老师多做交流是很重要的。因为老师教书这么多年，见到过各种各样的学生，对不同的学习方法、学习状态都很了解。多与老师交流，一可以获得很多在课堂上老师没有讲深讲透的东西；二可以在与老师的交流中找到自己学习上的不足和缺陷，从而加以解决；三可以更好地认识自己的学习状态以及心理状态；四可以让老师注意到自己，帮助自己，这真可谓是一石四鸟。

与老师沟通的一个重要方面就是听老师讲课。上课一定要认真仔细听老师讲课，老师上课讲解的内容通常都是非常重要的内容，而实际考试的时候，我们考的也大都是这些重要的内容。因此，大家切记一定要保证听课的质量，千万不能漫不经心、人在心不在。能够通过自学而成才的人毕竟只是极少数。虽然大多数同学有时候自己看课本也能够大致看懂，但是有些细节性的问题往往会被我们所忽略，课本中的重点和难点我们也很难独自领悟，这些都需要老师来给我们点拨。而且，大多数情况下，课本上的东西往往只是一些最基本、最简单的东西，有很多知识点还得需要老师从课本中延伸和挖掘出来，这个光靠我们自己是很难完成的。

与老师交流不要有惧怕心理。对于许多同学而言，他们不是不想与老师交流，不是不想向老师请教问题，而是他们存在着一种畏惧心理。他们或是因自己的学习成绩不好，担心老师会不喜欢自己，与老师交流会遭到嫌弃；或是担心自己问的问题太简单，老师会嘲笑自己。其实，这些都是杞人忧天，对于一个有良知的老师而言，他不会嫌弃、嘲笑任何一个同学，对他来说更重要的是一个学生的学习态度和努力精神。如果你果真是一个学习基础较薄弱但敢于向老师请教的学生，说不定老师会对你特别偏爱呢！而且更重要的是，与老师的交流、向老师请教，是为自己的学习和发展获得更多的养料，这才是最根本的目的，我们又何必生出那么多不必要的担心呢！

## ◆怎样对待老师的表扬和批评

有位同学性格内向，在家里比较固执、任性。有一次因为与同学闹矛盾受到老师的批评，感觉十分委屈。因此问心理教师：“当老师表扬我的时候，心里美滋滋的；当老师批评我的时候，我就接受不了。怎么办？”

这是一种虚荣与任性的心理，它与个人的性格、心理素质有关。要有自知之明，虚心听取别人的意见。心理老师对这位同学做了以下引导。

在当代的中学生里，独生子女多，受家庭溺爱、娇惯且任性的也多。大多数学生都愿意听表扬话，不爱听批评话。但生活在群体中，不可能什么事都做得对，有时候免不了做错事，违反纪律，必然要受到老师批评。一般当老师的没有不批评学生的，学生也很少有没受过老师批评的。据一些老教师说，在他们已经教过的毕业生中，毕业以后跟老师最有感情的还是那些学习差的学生和“淘气包”。因为他们在校念书的时候经常被老师批评，毕业后随着年龄的增长，越发懂得了当初老师的批评、教育都是为了他们好。所以，当他们再见到老师的时候，就会觉得十分的亲切。

在学习和生活中，只能听得表扬、奉承话，听不了批评话的人，是一种任性的表现，也是一种虚荣心理在驱使。这种人做事往往都认为自己对，有时候思维片面，为所欲为，处理问题极易偏激和产生倾向性，总有一种骄傲自满的心理。这种心理的发展，对学习和生活都是很不利的。受到老师的批评是要丢面子的，批评的话有时很刺耳、难听，没有表扬话那样听得舒服。但是仔细想一想，老师为什么要批评你呢？因为你犯了错误或者学习成绩落后。老师批评是让你总结教训，认识到错在什么地方，以免今后再犯。世界上任何事情都是一分为二的，一个人不可能什么都好，什么都对，有些缺点错误是难免的。作为一个聪明人，应该有一定的自知之明。当有人能给你指出缺点、错误的时候，不但应该虚心接受，而且还应该感谢人家。别人提得对的马上就改正，错的意见可以作为自己今后学习中的教训。只有这样，你在今后的学习中，才能发扬优点，克服缺点，不断地取得新的成绩。千万不能骄傲自满，坑害了自己。

## ◆与同学一起进步

### 一、人不可无友

人生不是独角戏，成长的过程是一个与他人共处的过程。

荀子说过："人之生也，不能无群。"英国文豪萧伯纳也曾说过交换苹果与交换思想各自带来的不同结果的言论，这些都是在告诉我们人际交往的重要和必然。虽然学习是我们个人的事情，但并不意味着要孤立自求。试想没有老师指点迷津，没有同学互相交流，彷徨痛苦的时候没有朋友给我们鼓励和安慰，那样的生活该是一件多么痛苦的事情。在现代社会，个人英雄主义越来越没有用武之地，越来越多的工作需要我们团队合作才能完成。可以说，不会合作的人也就是不会工作的人。

同学之间的合作学习可以互通有无，互相借鉴。也许你苦思冥想的解决问题的方法，别人早就想出来了，这时同学之间的交流就可以帮你节省时间，提高学习效率。正如有的同学说的，几个要好的同学在一起，相互切磋，交流得失，取长补短，互为老师，在相互的讨论争论中磨炼了思维能力，调动了知识储备，加深了对知识的理解，学会了深入思考的方法。

**特级教师**

同学之间的合作学习还可以直接锻炼一个人的合作能力和与人交往的能力。这些能力都是我们在课堂学习中很难学到的，但又是今后人生发展中非常重要的能力。以后大家考上大学，走向社会，与人的合作与交流将对你的事业成败起到重要作用，有时甚至比你所拥有知识还重要。

同学们在进行合作学习时，要注意尊重别人，信任别人，以诚相待。讨论问题时，要注意认真倾听别人的观点，尊重别人的观点，并积极地做出反应。尤其是讨论激烈时，要注意自己的言辞不要伤害了别人的感情。只有心理相容，做到最佳配合，才能促进共同学习。

## 二、正确对待同学间的竞争

竞争是把"双刃剑"，用好了利人利己，可以大大促进自己的学习；用不好则会误人误己，不仅会阻碍自己的学习，还会影响到同学之间的感情。因此，对于竞争我们要有一个正解的认识。

对于我们中学生来说，同学之间最大的竞争也许就是学习成绩上的竞争，也就是在考试分数上比高下。如果把竞争发挥好了，也是一件很有益的事，但有些同学为了实现这一目标，使用的却是消极竞争的策略。比如，有的同学为了所谓的麻痹自己的竞争对手，就在班里故意不学习，装出一副很轻松的样子，但是回家后却加班加点“开夜车”；有的同学把学习上的竞争引入到与同学的一般交往上，不仅在心理上忌妒对方，而且还会表现出轻视对方的各种言行，甚至有时会在背后诋毁别人。这些消极竞争的做法，其实是一种心胸狭窄、不会学习的表现，是我们学习路上的“拦路虎”。这样的同学不仅无法获得真正的友谊，而且也无法吸收、借鉴别人的长处，另外还会影响到自己的身心健康。

积极的竞争应是在一种友好的氛围中进行的，它是借助竞争来实现自己和同学成绩的共同提高，而不是自己上去了，却把同学踩了下来。因此，会学习的同学必须彻底抛弃这种狭隘的消极竞争，学会共同发展。

王玉玲同学，2001 年高考河北省保定市第二名，她就认为，自己之所以能从一个小县城里脱颖而出，在很大程度上得益于自己的竞争对手。“是这些竞争对手不时地鞭策我、激励我，使我在成绩面前不骄傲，在失败面前不沉沦。”的确如此，在积极的竞争中，人们的自尊需要和自我实现的需要会更为强烈，克服困难的意志更加坚决，争取胜利的信念也更加坚定。当你和某一个同学成为学习上的竞争对手时，你的学习目标就会非常明确了。课堂中的每一次提问，每一次作业的质量，每一次考试的成绩，等等，你们都会比一比，从而使你每天的学习目标都很明确，不敢使自己有任何松懈，你的潜能因此得到了充分的发挥。

### 三、乐于帮助同学

一些教育专家发现，凡是学习成绩优秀的同学，80％以上都与同学相处较好，而且都愿意主动去帮助别人。对此，考入名校的李向阳同学谈到了自己的体会，他的经验是：与同学交往，心态要开放。他说：“有的同学，特别是那些成绩不太突出，自认为不太受老师重视的同学，往往产生一种对‘好同学’的忌妒心理或者怀疑心理。向学习好的同学问问题时，如果这位同学刚好也不会而不能回答，那他就会认为这同学太小气，不肯将方法告诉自己。其实不论别人心里是怎么想的，你生一肚子气又有什么用呢？况且我在大学所见的各省市的‘精英’们往往都有一种开阔的胸怀，不肯告诉别人的极少。拿我自己的经历来说吧，我高中时候数学很突出，因此我的周围全部是班里面数学不是很理想的同学，每天我都要应付他们许多的问题，但是我从来都不会推辞。因为我觉得这是一种互惠，我在帮别人解答问题时自己也有许多收获，特别是他们有时候会找出各种各样的题型，甚至还有让我束手无策的，遇到这种情况我不但不会觉得没面子，反而感谢他们为我找出了学习中的漏洞。”

同学之间就应该这样积极地相互帮助，相互支持。如果别人真心地帮助了你，你也要诚心地帮助别人。不要只想从别人那里获得帮助，而在别人有困难的时候不理不睬。也不要认为帮助别人是一件浪费时间的事，或者怕别人会超过你，因为高考竞争并不是只和某一个人竞争。再说你给别人讲解难题，对你来说也是一个重新整理知识、加深印象的过程，实在是一举两得的大好事。如果有人来问你问题，千万不可拒人于千里之外，因为这对你是一个很好的锻炼机会。若你讲不清楚，说明你掌握得还不牢靠，你就发现了自己的漏洞；若讲清楚了，你的知识又得到了进一步的巩固。

**特级教师**

你教他人做题，可以从中增强表达能力，让思维更清晰、更敏捷。这样虽然减少了我们自己比别人多懂的题目，但你却树立了会教人的新优势。能帮人者永远是强者，若要人助己，先要自己助人。我为人人，人人为我。

平时多助人，危机时有多人助。互相帮助不但能集中众人之力去消除各自遇到的困难，而且还能让同学之间感情更浓厚。

我们生活在社会这个大家庭中，就应该互相帮助，多一个朋友，总好过多一个敌人。大家一起面对挑战，一起承担痛苦，这样大家都能轻松、快乐，人与人之间就能充满真情，何乐而不为呢？

## ◆如何与父母沟通

首先我们应该感谢父母的支持，这是与父母沟通的基石。如果连这层关系都处理不好，那么我们恐怕就要自我检讨了。如果是家长的关心“过了头”，成绩提升大喜过望，成绩下降暴风骤雨，这就更需要我们讲究一下与父母沟通的艺术。

一、平等是沟通的前提

每个家庭的实际情况不一样，相互交流的方式也不一样，但有一点一定是相同的，那就是需要一个平等的对话环境。想想看，倘若家长总是以一个过来人的口吻对考生建议这个建议那个，谁听了不烦？而倘若考生总是以一个新人类的口吻对家长解释这个解释那个，谁听了会服？所以，要想取得良好的沟通效果，双方就应该把对方摆在一个平等的位置上，彼此讲出自己的观点，并允许对方解释，这样的谈话才会富有建设性。

家长和孩子究竟是否能够平等地沟通和交流，往往体现在对话的语气上。家长不仅不能采用训斥的态度，最好连急躁的情绪都压住。平心静气地谈问题，才有可能让双方敞开心扉。如果坦诚相见，那还有什么问题不能解决，还有什么建议不能接受呢？所以，倘若家长与孩子在沟通上出现了问题，那双方都先做一下自我检讨，至少有一方需要调整自己的心态，否则，事情将会越来越糟。

二、适时是沟通的节点

不管口气多么平和，也需要选在一个合适的时间进行沟通。如果有很多同学正在家中一起学习，那么家长就应该用最热情的态度去招待客人，并且把不愉快的事情全部忘掉，给足孩子面子，一切都等客人离开之后再说；同样，如果很多亲友正在家中做客，家长以谨慎的口吻向孩子提出一些意见，孩子也应愉快地接受。

选择恰当的时间与对方交流很关键。选择好了时机就有可能改善父母与孩子之间的关系。所以，沟通要有技巧。当然，不能把沟通变成谈判，毕竟双方不是利益关系。

不可否认，由于我们与父母成长的时代背景不同，接受的思想文化教育也有差异，因此不可避免地在言谈举止、消费方式、人际交往、兴趣爱好、对事件的看法等方面有所差异。由于父母与我们所处的地位不同，担负的责任不一样，父母总想“望子成龙，望女成凤”，因此不免在各方面对孩子进行约束管教。而处于高中阶段的我们正处于“心理断乳”时期，自我意识剧增，渴望独立，那种

“小时候听家长，小学听老师”的行为原则已经发展成“长大自己说了算”的处事方法，我们不再愿意简单地服从父母的要求，这难免会在自己与父母之间造成矛盾冲突。但“代沟”的存在并不能代表我们与父母之间不能相互理解。为了改变这种状况，使自己与家长能相处得更和睦、融洽，最好的办法就是与父母多交流沟通。

①尊重父母，理解父母。父母给了我们生命，并且不辞劳苦地把我们养大成人。不管父母的态度和方式如何，他们对我们的约束、管教，甚至批评、责骂，其目的只是希望我们学好，长大有出息。“望子成龙，望女成凤”是所有父母的心愿。有些父母会将自己未能实现的愿望寄托给孩子，因此会更加严厉地教育孩子；有些父母一时生气，会做出些不适当的行为，作为孩子的我们应该理解他们。

②要宽容、大度。“金无足赤，人无完人”。父母也会犯错，错怪、冤枉孩子这是很正常的。他们对我们的严厉管教也是出于爱，我们不能因此怨恨、排斥他们。

③要检讨自己。我们不要总是一味地抱怨父母不能理解自己，父母与我们之间有代沟。扪心自问，我们又何尝了解父母，何尝考虑过父母的处境、心情？试试说出：父母的生日、父母最喜欢吃的菜、父母空余时间常做的事、父母的身体状况怎样……尽可能列举出你所了解的有关父母的事项。我们可能花半天时间也说不完父母为我们做的事，却很难想出自己曾为父母做过什么事。我们不能因为自己的稍不如意就乱发脾气、闹情绪。要记住，理解是双方的、相互的。

④要说出自己的想法。我们常常会有自己的想法、观点，学习和生活中总有许多新的矛盾要面对，只有说给父母听，才能让父母理解。如果把自己的心灵紧紧地锁起来，或者只是向日记倾吐自己的心声，而不愿让父母知道，那么父母也无从了解我们，当然更不能理解我们。很多时候父母之所以要翻看孩子的日记，主要的目的就是想了解自己的孩子最近的学习生活情况，想知道孩子到底在思考些什么问题。因为很多时候我们不和父母交流，而是将心里话写在了日记中。我们要习惯表达自己的心里话，遇到了事情要学会和父母协商，大家一起讨论如何解决问题。

⑤做父母的朋友。父母是我们的长辈，是我们的良师，只要我们敞开心怀，

真诚地与父母交朋友，父母也能成为我们的益友。

试试看，只要我们真心诚意，投入一定时间和精力与父母进行沟通交流，就会发现我们与父母之间不存在不可逾越的鸿沟，大家相处得会更加和谐、融洽。我们还可以从父母那儿学到更多书本以外的知识。父母的生活经验，他们的一些人生阅历等都是从一般朋友那儿难以得到的。沟通能为我们与父母架起一座心灵的桥梁，让彼此相互理解、相互支持。

## ◆恋爱是高中生的选修课

同学之间的关系有的时候是比较单纯的，有的时候相对复杂。对于同学之间的感情，有些人认为不该过于的亲密。同性之间过于亲密往往使他们忽略了与班中其他同学之间的友谊。而与异性之间过于亲密往往会逐步发展成为男女朋友关系。不管哪种情况，都会对生活和学业造成诸多影响。

### 一、不该发生高三恋情

高三这一年是人生中非常特殊的一年，在这一年时间里，同学们会感受到前所未有的压力。这些压力来自许多方面：家人、师长、朋友、自己……于是，每个人都希望能够找到一些途径去释放自己的压力。这个时候，大家往往会对一份很真挚的感情充满了期待，渴望身边能够有一个人了解自己、支持自己。这也就是到了最关键的时刻依然出现了本不该在此时出现恋情的原因了。

感情是需要成本来培养的。不仅仅是金钱，更重要的是时间。在发生恋情之后，两个人都从内心希望能够有时间静静地聊天，即使并非倾诉相思之苦，而是诉说生活中的烦心事，或者是给予学习上的鼓励和帮助，这些也都是以牺牲复习时间为代价的。要知道，高三生活分分秒秒都弥足珍贵。倘若再出现点感情上的起伏，这就需要投入更多的时间来处理，即使没有影响到复习效果，也会给自己平添大量的烦恼。

### 二、遭遇恋情该面对还是逃避

感情往往是自己无法控制的。当感情来临的时候，不是说拒绝就可以拒绝的。

那么，当恋情来临的时候究竟该选择面对还是逃避呢？答案很简单：逃避没有意义。

要知道，恋爱和异性友情往往只有几步之遥。所以，把恋情问题处理好并不是件难事。解铃还须系铃人，老师和家长的围追堵截不仅不会终止恋情，反而会使得他们有一种有难同当的情愫。不管别人如何动之以情地劝说，最终依然需要当事人自己后退一步，把感情埋在心底，把精力重新放到学习上面。倘若自己已经无法控制自己的感情，那还是顺其自然为好，两人相互鼓励，共同进步，相约美好的大学生活，这也许是一件好事情。

**特级教师**

正确地面对问题，合理地解决问题是解决高三生活中的一切问题都该持有的态度。逃避只能使得问题越来越复杂。所以在这个敏感而又关键的时期，就需要老师和家长及时与同学进行沟通，让他们有一个放松的空间，有一个倾诉内心困惑的机会，从而使问题得以合理解决。

# 第二篇

# 各科高效学习要点

# 第一章 浩如大海的“语文”

## ◆作文立意的六大特征

语文学习是一个积累的过程，像水滴石穿，像铁杵磨针。因为词要一个一个认，逐渐理解；句要一条一条地写，渐能达意，不是短时间能完成的。高考在即，我们权且撇开字、词、句，就从作文立意开始。

立意就是文章的主题，是一篇文章的灵魂。古人说：“意在笔先。”就是说，在下笔作文前应先在脑海中确定主题。但有很多学生没有形成立意的习惯，往往是提笔就写，一挥而就。结果会导致以下几种情况：立意缺乏倾向性，观点和材料不统一，主题与情节不和谐，立意模糊，中心不突出。可见，立意是作文不可或缺的一个环节，它直接关系到文章的选材、结构，乃至文章的主题深度。那么什么是好的立意呢?

### 一、立意要体现新颖性

文章的立意要新颖，关键是要摆脱常规思维的束缚，运用求异思维，反向、侧向思考问题，提出与通俗观点完全不同的观点。例如，在抗洪救灾活动中，大家积极捐钱捐物，要求同学们以此为题写一篇作文。大部分学生从“一方有难，八方支援”的角度直接立意，结果使这一素材成为俗材。有位同学则从反面立意，达到了出人意料的效果。他拟题为《我们家的“葛朗台”》，先写父亲平时如何吝啬，然后再写父亲在救灾中的慷慨解囊，对比之下，使这一看似平淡的题材焕发出光彩。

### 二、立意要体现深刻性

立意的深刻性是指要能透过现象挖掘出本质性的东西，要能在常人的观点或说法上再进一个层次，要能发现别人没有发现的那一点。例如，1999年上海市高考作文以“生活中的发现”为话题，有的考生从平凡的生活中感悟出许多真知，如“我发现生活不会相信眼泪，只有勇敢面对困难，奇迹才会在厄运中诞生”“我发现生活在于过程，而不在于时间长短，一个有意义的生命，才是最完美的生命”。这些立意都体现了一定的深刻性。

### 三、立意要体现时代气息

有些学生写作文总陷于自我的狭小天地，“两耳不闻窗外事，一心只读圣贤书”，所写文章止于“自我”“小家”，立意流于肤浅。而深邃、富于想象的文章总是贴近现实、关注时代脉搏的。例如：《假如我是……》这是一道想象作文题，有学生拟题《假如我是一名乡村女教师》，联系到现今的“希望工程”，就很有时代气息和意义。

### 四、立意要体现集中性

主题分散，想面面俱到却面面不到，是立意之大忌。好的文章立意往往能集中在某一点上。如魏巍的《我的老师》，其中心是“老师爱学生”，全文七件小事都围绕这个点展开。这个点如同一个圆心，围绕这个圆心，可以任意画出无数个圆。

### 五、立意要体现创造性

现在的高考作文形式比较灵活，大部分已经不再限制文体，同学们发挥的空间很大。以话题作文“感受生活”为例，有一位同学借用了古希腊神话的外壳，选用“戏剧”这种体裁，突破了“传统的模式”，以《天使人间行》为题，借天使巡访人间并一次次被感动的故事，表达了自己对亲情的理解，新颖奇特，富有戏剧性。

### 六、立意要体现人情味

法国启蒙思想家狄德罗有一句名言：“没有感情这个品质，任何笔调都不能打动人心。”

那么怎样才能以“情”动人呢？唯有真情才能打动人心，所以，在写作中一定要写出自己的真实感受。很多学生写作文时感觉没什么可写，于是就捏造一些不真实的人和事，其实这是一种误区。只要留心观察，就可以从司空见惯的现象中发现生活的美，这样写出的文章才最真实、最亲切、最能打动人心。

有了好的立意，就好比有了“树干”，剩下的任务就是“添枝加叶”，而这些“枝叶”哪里来呢?

①**多读、多背、多积累**。这是相当重要的一点。平日就应该多看一些作文选，看看人家是怎样写作文的，从中寻找启示。遇上精彩的片断，不妨抄写到自己的资料库中，时时翻看，或者干脆背到自己脑子里去。其他的如报纸、杂志等也都可以拿来看，扩大自己的阅读量，这是改变无话可说状态的好办法之一。

②**从生活中寻找素材**。要注意观察生活，从生活中选取素材，这是很多老师教给学生的第一个写作法宝。的确是这样的，生活中的点点滴滴，都可作为我们写作的对象，而这样写出的文章，也确实言之有物、生动形象。要想在考场上有话可写、有事可记，就要在平时擦亮自己的双眼，做个生活中的有心人，留心观察周围的一切，你会发现，处处、事事都可入文。

## ◆重视基础知识的学习

语文基础知识，也就是指语文的“双基”，即基础知识与基本技能。学习语文，只有熟练掌握语文基础知识，并通过语文基本技能的训练，才能达到语文的基本能力要求。也就是说，语文基本能力是从对语文基础知识和基本技能的掌握中升华而来的。

### 一、掌握知识结构

学好语文基础知识，提高语文的基本技能，首先应该弄清楚语文基础知识和基本技能的结构体系及在该体系下的各知识要点，这样才有利于知识的记忆、理解、消化和迁移。而没有系统的、孤立的、分散的知识点，不仅容易被淡忘，也不能被充分理解，更谈不上转化为能力而灵活运用了。

掌握了知识体系以后，应该怎样着手去学习和训练呢？科学的学习方法告诉我们，要掌握任何一种知识或能力，都必须将这种知识或能力再分解成单项的知识或能力，就像建筑一座大厦需要各种建筑材料和各种专门的工匠（含设计师）。一篇文章或一段讲话同样也离不开各专项语文基础知识与基本技能。我们的训练必须遵循由浅入深、由简而繁的规律，从具体的、单项的、基本的知识或能力开始。片面强调完整性的训练是不可能有好的效果的。而从专项训练抓起，缩小训练目标的模糊区域，既能提高训练的精确度与针对性，又能为逐步进入综合性的训练打好基础。

**清华状元**

中学语文基础知识十分丰富，有工具书使用、语音、文字（正音、正字、解意）、词汇、语法（语素、词类、短语、单句、复句、句群）、修辞、标点、逻辑、阅读知识、作文知识以及文学基础和现代文化常识等。这些构成了大的知识框架，它贯穿于中学语文教学的全过程。

关于中学语文基础知识和基本技能专项训练的要点与要求，在中学各册语文课本的说明部分已列出一览表，有基础知识方面的，也有基本技能方面的，有阅读方面，也有写作方面。同学们可以根据这张一览表，在自己消化知识的基础上，选择好的角度和标准划分为类，绘制出一棵一目了然的系统树来，以便全面了解、深入掌握整个中学阶段的知识、技能体系，也有利于各个专项的训练，同时还可以培养自己的思维能力。

## 二、抓住知识重点

语文基础知识中的重点是句子。字有字典，词有词典，句却没有句典。如果说字、词还比较容易自学，那么句的学习就显然困难多了。句子是表达一个思想的最小语言单位，句比字、词的思维性要强。

我们说句子是整个语文基础知识的重点，它不仅能通过对句子结构的分析把字的知识、词的知识、短语的知识联系起来，而且还能把修辞知识、逻辑知识联系起来，把原先孤立的、“没有生气”的语言单位变成有思想、有思维的语言单位，更主要的是体现了语言的理解和运用，如句子的规范、句意的明确、意思的分析与概括、词句的组合、语意的连贯、具体语言环境的转述、意思表达的得体等。

因此，我们应该自觉地、有重点地从各篇课文中挑选出一些思维性强的句子，进行语言的结构分析和思维分析。所谓思维性强的句子，就是指那些特别精确、特别深刻、特别严密、特别有思维特色的句子。如高中课本中鲁迅先生的《纪念刘和珍君》《拿来主义》，茅盾的《风景谈》，恩格斯的《在马克思墓前的讲话》等，从这些文章中可以找到许多的训练材料。

语文基础知识的重点，还包括那些规律性的知识、法则、原理等。例如，文言词类的活用，特殊句式、通假字、异读字，现代文阅读中的重读、停顿等。但也不能去死背法则、定义和原理，关键在于弄清规律，理解、掌握后运用到具体文章或特定的语言环境中解决问题。

### 三、突破知识难点

学习语文基础知识，还必须突破难点。因为这些难点常常会成为我们阅读理解的障碍，并且会影响到语言的运用和能力的发展，所以不可小视。

那些古远的知识，因为和我们现实生活、语言习惯相距较远，理解起来就会产生一些困难，应注意解决。如《记王忠肃公翱事》中有“后还朝，求太监后，得二从子”一句，如果不了解“从”的意思，必定会产生太监怎么会有儿子的疑惑。要是对古代礼仪一点不解，读到《鸿门宴》中“沛公北向坐，张良西向侍”，就不能感受鸿门宴一开始就形成的紧张气氛，也会忽视表现项羽自恃力量强大的自高自大性格特点的重要细节。

对比较复杂的语言单位的分解、辨析也是学习语文基础知识的难点之一。下面这道基础知识检测题，要求选出加点部分与“学校对我们的意见很重视”中加点部分的结构相同的一项，四个选项是：

A. 老师对学生的表扬非常及时。

B. 大家对他的关心使他非常感动。

C. 他对我们的意见很不少。

D. 我对你的长处了解得很清楚。

要是我们对结构分析的要领掌握不好，解这道题是困难的。因此，平时训练时应注意掌握辨析词语结构方式、辨析单句的结构、辨析多重复句的层次以及辨析语段层次的方法要领。

一些语言知识，由于相似、相近而容易使人产生混淆，形成阅读理解的“瓶颈”，这也是我们学习的一个难点。因此，我们应该进行同义词、近义词的辨析训练，进行多音字、多义词的辨音析义训练，进行关联词使用的训练，进行病句的辨析训练，进行标点符号选用的训练，以便使那些容易混淆的地方明晰，提高语言的准确性和规范性。

一些语句，特别是那些深奥的、哲理意味浓厚的、语义深刻的、意义含蓄的、概括性强的、逻辑推理严密的语句，也常成为我们学习中的难点，这在前面谈到句子是学习语文基础知识重点时已有涉及。

## ◆培养学习语文的良好习惯

同学们一般都很重视学习语文知识，培养语文能力，这是不错的。但是与此同时，还应注意培养良好的语文学习习惯。叶圣陶先生认为，任何语文行为或语文技能必须养成习惯才能得到不断的巩固和提高。比如，如果你养成了爱读课外书的习惯，你就可以获取比别人多得多的知识；如果你养成读书时“眼到、手到、心到”的习惯，你就不仅能摘记下许多宝贵的资料，而且可以提高分析问题、解决问题的能力；如果读课文养成了“三问”的习惯，久而久之，你就会提高审题、立意、选材、布局、写作技巧、语言运用等方面的能力。

良好的语文学习习惯包含丰富的内容，那么作为中学生，要养成哪些良好的语文学习习惯呢？

### 一、养成使用工具书的习惯

有些同学在看文章时，遇到不认识的字就跳过去了，这个习惯很不好。在阅读课文时，遇到生字难词、成语典故，都不要轻易放过。最好的办法，就是养成查阅字典、词典的良好习惯。如：“削”这个字，有两个读音，《新华字典》注明，在“削铅笔”“把梨皮削掉”等处读“xiāo”，用于一些复合词的时候读“xuē”，如“削除”“削减”“削弱”“剥削”等。一般来说，这个字的读音已经解释得很清楚了。但是，阅读文言文时，又会出现新的情况。如有这样一句话：“句有可削，足见其疏。”在这里的“削”并不是复合词，那么该念“xiāo”还是“xuē”呢？通过查阅《辞海》我们就会弄清楚，正确的读法是“xuē”，而不是“xiāo”。又如“墨守成规”这个成语，形容思想保守，按老规矩办事，不求改进。如果追问一下，什么是“墨守”呢？经过查阅词典，就会明白，这个词的来源与战国时的墨翟有关，因为他以善于防守城池而闻名，所以后来称喜欢保守者为“墨守”。字典、词典，都是不说话的老师，我们在阅读时遇到词语方面的疑难问题，随时求教，将会受益匪浅。

## 二、养成逐字逐句阅读文章的习惯

可能有人会说，“逐字逐句地读书速度太慢，一目十行不是更好吗？不是可以多读几本书吗？”一目十行当然好，但是如果没有逐字逐句阅读课文的良好习惯，要真正做到一目十行，恐怕也不是那么简单。语文课上，阅读文章的时候，总有一些同学，粗粗地读完一遍之后，就觉得无事可做，这就会影响对文章的深入理解和掌握。所以，要想学会读书，就必须先耐下心来，逐字逐句地读。既要认真地读课文本身，也要认真阅读与课文有关的提示、注解、思考练习等方面的内容。遇到阅读的重点或疑难之处，可用笔随处批批，记一些重点。掌握了基础的阅读方法后，就可再进一步学会精读、速读、跳读等多种阅读方法。

## 三、养成留心观察的习惯

《语文学习》杂志的封面上写着这样一句话：“语文学习的外延与生活的外延相等。”作为中学生，要做生活的有心人，养成随时随地观察生活的习惯。这不仅是学好语文的关键，也是一种积极向上、热爱生活的表现。优秀的作家能写出感人的作品，都是他们留心观察生活的结果。中学生不仅平时应注意观察生活，而且还要深入、细致、完整地感受生活，见微而知著，从表面微不足道的、人们习以为常的、甚至熟视无睹的现象中发现素材。

## 四、养成读书的习惯

读是语文学习中的重头戏。每天要抽出时间有计划地读书，要多读古今中外的文学名著，如《西游记》《水浒传》《红楼梦》《三国演义》《红与黑》《安娜·卡列尼娜》等。另外，还要读一些哲学著作，如康德的《三大批判》、列宁的《哲学笔记》等。

## 五、养成勤于动笔的习惯

多读多练是作文成功之路。叶圣陶先生说过：“为养成写作的习惯，非多作不可。”所以，要提高写作水平，必须坚持练笔，长期不懈，养成习惯。要主动地去观察生活、感受生活、思考生活，每天坚持写日记，写所见所闻所感，选择其中印象最深刻的去作文，或叙事，或状物，或抒情。可以独立成篇，也可写片断，但要言之有物，写出真情实感。

除了上述几种习惯外，在学习的过程中，同学们还应该养成边学边思考的习惯、课后复习的习惯、质疑讨论的习惯、大声答问的习惯、自己留作业的习惯、整理错题的习惯以及筛选资料的习惯等。

**北大状元**

要培养良好的语文学习习惯，必须首先给自己立下规矩：什么时候做什么，该怎么做；然后要一丝不苟坚持不懈地做下去，达到不用强迫自己，也不用别人提醒，到时候就会自觉地去做的状态。

在培养良好的语文学习习惯的过程中，要注意与“懒”字做斗争。懒得看书、懒得动笔、懒得思考；明知那种习惯好，就是懒得去学、去培养；或者三分钟的热情，浅尝辄止。这些都是不利于良好习惯的养成的。

良好的语文学习习惯像一对金色的翅膀，它能帮助你腾飞，帮助你学业有成，使你终身受益。良好的语文学习习惯是在长期的语文学习过程中形成的，既是一项细致艰巨的任务，又是一个长期而复杂的练习过程。同学们必须持之以恒，努力不懈，既不能停滞不前，也不能急于求成。

# 第二章 如何学好数学

## ◆学好数学的三大“法宝”

在学习数学的过程中，经常会出现这样的一种现象：当老师提出某个问题后，有一些同学可以非常迅速地做出反应得到答案，而另一些同学则需要在老师讲解后才能明白如何解题。但是，在最终的考试中，反应快的学生的成绩却不一定比反应稍慢的高。应该说，这种现象在中学生中尤为普遍。究其原因，是因为有的同学在学习的过程中并没有真正掌握学好数学的三大“法宝”。

正确的思维方式＋良好的学习习惯＋刻苦的学习精神＝学好数学的三大“法宝”。

所谓正确的思维方式，就是同学们平时说的解题思路。很多学生抱怨：看到数学题就完全没有思路，不知道该从何入手。这说明他还没有建立正确的思维方式。解决这个问题其实并不难，首先课堂上要紧随老师思路，特别是在老师讲解习题时，不要仅仅把精力放在最后的结果上，而是应该注意老师讲解的过程和思维的切入点。其次应该勤于思维训练，比如，对课后相似习题多加思考，这里切忌照葫芦画瓢，一定要按照正确的思路从头来一遍。最后还应积极地参与新问题的研究和讨论。其实与同学讨论甚至争论都是帮助你不断完善思维方式的有效手段。在讨论中可以发现自己没有想到的思路，积累同一问题的多个思维角度。

良好的学习习惯不仅仅在数学的学习中发挥着重大作用，它还有可能会成为决定你一生中许多事情成败的关键因素。笔记能否记录翔实，卷面是否书写工整，课后是否及时复习，等等，都是能否建立良好学习习惯的关键。有些同学会说，课堂上的知识当时就都明白了，为什么还要记笔记呢？请注意，当时明白并不代表以后明白，笔记是为了今后复习时有案可查。还有一些同学会说，复习时再向其他同学借不就好了。殊不知每个同学在记笔记的过程中会有不同的侧重点，甚至是自己标注的特殊符号，这些并不一定适合你，同时你也失去了一次锻炼自己归纳总结能力的机会。其实良好的学习习惯包括很多，这完全可以在学习过程中慢慢摸索体会，关键在于将学习变成一种有规律、可持久的习惯，然后乐在其中。

刻苦的学习精神并不是简单的学习时间累加，它真正表达的是一种不懈的精神。对于自己没有理解清楚、没有彻底掌握的地方是马虎应付，还是不停钻研直到弄懂？为了提高自己的计算速度和准确率，是否会花费大量的时间进行计算练习？举个最简单的例子，“1+1=2”同学们都可以非常迅速地回答，但“95+36=？”能很快给出答案吗？其实这并不是因为“1+1”简单，而是因为这个结论已经熟于心中，无须计算。因此，只要每个同学确立合理的目标，并为之付出不懈的努力，最终是可以实现甚至是别人称为“奇迹”的目标。

以上三点便是学好数学的三大“法宝”，这三大“法宝”也会帮助你在其他更为广阔的领域发光亮彩。希望同学们可以在学习的过程中有针对性地进行培养，并不断体会它们的巨大作用。

## ◆对概念要理解其精髓

很多同学都有这样一种体验，对数学定义、定理、公式、法则已经记牢，似乎也理解了，可一提起笔来做题又感到茫然，不知从何下手。出现这种现象，究其原因还是没有真正理解定义、定理、公式、法则的本质。我们知道，数学的定义、定理、公式、法则是数学知识体系的框架，是解题的基础，是推理的依据，要真正理解其精髓，一般说来必须抓好学习中的四个环节。

## 一、弄清知识的来龙去脉

任何新知识都不会是无本之木，它总是在旧有的知识和生产、生活实践中产生、发展概括而来的。因此，在学习新的定义、定理、公式、法则时，一定要弄清知识产生的实际背景和知识发生的来龙去脉，这对加深知识本质的理解有着十分重要的意义。

例如，我们在学习正负数的概念时，如果能对产生正负数的背景、相反意义的量及表示方法有较为深刻的理解，就能更好地理解正负数的概念和有理数的运算法则，避免死记硬背。

又如，学习不等式的第三条性质，我们可以结合一些具体实例。如对不等式 $3>2$，$-3<-2$，$3>-2$，$-3<2$ 的两边同时乘以（或除以）$-2$，得到的不等式 $-6<-4$，$6>4$，$-6<4$，$6>-4$（除以 $-2$ 的情况，同学们自己进行演算）。进行前后比较，归纳概括出不等式两边同时乘以（或除以）同一个负数，不等号的方向改变，进而对这个性质用符号表述：若 $a>b$，$c<0$，则有 $ac<bc$ 或 $a/c<b/c$，就比较容易对其有实质性的理解。

## 二、逐字、逐句、分层推敲文字的表述

数学语言具有精练、抽象、严密的特点，因此我们在学习定义、定理、法则时必须完整、准确地理解其表述的内容，这就必须对其文字表述进行逐一、仔细地推敲。

例如，教材中是这样定义相反数的概念的："像 6 与 $-6$ 这样只有符号不同的两个数，我们就说其中一个是另一个的相反数。"如果去掉"像 6 与 $-6$ 这样"这个条件，就容易使我们的理解发生偏差。如 $-(+2)$ 与 $+(-2)$ 这两个数也是符合"只有符号不相同"的条件，算不算相反数呢？显然不能算。在中学的学习中，这种描述性概念比较多，对于描述性概念一定要把握好概念的整体，不要离开其中描述的实例而断章取义，以致产生误解或歧义。

对于学习中遇到的叙述严谨、有较强的限制条件的定义、定理、法则，则可以采取分层次、抓要点的分析方法去理解。例如，对"垂线的性质定理"我们可以分为以下三层意义来理解。

①“经过一点”，应理解成没有附加限制的点，即这一点可以在已知直线外，也可以在已知直线上。

②“有一条直线垂直于已知直线”，应理解为过这一点和已知直线垂直的直线总是存在的。

③“且只有一条直线垂直于已知直线”，应理解为上述存在的垂线也是唯一的。

经过这样分层次地逐句、逐字推敲，对于定理中的文字就能做到比较透彻的理解。

## 三、掌握本质特征，注意限制条件

数学定义、定理、法则、公式是对相关数学知识本质属性的概括，理解时要注意去伪存真，找出其本质属性，排除非本质因素的干扰。一是要抓住关键词句，排除次要词句的干扰；二是要排除生活经验和标准图形的影响和束缚。

如对“垂线”“平行”的概念的理解，我们有的同学往往只把“铅垂向下”才视为垂直，只把“水平”放置的两条直线才看成平行。这种以生活经验的影响代替对概念的认识，缩小了概念的内涵，同样是一种非本质因素的干扰，在学习中应尽量自觉予以排除。

**特级教师**

数学概念、公式中的限制条件是概念和公式本质特征不可分割的部分，但往往容易被同学们忽略，应在学习中引起高度重视，同时分析限制条件往往又能帮助我们更加深刻地理解概念或公式的本质特征。

## 四、通过联系、对比进行辨析

在数学知识中有不少是由同一基本概念和方法引申出来的种属及其他相关知识，或看来相同、实质不同的知识。学习这类知识的主要方法，是用找联系、抓对比进行辨析。如直线、射线、线段这些概念，它们既有联系，又有区别。

## ◆抓住例题不松手

学习数学的“秘诀”，就是紧紧抓住例题不放。所谓例题，是为了证明或应用某一定理或定义的例子。正由于例题所独有的典型说明作用，所以在学习过程中我们必须善用例题、巧用例题。例题的使用方法有以下五种。

一、课前轻松读例题

上课之前要认真预习将要学习的内容，对其中的例题逐字逐句通读，力求在头脑中留下印象。碰上简单易懂的内容可以一带而过，遇着复杂难懂弄不明白的地方也不要着急，用笔做好标记，留待上课时解决。千万不要碰上困难就停止阅读，在难点上反复思考、斟酌、推敲。还要学会适时放下问题轻装前进，否则在浪费时间的同时徒增畏难情绪，还可能为以后的学习设下心理障碍。

二、课堂认真抠例题

人的注意力不可能长时间高度集中，而且老师在课堂上所讲的内容对不同的同学来说难易也不同。上课时，我们必须有张有弛，劳逸结合（劳即注意力高度集中，逸即注意力相对松散），把握住老师讲课的节奏。简单易懂的可以轻松跃过，主要精力要放在你预习时所标注的难点上。

老师讲到重难点时，往往会加重语气、放慢语速、适时重复。我们可以抓住老师讲课的特征，及时“聚焦”注意力，一个字也不错过。看老师如何分析、比较、归纳、综合，如何联系以前学过的知识，如何融会贯通、举一反三。

三、课后分析看例题

课堂上的例题弄懂了，并不能说明你具备了解题能力和知识迁移能力。课后还需要从一个新的角度重新审视、分析例题。由于新知识的掌握、知识面的扩展以及老师的引导、点拨，再看例题时则会对难点有了不同的认识，进入了更高的层次。对题中基础知识的运用、分析和推理方法的选择都会有更深的理解。例如：在做几何证明题时，通过看例题，可以分析该题涉及了哪些前面学过的知识，看还有没有别的（利用其他辅助线、定理）解题方法。如果课后不看例题，思维就会停留在一个浅层次上，无法完成由浅入深、由表及里的转化过程。

## 四、作业推理识例题

做练习是运用知识解决问题、提高能力的最重要最有效的方法，也是学好数学的关键。做作业时，首先要识别题型（即这道题属于本章节所讲例题的哪一类型）；其次要回忆书上是如何解题的；再次分析有几种解题方法；最后明确哪一种方法最简便。需要特别指出的是，在识别题型时还要仔细回忆具体的解题步骤，如果记不清或对以前学过的例题产生了遗忘，要不惜时间去翻阅、分析、记忆。通过做练习综合所学知识，分析所见过的题型，牢记解题步骤、方法。

## 五、考试综合串例题

考前复习要归纳压缩知识，把书读薄。要做到这一点，除了大家常用的“知识串串”法外，“例题串串”也是学习数学必不可少的有效手段。所谓“例题串串”，就是要弄清全书有几章，每章有几节，每节有几道例题（其实每道例题就是一种题型），每种题型是如何解答的，对全书例题做到心中有数后，就进入了后一道工序——抄例题、解例题。在作业本上工工整整地抄下每一道例题，熟悉题型。合上书本（千万不可先看解法再解题），按书上解题步骤、解题方法认真解题（绝不能马虎或删减、省略）。解答完毕后，再翻开书本参照例题一一对照，看解题方法、步骤是否与书中一致。如有不同，分析原因，寻找存在的知识盲点和这样做的利弊，最后订正并记忆。如果针对例题的闭卷考试答案与书中（方法、步骤）完全相同，那你一定能轻松地完成书上所有的练习题而且不会丢步骤分。这样就充分说明了你不仅掌握了全书的内容，而且规范了解题过程。

**特级教师**

许多同学陷入题海不能自拔，丧失了学习的乐趣，但效果却并不理想。习题与例题不可同日而语，例题是题中的精华，弄懂它就掌握了同类问题的解法。掌握例题实际上就是抓住了数学之“纲”，“纲”举则“目”张。

善用例题、巧用例题，咂出例题的味道。琢磨例题、使用例题，是数学学习中的“秘密武器”。

## ◆数学讲究“重”“精”“巧”

对于数学成绩一直徘徊不前的同学来说，努力的方向不能一味靠做题，要先把课本中的知识点先搞清楚。即立足于课本，并要重视“读”。下面，我们就具体来看看如何运用“重、精、巧”来读数学。

### 一、例题要重读

教材中的例题，是学习如何运用概念、定理、公式的最一般示范。在阅读时，一定要将例题作为重点。读数学书与读其他书有一个不一样的地方，就是一定要边看边算。阅读例题时也不妨如此，先不忙看演算过程，可以自己试着先算算，算不出来，再看解答。这对提高解题能力是大有益处的。

### 二、概念要精读

正确理解和使用概念，是学好数学的前提。阅读概念时一定要一字一句地仔细阅读，把每一个字、每一个词都弄明白。精读的“精”字，可以从两层意思来理解：一是阅读的时候要精细，要非常认真仔细；二是总结的时候要精炼，不能啰啰唆唆。

### 三、要点应巧读

所谓巧读，包括以下三层意思。

第一，学会点、画、批、问。把关键的地方都“点”出来，把重点、公式和结论都“画”出来，把自己的理解、质疑和心得等用三言两语“批”出来，把没弄懂的地方都用问号“问”出来。

第二，跳出障碍，先看下去。对一时看不懂的地方，不妨先跳过去，或许读过后面的叙述，前面不懂的也就懂了。

第三，抓住数学的主要知识点。

数学的各个知识点之间有着非常紧密的联系，如果能抓住其中的一个主要知识点，学起数学来就会感觉比较轻松。比如函数，它是高中数学主要的三条脉络之一，它与三角、向量、解析几何、立体几何、概率等都有着紧密的联系，当你把这条线全部串联后，函数的核心内容就抓住了。完成了这项工作，就可以有针对性地对其他自己薄弱的知识点进行各个击破了。

# 第三章
# 英语学习技巧

## ◆巧记英语单词

掌握词汇是英语学习的主要内容之一，该如何记忆英语单词？千万不能光凭死记硬背，应采用巧记，这样才能起到事半功倍的效果。以下几种方法可供同学们参考。

### 一、语音记忆

语音记忆就是根据单词的发音规律来记忆单词，具体可分为以下几种。

①外来语。中文中有许多词本身来自英语，因此这类词的发音近似英语，我们只要依据发音便可记忆，如：sofa（沙发），pudding（布丁），coffee（咖啡），curry（咖喱）等。

②字母组合。英语中一定的字母组合形成一定的发音，如：sh 发 / ʃ /音，等等，我们只要掌握了它们之间的规律，正确发音，记忆单词就方便多了。

③同音异义。英语中有些单词发音相同，但词形和意思不同，平时稍加留意，有助于记忆单词。如：/ rait /——write（写），right（对）等。

④同形异音。有的单词形同音不同或重音不同，意思也不同，便于联想记忆。如：live——/ liv /（生存），/ laiv /（活的，实况转播的）等。

### 二、词形记忆

词形记忆就是根据单词的词形变化规律来记忆单词。主要有以下几种。

①词缀。在我们称为词根的单词前面或后面加上前缀或后缀。通常前缀转

变单词的词义，而后缀转变单词的词性和词义。如：tell *v*.（讲）——retell *v*.（再讲）；known *adj*.（知晓的）——unknown *adj*.（未知的）等。

②合成。英语中有不少单词可以合并而成为另一个单词，合成又可分为完全合成和部分合成。如：matchgirl（卖火柴的女孩），sleep-walk（梦游），face-to-face（面对面），commander-in-chief（总司令），motor+hotel—motel（汽车旅馆）等。

③增减字母。即在一个单词的前后增加或减少某个字母。如：long（长的）——along（沿着），ward（病房）——award（授予），war（战争）——warm（温暖的），pit（坑、穴）——pity（怜悯）。

④替换字母。即将一个单词中的某个字母替换成另一个字母。如：rice（米、饭）——rise（升起），work（工作）——word（单词），dip（蘸）——lip（嘴唇）——tip（尖）——zip（拉上/开……的拉链）。

⑤形象化。即把一个单词结构视为一个物体来记忆。如把单词 eye 看作是一双眼睛中间加上一只鼻子，这样就不易遗忘。

### 三、词义记忆

词义记忆就是按照单词相同或不同的含义进行记忆，具体可分为以下几种。

①同、近义词。即按照同义词和近义词的分类来记忆单词，如：美丽，漂亮——beautiful—pretty—fair—handsome。

不过在记忆这些单词时，有必要了解使用上的区别，以免日后使用不当。

②反义词。即把一个词与其反义词结合起来记忆。如：strong（强壮的）——weak（虚弱的）。

③同类词。即把词义含有相同性质的事物或动作的单词编在一起记忆。如：衣物——clothes，coat，dress，shirt，skirt，sweater，jacket，trousers 等。

### 四、单词记忆“品”字法

单词记忆“品”字法就是若要记 100 个单词，第一次记忆 20 个，第二次复记第一次的 20 个，再记另 20 个，第三次复记前 40 个，再记 20 个，第四次复记前 60 个，再记另 20 个，第五次复记前 80 个，再记另 20 个，第六次先记后 20 个，再复记前 80 个。这种记忆法是根据艾滨浩斯遗忘曲线理论而形成。他的实验证明“遗忘的进程不是均衡的，在识记后短时间内，遗忘进行得较快，遗忘得较多，以后逐渐缓慢，到相当时间，几乎不再遗忘”。

“品”字记忆法也有人称为“叠罗汉”。

### 五、“四合一”法

“四合一”法就是眼看单词、词义、词性；口读这个单词；耳听这个单词；手在纸上写这个单词。这种方法使人眼、口、耳、手并用，使人精力集中，是一种更简单、更方便、更适合同学操作的方法。目前，大多数中学学生都采用这一方法。但要注意在记忆一课单词时不能只进行一次，较好的是每天 1 ~ 2 次，每次 5 分钟左右。

### 六、筛选法

筛选法就是边学边将学过的单词抄在一个小本子上，不加任何释义，每天抽 10 分钟时间看 100 个左右的词。有些词由于复现率高，根本不用去记忆，这样剩下需要记忆的词就不多了。经过反复筛选，反复记忆，记住单词是不难办到的。

### 七、单词结合词组或句子记忆法

关于如何记生词的问题，著名英语专家许国璋教授建议：不要单独死记生词，而要结合词组或句子去记。例如：记 book 这个词，可以用一列词组和句子去记：a new book / a long book / a short book / an interesting book / The book is not very interesting / Can I have a look at the book。另外，大量的阅读可以增加词汇的复现率，用学过的词语造句、写日记或口述生活情景等，都是运用所学词汇于现实中。这样，既可以帮助记忆单词，还可以提高说和写的能力。

## ◆巧学英语语法

有人将英语基本功三要素中的语音比作造房子的外壳、墙面，词汇是砖瓦木料，而语法则是钢筋骨架。从这一比喻我们可以看出英语语法学习的重要性。对缺少英语环境的中学生来说，学一点语法可以适当弥补英语环境的不足，帮助同学们把纷繁的语言现象系统地分类归纳，使自己少走弯路，较快较好地掌握英语知识。

一、不要死抠语法

我们学习语法，不是以研究语言为目的的，而是要通过语法学习去掌握英语语言规律，更好地进行听、说、读、写等语言实践，再通过实践促进对语法规则的掌握，提高对语言的分析理解能力和运用水平。学习中过分强调语法分析，细抠语法名词术语是不明智的做法。例如，细分 there be 句型中的主谓宾定状补等成分就很不必要，在学习中只要记住“There be+ 主语 + 状语”这一句型表示某时某地有某物某人，并且会用就够了。如果学习中钻“牛角尖”，有许多问题非但弄不明白，反而会影响对英语的学习。相反，通过大量的语言实践后，以前弄不明白的问题，回过头一看则显得明白易懂了。

二、进行英汉语法对比

英汉语法有许多异同点，同中有异，异中有同。为了排除汉语（母语）语法对英语学习的干扰，采用英、汉语法对比的方法，就能从中发现一些规律性的东西，有助于同学们准确无误地掌握好英语语法知识，现简举几例。

①英语有词形变化，汉语没有。英语中名词有单复数变化，动词有原形、一般现在时单数第三人称、过去式、过去分词、现在分词等五式变化，代词有格的变化，等等。请对比下列两组英汉句子：

A. We <u>study</u> English. 我们学习英语。

B. <u>He studies</u> English. 他学习英语。

C. <u>I have</u> a good friend. 我有一个好朋友。

D. <u>My</u> sister <u>had</u> many <u>friends</u>. 我姐姐曾有许多朋友。

在 A、B 句中谓语动词“学习”英语有 study（原形）和 studies（第三人称单数形式）两种形式；C、D 句中名词“朋友”英语分别用了 friend（单数）和 friends（复数），代词“我”又分别用了 I（主格）和 My（所有格）。由此可见，学英语时，就要树立起“英语有词形变化”这一概念，否则必将错误不断。

②英语有时态变化，汉语没有。英语中谓语动词有四种“时”（现在时、过去时、将来时、过去将来时）和四个“式”（一般式、进行式、完成式、完成进行式），可组成十六种时态，而汉语却没有“时”“式”的变化。因此，我们

脑子里必须牢牢树立起“时态”概念，使用谓语动词时必须要考虑时态。比如：“Oh，where is my pen？ I left it on the desk just now. Who has taken it away？”这短短的三句话就分别用了一般现在时、一般过去时和现在完成时三种不同的时态。可见，英语谓语动词时间性很强，又千变万化，这一点与汉语是完全不同的。

③英语和汉语中的及物和不及物动词不尽相同。英语和汉语中都有及物动词和不及物动词，但有时在汉语里是及物动词，在英语里却是不及物的。如“听报告”“等我爸爸”“住房子”“看这幅画”“发生了变化”，这些词组中的动词在汉语中都是及物的，但在英语里却都用作不及物动词，分别说成：“listen to report”“wait for my father”“live in a room”“look at the picture”“changes have taken place”。这样的例子是屡见不鲜的。

④英汉语序有同有异。英汉句子成分的位置基本上都是主、谓、宾排列，定语在被它修饰的词之前，这是相同之处，但英语中的疑问句大多要用助动词，要部分倒置，甚至完全倒置。当短语、从句做定语时，就要放在被修饰的词之后，而状语的位置比较活跃，这一点与汉语差异很大。汉语的状语一般在谓语动词前，是主－状－谓－宾，而英语多数是主－谓－宾－状。请对比：“I like the film very much.”（我非常喜欢这部电影。）由此可见，要切忌套用汉语语序。

⑤在汉语中做谓语的词在英语里不见得行。如“我忙于工作。”“她很年轻。”“我们在2班。”以上句中加点的词（有形容词、介词）在汉语中都是做谓语的，而在英语里这些词都不能直接做谓语，以上句子必须译成“I am busy working.”“She is young.”“We are in Class 2.”。

英、汉在语法上的异同点远不止这些，但限于篇幅，不能一一列举。我们应该在学习过程中通过大量的语言实践，不断地发现规律，才能掌握好英语语法。

## ◆提高英语写作能力

对于中学生来讲，提高英语写作能力，主要有以下两种方法，一种方法是模仿，或称“描红”——像小学生初学写字时用毛笔涂描红字格一样。找一篇文字比较精练而自己也较喜爱的短文（或长篇中的一段），在仔细学习了它的结构、笔法、修辞等之后，就类似的题材自己写一个短文。例如，原作是对一个儿童的描述，则我们可取生活中熟悉的一个小孩为典型，模仿原作的文章结构、用词组句，自己来写一篇。在中外古今文坛上，曾有不少大师，在少年习作时，都采用过这个方法。

另一种是复述。在熟读一篇或一段文章之后，丢开原文，凭自己对文章内容的记忆，用自己的语言将它复述下来。开始时可以是由单句列成的提纲，进而发展为内容摘要、故事梗概、较详细的复述，甚至加上自己的评论。不要逐句照抄，那就成了“默书”。但开始练习复述时，可以较多地利用原文中的词句，再逐步转为更多地利用自己的语言。例如，原文若是用第一人称（I，we）写的，我们可以改用第三人称（he，she，they）来转述；直接引语可转为间接引语；长句可拆为短句；倒叙处可以顺过来；原作中省略的描述可以补充进来，次要的情节可以省去。这种方法的好处，就是在内容和语言上均有所依据，不致凭空写来，错误连篇，而又无人批改，反而加深了错误。这种将写和读联系起来，在读的基础上练习写作的方法，可以使我们的写作能力随着阅读水平的提高而不断提高。

要想写好一篇英语作文，除了掌握一定的写作技巧，还应把握以下几个步骤。

### 一、认真审题立意，确定文章之灵魂

对命题作文必须认真审题，对自由作文必须立好意。文章要有明确的主题，必须具备 4 个条件：准确、鲜明、深刻、集中。以命题作文“The English Teacher I Admire Most”为例，文章的主题是关于记叙我最欣赏的一位英语老师，因而就不能广泛谈论老师这一职业或介绍自己的几位老师。

### 二、草拟提纲，打造文章之骨架

审好题，立好意后，就要写提纲，打造文章的骨架。文章布局要做好 3 件事：安排好层次段落，铺设好过渡，处理好开头和结尾。如果命题作文中有提示句，还要从提示句的关键词出发，围绕关键词开拓思路，发挥联想，记录下联想到的东西，可以是句子或单词词组，可以是英语或汉语。仍以“The English Teacher I Admire Most”为例，提纲可以这样写：

① Who is the English teacher I admire most

② My reasons

③ What can I learn from the teacher

三、写主段落主题句，理文章之脉络

一篇短文的段落一般分为引导段、主题段和结尾段。每段的主题句非常重要，是作者思维的起点，切题的准绳，阐述的对象。看到段落主题句，读者就能大致了解段落要阐述的内容。段落主题句通常是一个语法结构完整、内容概括、用词简洁明了的单句。通常将段落主题句置于段落的开头，使文章结构更清晰，更有说服力。

四、紧扣主题句，完成各段落

有了段落主题句后，还需要顺着段落主题句的方向，参照提纲中的思路，从而完成各个段落。引导段要能引起读者的注意和兴趣，为主题段铺路架桥。主题段应围绕文章和该段的主题来展开。展开的方式包括：顺序法、举例法、比较法、对比法、说明法、因果法、推导法、归纳法和下定义等。可以根据需要任选一种或几种方式。还是以“The English Teacher I Admire Most”为例，主题段中就能用到举例法、说明法、因果法等。

进行这一步骤还需注意三方面问题。

①确保提纲中段落结构的思路与各段主题句的一致性。只有这样，才能保证所写段落不偏题，不跑题。

②要综合考虑各个段落的内容安排，避免段落内容的交叉。

③用好连接词，注意段落间、句子间的连贯性。要想做到所写文章层次分明，思路清晰，文字连贯，就需要在句与句之间，段与段之间架起一座座桥梁，而连接词起的正是桥梁作用。

## ◆如何学好英语

学好英语关键要熟读每篇课文。何谓“熟”？就是看到一道题，就能想起考的是哪篇课文中的语言点、句型，等等。做到这点其实并不难，应该相信自己能做到这点。

学英语要有语感。语感并不是个神秘的东西，它是思维与脑袋里以前储存的东西相通之后碰撞产生的灵感火花，所以思考一下，结果会出来的。有时自己都没意识到整个过程，所以才会使很多人觉得语感是一种不可求的境界。其实不然，材料中的许多句型、语法都能在课文中找到依据，看课文、背课文应该成为一件乐事，英语表达流畅了，语感也就来了。这样说也许很抽象，但是熟读课文以外的那些英语材料对培养语感确实是有好处的，许多同学的尝试都证明了这点。

学英语还有一个很大的特点，就是每天必须接触它。每天花在英语上的时间不需要太多，但应保证每天读一会儿英语，看一两篇文章，睡觉之前听一会儿录音。长此以往，其效果肯定比临考前几天猛攻来得好。高考阅读题和作文一向是难点，对付它们还是靠积累。从高一开始做阅读理解题，一个星期保证做一定的篇数。做错了，思考一下与题目要求有何偏差，最后可以得到许多规律性的经验，诸如应选较具体的答案，而不应选那些适用范围较大，放到哪儿都能算对的答案，尽量根据文章中提供的线索思考，不要自己发挥，等等。至于书面表达，就按命题要求写，然后与范文作比较，找出范文中用得好的短语、句式。由浅入深，写作能力慢慢就能提高。而且，在以上两个学习过程中，也可以学到一些语法上的东西，稍加注意便可一举两得了。

**特级教师**

如果老师对词的用法举出几个例子，一定要记下来，这既训练了听力，又是一个记忆的过程；若老师一带而过，而你又不是很清楚用法的，就应该查字典。这可以学到很多东西，历届高考题就有不少是字典上的例句。考试前，再过一遍笔记，应对考试是完全没问题的。

# 第四章 如何学好化学

## ◆“文理兼有”的化学

化学是一门研究物质化学变化规律的科学，它是自然科学的基础学科之一。近代自然科学的发生和发展，主要的基础之一也是化学。遗传工程、分子生物学、环境科学等，都是以化学为基础或是从化学学科中衍生出来的。可以毫不夸张地说：“没有化学，就没有今天的人类文明。”古往今来，多少科学家为之而献身，我们的祖先也曾为早期的化学发展做出过不可磨灭的贡献，在化学发展史上占有光辉的一页。作为一门重要的基础学科，今后它还要不断地向纵深发展。在未来的社会发展中，化学所占的地位将日益重要，每个有志于献身科学、献身社会主义建设事业的中学生，都必须学好化学。

要想学好化学，首先必须掌握化学学科的学习特点。化学学科的学习特点主要表现在以下三方面。

（1）化学是一门实验科学，许多知识内容都是建立在实验的基础上，并通过分析归纳而得出结论的。化学实验不仅可以使同学们获得动作技能的训练，提高实际动手能力，而且有助于认识化学原理，形成正确概念，提高学习兴趣，巩固和强化书本知识。因此，学习化学一定要重视化学实验。

（2）重视对化学基本概念和基础理论的学习，掌握化学基础理论对化学学习有“统率”作用。整个中学化学教学内容，都是以物质结构及元素周期律理论为主线而编排的。有的学生把化学当作“第二外国语”来学，实际上就是没有掌握化学基础理论对有关元素知识学习的指导作用，一味死记硬背、生搬硬套。这样显然是学不好化学的。

（3）重视对化学元素知识的记忆。如果我们把化学科学比作一棵大树，那么，化学基础理论是树干，则元素化合物知识等就是树枝和树叶了。光有树干而没有枝叶构不成一棵大树，所以学习化学不能不记元素知识。许多概念题、理论题、实验题，包括计算题，往往都离不开元素知识。我们反对死记硬背元素知识，而是应该找出规律，在理解的基础上进行记忆。

## ◆化学学习与读书

读书对于化学的学习有着特殊的意义。中学化学教材大约有半数以上的内容都属于元素化合物知识。元素化合物知识属于描述性内容，要求理解的水平层次不高，对于这些内容同学们是完全有条件通过独立阅读去领会的。因此，读化学书，可以作为培养同学们自学阅读能力的起点。同时，通过对化学书的课前自学阅读，在化学课堂上就可以变“听课”为“思考”，就可以集中精力去观察演示实验和进行课堂训练，并且可以在老师的指导下当堂完成对本课时元素知识的记忆与小结。由于课堂对元素知识的主动记忆是在教师的生动讲授、演示实验和各种实物、模型的配合下完成的，能够调动多种感官同时活动，因此，学习记忆效果是最好的，且可以掌握学习的主动性，而不需课后再投入大量时间去死记硬背元素知识了。

读化学书，主要采用课前、课堂和课后三种不同水平层次的读书方法。根据阅读的目的和任务不同，读书的要求也有所不同。

### 一、课前阅读

课前阅读是对新课的预习，它是一种比较粗浅的阅读。这种阅读一是要找出与新课有关的已学知识，通过复习做好知识准备；二是对新课内容有个大致了解，发现问题，以便带着问题参加课堂学习。例如，在学习化学“元素”的教学内容时，课前阅读首先要认识到原子的概念、原子的形成、核电荷的意义以及与质子数的关系是建立元素概念的必备知识；而有关混合物、纯净物和物质构成的知识则是通过元素讨论物质组成的前提。只有熟练地掌握了上述知识，才能学好“元素”这一节的内容。然后要找出课文内容的三个层次：①元素的概念及其引入；②运用元素概念讨论物质的组成，建立单质和化合物的概念；③从单质和化合物的角度，认识元素的存在形式。这样，便可以做到对课文内容心中有数。在课前阅读中，同学们很可能会产生“究竟为什么要建立元素这个概念”“元素和原子究竟有什么区别和联系”等问题。如果带着这些问题参加课堂活动，必定会增加学习的针对性。

## 二、课堂阅读

同学们在课堂阅读中，一方面要系统地钻研教材，提出比课前阅读更为深刻的问题。如关于氧化反应的，课本所举例子都是物质与氧气的反应，但为什么下定义时却把“物质与氧发生的反应称为氧化反应”，而去掉氧气中的“气”字呢？有的同学就提出了这一关键性的问题。虽然因学习的阶段性局限，有些问题不能立即获得解答，但问题的发现为下一步深入学习相关内容埋下了伏笔。另一方面，要重视课文本身的逻辑结构对促进思维能力发展的积极作用。例如，“质量守恒定律”内容在编写时的顺序是：通过实验说明化学反应中反应物总质量与生成物总质量间的关系；提出质量守恒定律；从微观角度揭示质量守恒定律；运用质量守恒定律解决实际问题。这种顺序与我们学习时的思维程序是吻合的，因而在课堂阅读时，要注意探讨课文内容的这种逻辑层次，以提高自己的思维能力。

**特级教师**

有些教学内容，教师会在课堂上给同学们提供一定的阅读时间，这时的阅读是在教师提出的问题引导下进行的，具有很强的针对性。有经验的教师提出的阅读思考题，可以使同学们在阅读中形成一条科学的学习思路。

### 三、课后阅读

课后阅读是课后复习中进行的阅读，这是一种巩固性阅读。在课后阅读中，要进一步抓住课文的中心内容，并根据课堂阅读、听讲和讨论的情况，整理好课时笔记或写出课时小结。课时小结的形式可以多种多样：有的是对某些容易混淆的概念进行列表对比，以加深对有关概念的理解；有的是运用图示汇总所学内容，进一步掌握课文的知识结构；有的是具体方法的总结，如怎样配平化学方程式、书写离子方程式时应注意些什么，等等。在课后阅读中，应学会科学地使用有关参考资料和工具书，并注意扩大知识面，提高阅读能力。此外，要在充分阅读的基础上进行习题练习，通过练习加深对课文内容的理解，这样才能充分发挥习题练习对阅读学习的积极的反馈作用。

以上三种阅读是相辅相成的，三种阅读的理解水平逐一提高，其基本过程是从粗读到细读再到精读。也就是说，首先要粗读，掌握梗概，对新课内容有一个初步的认识；然后细读，在深入思考的基础上实现对课文的理解；最后精读，通过知识整理，找出规律，使知识系统化。不同的教学内容，教师可能会有不同的安排；但无论教师如何安排，对课文的阅读都必须由粗读、细读进而达到精读的水平。只有这样才能真正实现对知识的掌握，才能促进自己自学能力的提高。

## ◆化学学习与记忆

中学化学学习中的化学用语，物质的性质、制法、用途，化学现象，实验知识等，都是需要记忆的。培根曾说：“一切知识不过是记忆，而创造不过是运用记忆。”化学知识记忆这一关过不好，其他的一切学习努力都是无效的。因为没有化学用语和元素知识作为基础，就无法学好化学概念和理论，也无法进行化学计算。在各类化学题解过程中，元素知识是化学思维的语言，是进行各种推理、判断与计算的依据。有不少数理基础好的同学学不好化学，其根本原因，就是没有过好化学记忆这一关。

正是由于化学记忆内容多，因此必须掌握科学的记忆方法。科学的记忆方法有多种，这里仅针对化学知识记忆的技巧与特点，介绍几种具体的记忆方法。

（1）**要点记忆：**将一些重要的概念、理论或技能知识概括成要点，使记忆内容简约化。如将化学平衡的特征概括为四个字："动、等、定、变"；将离子方程式的书写步骤概括为："写、改、删、查"四点；将过滤操作要领概括为："一贴、二低、三靠"，等等。

（2）**中心记忆：**以某一概念或一个规律为中心，将其他相关知识归纳整理以便于记忆。如以"氧化－还原"反应为中心，将相关的氧化剂、还原剂、氧化性、还原性、氧化产物、还原产物，以及配平等知识归纳于这个中心进行记忆。

（3）**实验记忆：**根据实验现象记忆化学知识不失为一种好方法。化学实验具有形象直观的特点，它不仅可以通过实验情景的联想记忆元素知识，而且也有助于记忆一些抽象的理论知识。

（4）**归纳记忆：**将看似零乱的知识，按一定的规律进行整理，找出各个知识点的内在联系，重新组合，形成系统，然后根据知识的系统结构进行记忆。

（5）**网络记忆：**首先是对知识进行总结，按照一定的图示结构设计成网络图。如初中化学中单质、氧化物、酸、碱、盐关系图，高中化学中烃及各类衍生物的相互转化关系图，都是一种设计成网络图的总结记忆方法。

（6）**列表记忆：**列表记忆通常是对一些相似的识记材料进行对比分析，弄清其差异点和共同点，然后再进行记忆的方法。如对元素和原子、纯净物和混合物等概念进行列表对比；对氧族元素和卤族元素的性质列表进行对比。这样会对识记材料理解得更深，记忆得更牢。

（7）**编组记忆：**将已学过的元素知识按章节或以某一代表元素的性质为中心，将有关的化学方程式（制备、性质、鉴定）排队、编组，然后进行系统记忆。有时，还可将这些编组的化学方程式记在卡片上，利用零碎时间去尝试再现，这样可以在头脑中形成深刻印象。

（8）**习题记忆：**将知识、规律、解题技巧编入典型习题，并将各类有代表性习题组成一个序列，集中重点，强化理解和记忆。

（9）**歌诀记忆：**歌诀记忆是化学元素知识记忆中采用较多的一种记忆方法，如化合价歌诀，酸、碱、盐溶解性口诀，化学计算规则，等等。

（10）**规律记忆：**从典型的事例中找出规律，然后举一反三推广到一般进行记忆。如将 $CO+CuO \triangleq Cu+CO_2$ 的反应规律推广可得：CO+ 金属氧化物≜金属单质 $+CO_2$，这样便可记住这样一个类型的反应。

## ◆如何搞好化学实验

实验是研究化学的科学方法，也是学习化学的必要手段。要想学好化学，必须要重视化学实验的学习。学好化学实验需把握好以下三点。

### 一、学会观察化学实验

（1）明确目的，抓住重点。要想有效地观察实验，首先要明确实验和观察的目的，搞清楚实验的主要对象。不少同学只是满足于好奇心和新鲜感，把演示实验当成“变戏法”“做魔术”和“看热闹”。结果在头脑中接受的只有那些强烈作用的现象，而对于其他一些现象甚至是实验中最本质的东西却观察不到。这样的观察显然是达不到实验目的的。

（2）全神贯注，一丝不苟。许多化学实验现象稍纵即逝，或者是有许多种实验现象，主要的现象反而不明显。这时必须集中注意力，非常细致地观察，否则便不可能将观察对象纳入自己的意识范畴，因而产生错觉和“误诊”。另外，要注意完整全面地观察，不能以局部代替整体。如有的学生观察钠与水的反应时，容易注意溶液显出红色和钠的快速移动，却忽视了钠溶成了小球和漂浮在水面的现象。这样也就只能片面地认识钠与水的反应原理，而不能推断出钠的某些主要物理性质。

**北大状元**

观察化学实验不只是要动眼，还要动脑筋。正确的观察应当是边观察边思考，把观察和思考有机地结合起来。例如，把实验现象与物质性质结合起来观察，把实验装置的原理与现象结合起来分析，将所做实验与其他类似的实验进行对比，对异常的实验现象提出质疑，等等。

## 二、掌握实验操作技能

（1）认真做好实验预习报告。实验前，每个同学都必须在认真预习实验内容的基础上，写出实验预习报告。预习实验内容时要复习有关的化学知识，明确实验的目的与要求，熟悉实验原理、步骤与操作要领。实验预习报告实际上是预习实验课的成果，应当简明扼要地拟出实验的各个操作步骤与方法。譬如可以以图代写，简缩实验表述内容。

（2）练好实验操作基本功。对于各项实验的基本操作，老师一般会先做出示范性操作的。因此，在老师的课堂演示实验中，同学们在观察实验现象的同时，就应注意观察老师的操作及相应的实验装置，以在自己的心中形成一定的实验规范。同时，要注意课本上的插图和实验室里的挂图，通过分析这些图示，真正搞清楚哪些是正确的操作，哪些是错误的操作。要想使自己的操作规范、正确，关键还在于加强练习。因此，同学们要善于利用一切可以动手操作的机会，包括分组实验、随堂实验、课外小组实验以及由同学们自己安排的家庭小实验，尤其应重视上好分组实验课。

（3）学会化学实验的设计。学习实验设计时，首先要列出实验所需的药品、仪器、实验方法与步骤，以及实验装置图和实验注意事项。设计方案要充分注意到“现象明显、操作方便、程序合理、安全可靠”这一基本要求。要做到这一点，就要对课本上有代表性的实验进行详细分析，剖析同类实验的反应原理，装置的构造原理以及对试剂、仪器、基本操作的要求。为了设计好实验，还要提高控制实验、排除干扰的能力。所谓控制，实际上就是包括对仪器的选择、对装置的选择、对操作的选择、对排除干扰措施的选择，等等。只有善于控制，能够及时排除干扰，才能提高实验的效率，达到实验的目的。

## 三、做好实验的分析和总结

做完分组实验以后，同学们应对实验纪录的现象、结果或实验数据，进行归纳整理，分析原理，找出规律，这就是进行实验总结。而书写实验报告则是最好的总结方式。书写实验报告通常应包括以下内容，即实验课题、实验目的、实验用品、实验步骤、实验现象、实验原理、实验结论、问题讨论，等等。实验步骤可用简单的“箭线图”表示，也可采用实验预习报告中的“以图代写”的方法，以简缩表述内容；其基本要求是简单明了，并在相应的步骤中注明实验的现象。实验原理与结论应包括实验涉及的有关化学方程式与实验现象的分析，要求做到准确无误。问题讨论可涉及与实验相关的一切内容，包括本次实验成败的关键与实验的经验教训，等等。

## ◆学习化学的五个技巧

根据化学学科的特点，可总结出学习化学的技巧。归为“观、动、记、思、练”五字。

一、观

苏联生理学家巴甫洛夫在他的实验室墙壁上写着发人深省的六个大字：观察、观察、观察！瓦特由于敏锐地观察到“水蒸气冲顶壶盖”而受到启发，发明了蒸汽机。我们在化学实验中，养成观察的习惯无疑是有益于学好化学这门功课的。那么怎样去观察实验呢？首先，应克服把观察停留在好奇好玩的兴趣中，要明确“观察什么”“为什么观察”。一般应遵循“反应前——反应中——反应后”的顺序进行，具体步骤是如下。①反应物的颜色、状态、气味。②反应条件。③反应过程中的各种现象。④反应生成物的颜色、状态、气味。最后对观察到的各种现象进行分析、判断、综合、概括，得出科学结论，形成准确的概念，达到理解、掌握知识的目的。例如，在试管中加热碱式碳酸铜，观察目的是碱式碳酸铜受热变化后是否生成了新物质。观察内容和方法如下。①反应前：碱式碳酸铜是绿色粉末状固体。②反应中：条件是加热，变化过程中的现象是绿色粉末逐渐变黑，试管壁逐渐有水雾形成，澄清的石灰水逐渐变浑浊。③反应后：试管里的绿色粉末全部变黑，试管壁有水滴生成，澄清的石灰水全部浑浊。经分析得知，碱式碳酸铜受热后生成了新物质黑色氧化铜、水和二氧化碳。最后与前面三个实验现象比较，概括出“变化时生成了其他物质，这种变化叫化学变化”的概念。

二、动

“动”即积极动手实验。这也是教学大纲明确规定的、同学们必须形成的一种能力。俗话说：“百闻不如一见，百看不如一验。”亲自动手实验不仅能培养自己的动手能力，而且能加深我们对知识的认识、理解和巩固，成倍提高学习效率。例如：实验室制氧气的原理和操作步骤，动手实验比只凭看老师做和自己硬记要掌握得快且牢。因此，我们要在老师的安排下积极动手实验，努力达到每次实验的目的。

### 三、记

“记”即记忆。与数学、物理相比较，“记忆”对化学显得尤为重要，它是学化学的最基本方法，离开了“记忆”，其他就成为一句空话。这是由于：①化学本身有着独特“语言系统”——化学用语，如元素符号、化学式、化学方程式等，对这些化学用语的熟练掌握是化学入门的首要任务，而其中大多数必须记忆；②一些物质的性质、制取、用途等也必须记忆才能掌握它们的规律。怎样去记呢？我们认为，首先要“因材施记”，根据不同的学习内容，找出不同的记忆方法。概念、定律、性质等要认真听老师讲，仔细观察老师演示实验，在理解的基础上进行记忆；元素符号、化合价和一些物质俗名及某些特性则要进行机械记忆（死记硬背）。其次，不断寻找适合自己特点的记忆方式，这样才能花时少，效果好。

### 四、思

“思”指勤于动脑，即多分析、思考。要善于从个别想到一般，从现象想到本质，从特殊想到规律。上课要动口、动手，还要动脑，想“为什么”，想“怎么办”，碰到疑难，不可知难而退，要深钻细研，直到豁然开朗；对似是而非的问题，不可朦胧而过，应深入思考，弄个水落石

**清华状元**

学好化学不仅仅在于会解题，能得高分，更重要的是一种化学思维的培养，或者说是一颗“化学头脑”的形成。所以，在课本教材范围或资料中，可浏览一些介绍化学新领域和新动态的报刊，通俗易懂的化学论文，甚至是一些大学教材。这不仅开阔眼界，拓展知识面，还有利于参加各类化学竞赛，同时对目前各类考试流行的新题型——信息题的解答也会有所帮助。

出。多想、深想、独立想，就是会想。只有会想，才能想会了。

五、练

“练”即保证做一定的课内练习题和课外练习题，它是应用所学知识的一种书面形式。只有通过应用才能更好地巩固知识、掌握知识，并能检验出自己学习中的某些不足，使自己取得更好的成绩。

高中化学是一门兼有文理科性质的课程。说它有文科特点，是因为化学不像物理那样有一套十分简洁并具有数学美感的完整公式体系，而是有许多零星的知识点分散在各处。特别是在元素化学和有机化学中，有许多元素或物质特性无规律或公式可循，必须在理解的基础上背熟。当然，其理科的一面是在于运用原理和公式解释现象或做出定量分析判断。这就决定了学好化学的一条重要策略是：除了对概念理论的理解和掌握运用外，更要做个有心人，留意散落的零星知识点，并能学以致用，在新的环境中运用已学的知识。

归纳零星知识点的办法也有很多。各类报纸和期刊上常有这类小文章，如各类气体的溶解度、原子和分子结构中一些原理结论的反导以及化学实验装置顺序等。另外，老师上课时的归纳和自己在平时看书做题时的总结也能使你受益匪浅。

# 第五章 注重实验的学科——物理

## ◆重视和做好物理实验

物理是一门以实验为基础的学科。许多物理规律都是从模拟自然现象的实验中总结出来的。哥白尼对天文学做出了重要的贡献，他特别重视实验，直到经过了很多次反复的实验，真正验证自己的结论是正确的，他才罢手。

物理实验，是一种独特的学习活动，在某种意义上也是主动干预物理现象的过程。近年来高考物理试卷中，加强了对物理实验能力的考核，但是，目前在中学物理学习中，实验学习依然是一个薄弱环节。因此，我们有必要将这个环节补一补。

### 一、重视物理实验

物理学习最忌讳不重视实验，甚至不做实验，只凭主观臆断。这往往会“失之毫厘，谬以千里”。作为实验性很强的学科，“大概”“差不多”“估计”等词语是不应该出现在物理中的。自己亲手所做的实验往往印象是比较深的。比如，在通常情况下，人们往往认为触

**特级教师**

为了使实验操作能准确和顺利达到预期效果，必须进行预习。预习时，要明确实验目的，弄懂实验中用到的有关理论，熟悉所使用的仪器（注意仪器的型号），了解实验步骤和应注意的事项。

电是与电势有关的。如果亲自做过人体带电的试验，就会发现人体带上几十万伏的电势也不会触电，从而知道触电是由于有电流通过人体而发生的。

## 二、端正学习态度

对于中学生来说，不论是亲手操作，还是老师演示，都必须端正学习态度。千万不要只图实验好玩，如果你抱着这种态度去实验，是掌握不好所学的物理知识的。

## 三、实验中注意观察与思考

在实验过程中，为了进行正确的思维活动，必须认真观察，并在观察中进行深入思考。这样才能加深对基础知识的理解，而新的发现和创造也往往产生于这样的观察与思考中。如在引入“牛顿第一运动定律”前做有关演示时，当观察到处于同一高度的小车从斜面上分别经过毛巾、棉布、木板表面时运动的距离不同后，我们应自觉地思考：小车在不同的水平面上运动的距离大小跟什么有关？当小车在水平面上运动，摩擦力很小时，运动的距离会很大吗？当小车在光滑的平面上（无阻力）运动时，运动的距离将有多远？经过观察、思考、推理，我们就能加深对定律的理解。

## 四、做好实验的分析与总结

做物理实验时，仅仅记下一些物理量的大小和实验现象是不够的，还需要将测得的数据进行归纳整理，由表及里、去粗取精，运用数学工具（如代数法和图像法），总结出物理规律。

## 五、写好实验报告

实验报告的内容包括：实验名称、实验目的、主要原理、关键性步骤、数据的记录（表格）、运算和结果、误差分析、回答问题。实验报告要字迹清楚，段落分明，实验目的、原理、步骤要用自己的语言简练地写明，数据记录要齐全、真实，表格要合理清楚，回答问题要反映出自己在实验中的切身体会。

物理离不开实验，如果养成勤于实验的好习惯，并通过实验不断加深对物理知识的理解，你就会发现物理其实是一门既易学又有趣的学科。

## ◆四层次物理学习法

中学生要学好物理这门学科，建议从四个层次上进行，而且这四个层次是渐进和逐步提高的过程。

第一层次，记忆。在物理的学习中，应熟记基本概念、规律和一些最基本的结论，即我们常提起的最基础的知识。同学们往往会忽视对这些基本概念的记忆，认为学习物理不用死记硬背这些文字性的东西。结果到了总复习时有的同学对物理概念糊里糊涂，不是把这个搞到了那里，就是把那个搬到了这里。我们不能绝对地说背不出完整的物理概念，你的成绩就一定不行，但至少可以肯定，这对你理解物理问题，对你整个物理系统知识的形成都有内在的不良影响。说不准哪一次考试的哪一道题就因为你概念不准而失分。因此，正如学习语文需要熟记名言警句，学习数学必须牢记基本公式一样，学习物理也必须熟记基本概念和规律，这是学好物理的首要条件，是学好物理的最基本要求。没有这一步，以后的学习无从谈起。

第二层次，积累。这是学习物理过程中记忆后的工作。在记忆的基础上，不断搜集来自课本和参考资料上的许多有关物理知识的相关信息，这些信息有的来自一道例题，有的来自一道题的一个插图，也可能来自一小段阅读材料，等等。在搜集整理过程中，要善于将不同知识点分析归类，找出相同点，找出不同点，以便于记忆。积累过程是记忆和遗忘相互斗争的过程，要通过反复记忆使知识更全面、更系统，使公式、定理、定律的联系更加紧密。这样才能达到积累的目的，绝不能像“狗熊掰棒子”式地重复劳动，不加思考地机械记忆。

第三层次，综合。物理知识是分章分节的，物理考纲要求的内容也是一块一块的，它们既相互联系，又相互区别。所以，在物理学习过程中要不断进行小综合，到每一学期知识学完后再进行系统大综合。这个过程对同学们的能力要求较高。章节内容互相联系，不同章节之间可以互相类比，真正将前后知识融会贯通，连为一体。这样就逐渐从综合中找到知识的联系，同时也找到了学习物理知识的方法。

第四层次，提高。有了前面知识的记忆和积累，再进行认真综合，就能在解题能力上有所提高。所谓提高能力，说白了就是提高解决、分析问题的能力。针对一个题目，首先要看是什么问题——力学、热学、电学、光学……然后再明确研究对象，结合题目中所给条件，应用相关物理概念、规律，也可用一些物理一级、二级结论，最终顺利求得结果。可以想象，如果物理基本概念不明确，题目中所给的条件或隐含的条件看不出来，或解题选用的公式不正确或该用一、二级结论，而用了原始公式，都会使解题的速度和正确性受到影响，考试中得高分就成了空话。能力提高首先是熟练解决问题，然后是解法灵活，而后才是在解题方法上有所创新。这里面包括对同一题的多解，能从多解中选出一种最简单的方法；还包括多题一解，用一种方法去顺利解决多个类似的题目。真正做到灵巧运用、信手拈来的程度。

## ◆将物理概念融会贯通

物理这门学科中的基本概念非常多，要想学好物理，首先就要将这些知识融会贯通、充分掌握。

物理概念，是某类型物理现象的概括，是物理知识的核心内容之一。学习物理概念应该注意以下几点。

### 一、归纳概括

就是将物理概念进行分类比较，将同一类型物理现象的共性找出来，概括并能说明这一类型物理现象的本质特征。例如“质量”概念，各个物体的物

> **北大状元**
>
> 抽象概念的理解是困难的，如果把“概念”放在实例中去记忆，去理解，就要简单得多，也就容易区分相关因素和无关因素，找出共同特征。如“蒸发”概念，对应水在任何温度下都能蒸发，且需吸热，就能够很快地对“蒸发”概念理解透彻。

质组成不同，但“物体所含物质的多少”就是物体的共性，即质量，与物体的形状、所处的状态、地理位置和温度无关。

二、内涵与外延

不能将物理概念任意外推，如果这样就会导致概念与事实不相容的情况。例如：“惯性”这个概念，它说明一切物体都具有的保持其原来的运动状态的性质。物体运动或静止，不是因为物体是否受力。受力与否，是决定物体运动状态变化与否的必要条件。两千多年前，古希腊科学家亚里士多德认为“力是维持物体运动的原因”，他之所以错误，就是因为没有概括出物体运动的本质特征。

## ◆学习物理的思维方法

物理学科是形象思维和抽象思维都要求很高的学科。由形象思维开始（研究物理现象），然后向抽象思维过渡（概括出规律），这就是物理学习的思维规律。在整个中学阶段，物理学习都应该十分重视逻辑因果思维的强化训练。

一、物理模型思维法

这是指学习物理过程中，充分利用物理模型进行分析综合的思维方法。所谓物理模型，就是为了便于抓住本质，解决问题，把复杂的物理过程或研究对象（事物），取其枝干，剔除蔓叶后，归结为一些简单的模型。

物理模型有两类：一类是把研究对象看作抽象的理想模型。这类模型有：质点、刚体、弹性体、理想气体、弹簧振子、单摆、点电荷、点光源、薄透镜、卢瑟福模型等。另一类是把物理过程抽象为理想模型。这一类主要有：匀速直线运动、完全弹性碰撞、等温变化、稳恒电流等。同一物体可以成为多种物理模型；对同一问题，取不同的物理模型，也会获得不同的结论。究竟选取何种模型，要根据实际需要。选取模型的原则是，按照所给条件，尽可能简单，即将所需的已知数据减少到最低限度，以能解决问题为标准。

二、物理归纳思维法

物理归纳思维法就是指在物理学习中从个别特殊事例到一般普遍规律进行推理的思维方法。

例如，动能定律是应用很广泛的物理规律。在中学教材中，往往先证明初速度不为零的运动物体受到与运动方向相反的恒定的外力作用下，外力对物体所能做的负功等于物体动能的减少；最后推广到物体受到几个力的作用，各外力对物体所做功的代数和等于动能的变化。从而推断出结论：外力对物体所做总功等于物体动能的增量。

**特级教师**

在使用归纳推理思维法时，要注意以下几点：第一，推理的前提必须正确；第二，推理过程要符合规则；第三，还要注意被归纳的对象应尽可能多而全，否则会产生以偏概全的错误。

### 三、物理演绎思维法

此方法是指由一般到个别进行推理的思维方法。应用时，通常把一般判断作为推理的出发点，这叫作大前提；把叙述的中介判断称为小前提。由大前提和小前提推断出的结果叫做结论。这种演绎推理过程，就是形式逻辑中著名的“三段论”。

例如，在研究导体与绝缘体时我们知道：“凡是金属都能导电（大前提），水银是金属（小前提），所以，水银能导电（结论）。”

随着近代科学日益理论化、体系化，演绎思维将显得更为重要。爱因斯坦指出：“适用于科学幼年时代以归纳为主的方法，正让位于探索性的演绎法。”但需指出：演绎思维推得的结论还须与客观事实相对照，若发现错误还需及时修正。

### 四、物理类比思维法

这是一种由特殊情况到特殊情况的推理方法。此类方法是根据两个对象之间，在某些方面的类似性或同一性，以此类推出它们在其他方面也可能类似或同一。

青年时代的伽利略，观察教堂顶悬挂的油灯在摆动，发现吊灯的摆动幅度尽管越来越小，但每次摆动的时间似乎是相等的，由此类比推理出单摆振动的等时性。

类比推理是一种富于创造性的思维方法。当资料很少还不足以进行归纳和演绎的情况下，类比推理则充分发挥优势，凭借稀少的知识和个别熟悉的对象，推测出未知事物的客观规律。当然这种推理是否正确，还必须经过实践的检验。

## 五、等效原理思维法

这是一种抓住两个看来不同的物理过程，寻求其相同的效果之处，用此来论述物理概念或进行习题计算的思维方法。

例如，在电学中，计算电阻或电容混联电路时，一般需要由内向外应用等效原理，逐步求出等效电阻或等效电容来进行思维，以获得确切的解答。

使用等效原理思维时，应该做到：①思路要明确；②想象要丰富；③依据要充足；④推导要严密。

## 六、数理结合思维法

这是一种把物理知识与数学知识在头脑里结合起来进行数理结构的综合思维，进而产生数理结合功能，体现出数理结合能力的思维方法。

中学物理中，大量的题目是以 $n$ 元一次方程组的形式出现，少量的则要解一元二次方程。唯有在完全弹性碰撞中才会出现二元二次方程组，运用降元法，化为二元一次方程组，然后求解。此外，极值问题可谓中学物理中的一类难题，求解时，按题目要求，根据物理规律列出函数关系式，再依函数式的特点，运用适当的数学方法求取极值。

但要注意，运用数学方法解决物理问题，必须以物理实验、物理概念和物理规律为依据，然后借助于数学分析法，不能撇开实验、概念、规律和具体的物理过程，去追求数学的分析推理。

## 七、近似处理思维法

这是在物理课本或习题中，经常运用的一种忽略不计的思维方法。即在具体物理过程中，对各种制约物理变化的因素进行分析比较，忽略次要因素，突出重点，抓住主要因素的思维方法。

例如，在空气中拿弹簧秤称一个物体的重量。一般认为，当物体静止不动时，弹簧秤的读数在数值上等于物体的重量。这就应用了近似处理思维法，即忽略了空气对物体的浮力。但如果把悬挂的物体放到水里，情况就发生了变化，这时就不能忽略水的浮力了。

由此可见，进行近似处理思维时，一要全面分析存在的各种因素；二要对各个因素进行正确的数量值的估算；最后综合考虑，决定取舍，合理确认那些可以忽略不计的量。

**特级教师**

采用隔离法解题时，一定要注意研究对象明确，切不可张冠李戴。例如，用动量定理解题，要确定哪一个物体是受到冲量的物体，它的动量如何变化，这是研讨单体运动。而在使用动量守恒定律解题时，则要隔离出相互作用的那几个物体组成的体系，一般以讨论双体为主。在热学和电学中，有时也要隔离出研究对象进行研讨，从而使脉络清晰，条理明白。

### 八、隔离研讨思维法

物理学中的隔离研讨思维有两种意思。一种是隔离法解题，就是当研究对象确认后，将这个物体（或体系）从有关的物体中隔离出来，单独进行研究与讨论，分析求解。另一种隔离研讨思维，实质上是一种取出一小段进行讨论，进行微分处理。如在变速直线运动中，整体的速度是变化的，当从中隔离出一小段，且这一小段取得很小时，可以认为这小段内速度是不变的，求其位移与时间的比值，即代表这一时刻的速度。

### 九、求异训练思维法

这是一种有意训练自己敢于质疑，发挥创造，独立求新的思维方法。求异思维时要牢牢把握住四个基本特点。

（1）多端性。指从多种途径思考问题，用多种方法解决问题。既可以是过去的，也可以是现在的，甚至可以是将来的；既可以是已知的，也可以是未知的；既可以是错误的，也可以是正确的；既可以是纵向的，也可以是横向的；既可以是动态的，也可以是静态的；既可以是顺向的，也可以是逆向的，等等。

（2）独特性。指打破常规，克服思维定式的负效应，标新立异，开拓创造，与众不同的思考和解决问题的方法。

（3）逆众性。指的是对已知的现成结论不迷信、不盲从、不唯众，而是从新的角度加以思考、分析，找出其缺陷与不足，加以扬弃。

（4）变通性。指思考问题时，善于将某一概念或解题变通应用，能举一反三，触类旁通，从而解决一连串的相关问题。

### 十、程序设计思维法

这是一种按照知识的内在联系和接受知识的规律，进行程序设计，使程序中的各个问题融为一体进行思维的方法。在解答物理习题的过程中，程序设计可按以下三个方面来考虑。

（1）化整为零，化难为易，由浅入深地设计程序。对于一些综合性较强、难度较大的习题，试一试由易到难，循序渐进，将综合问题分解为若干单一问题，并使前后问题能有机地联系起来。

（2）剖析现象，突出过程，积零为整地设计程序。对于某些物理现象，仔细解剖其全部物理过程，突出各部分规律的有机联系，使知识融会贯通，条理化，系统化。

（3）释难解疑，查缺补漏，集中归类地设计程序。阶段复习时，以平时知识为素材，将有关概念、规律之间的纵横联系，尽力整理清晰，集中归类，有机融合。

## ◆学习物理的基本步骤

### 一、吃透课本

课本是考试的基本，吃透课本上重要的概念、定理是考试考好的前提。高中物理课本分为力学、电磁学、气体、光学、声学、原子理论初步等几个板块。力学以牛顿三定律为基础，围绕着运动和能量推导出其他运动规律；电磁学以电电作用、电生磁、磁生电、磁磁作用为根本；气体部分则主要建立在气体三定律上；光学则以光的反射、折射、衍射、平射为主……这样在了解课本的知识体系后，你就能根据自己的实际情况对你的知识网进行修补、优化。有了这张网，你就拥有了对付考试的最有力的“武器”。

## 二、做题

做题是对课本的有益补充，它能让你加深对物理概念的理解，提高解题速度，是考出好成绩的必要条件。做题要注意三点。

第一，“精”。做题不在多而在精。现在各式各样的复习题、参考书数不胜数，这么多的书，水平必然参差不齐。一本好的参考书能让你受益匪浅，一本差的参考书只是浪费你的时间。在选择习题时，你最好请教有经验的老师或上届的同学予以协助。

第二，“思”。做题不能一味地为了做题而做题，在做的同时必须要思考。想一想这道题目用到哪些知识点，做完题后想一想这道题目是否有其他的解法，自己能否做到举一反三。这样将思考贯穿于解题始终，一定能更深入地掌握这些知识点和解答这类型题目的方法。

第三，“巧”。做题后如能适当地总结一下解题技巧，一定会收到事半功倍的效果。

物理知识并不仅仅局限于死板的书本，而是渗透在生活的各个方面，并且在生活中运用也极其频繁。因此在学习物理的过程中要多注意观察生活，培养对物理的“感觉”。

当然，学好物理仅凭感觉是不行的。学好物理，还要在深厚的数学功底的基础上，抓住正确的解题步骤这

**特级教师**

观察生活、注重积累是学好物理的基础。物理中有许多过程是生活中常见的，例如，车辆启动时人往后倒，抛掷物体在空中飞行，电线的粗细与允许通过电流之间的关系等。只要我们留心观察，物理现象和物理过程每时每刻都发生在我们的身边。我们要时刻留心将课堂中学到的知识与生活中的现象进行对比，加深认识，慢慢就能培养出所谓的“感觉”了。

个关键。

（1）良好的数学功底是学好物理的保障。在物理的解题过程中需要不少的运算，所以计算准确是基本功。数学课中所学到的知识在物理中也有广泛的应用，例如，三角函数可应用于矢量的叠加和分析。以往的高考就出现了一道物理题用到了数学中数列以及极限的知识，这也可以看作物理命题注重与数学交叉的信号吧！

（2）正确的解题步骤是学好物理的关键。有不少同学喜欢拿到题后立即根据题中的点滴信息进行计算，然而这并不是好办法。我们主张不立即动笔，而是静下来把整个过程在脑海中虚拟演示一下，然后再根据题目得知有哪几个过程存在未知量，需要计算，这些计算又是基于什么知识点。我们平时学习掌握知识的顺序正好与这些相反，如果能顺利实现这个逆过程，那么解题应该是没有问题的。

由此可见，培养物理的“感觉”、具备良好的数学功底、重视解题的具体步骤正是学好物理的三大法宝。

# 第六章
# 学好政史的好方法

## ◆思想政治课学习的基本方法

思想政治课是一门实践性很强的课程。其任务不仅在于帮助学生掌握知识，更为重要的是要引导学生把所学的知识、观点运用到自己的思想和行动中去，提高对理想、道德、纪律与人生观、世界观等根本问题的认识，并逐步落实于行动。

中学思想政治课涉及多方面的内容，虽然内容各异，但在学习中却有着共同的、必须遵循的基本方法。概括地讲，学习思想政治课应掌握以下几种基本方法。

### 一、理论联系实际的方法

①掌握理论，并在落实“双基”上下功夫。知识是能力的载体，没有扎实的、系统的、条理化的理论知识，就不可能培养并提高分析问题和解决问题的能力。因此，对政治科学的基本知识，一定要认真领会，力求正确理解和掌握。

②联系实际加深理解，培养分析、解决问题的能力。学习的目的在于运用，我们学习政治是为了解决实际问题。因此，要运用政治课所学的理论，运用马克思主义的立场、观点和方法去观察、分析和理解实际问题并得出正确的结论，从而达到知识、能力、觉悟的同步提高。

### 二、比较法

所谓比较法，是指根据一定标准，把彼此有联系的事物或现象加以对照，从而确定事物之间的共同点和不同点的思维方法。比较法是人们认识和分析事物的一种科学工具。在进行比较时，必须遵循可比原则，恰当地选择比较对象，使它们具有可比性，即把它们放在大体相等的条件下进行比较。既要进行横向比较，又要进行纵向比较。比较见异同，比较分优劣，比较出真知。通过比较，能够帮助我们在真与假、善与恶、美与丑、优与劣的相互对照中，深刻理解社会政治现象的本质，提高辨别问题、判断是非的能力。

比较法可分为归类和拆析两种。归类比较法就是把同一类问题加以归类，然后对比记忆。如社会主义国家和资本主义国家的国家性质、民主制度、国家管理形式、政党制度都是不同的，我们可以从它们建立和存在的经济基础、体现的阶段本质等方面进行比较，通过比较加深记忆。拆析比较法是对易混淆的同一个问题的不同方面进行分析，即从不同角度进行对比记忆的方法。

**特级教师**

把所学知识要点进行归纳、整理和概括，根据其逻辑关系，环环相扣，使之成为一个系统。这样既可以从宏观上把握知识结构，又能够在微观上把握知识点。使用系统法，不仅在学习中可以提高记忆，在应试中可以随时提取知识，而且当自己面临实际问题进行思考时，还可以从纵横交叉的记忆系统中产生联想和推理，从而有效地解决实际问题。

## 三、归纳法与演绎法

归纳法是指由同一系列的具体事实概括出一般原理的一种思维方法。现行教材是遵循由具体到抽象的原则编写的，它通过讲事例、典故、电影、图表等具体生动的例子概括出一般原理或观点。运用归纳法一定要处理好书本中的材料和基本理论观点的关系。材料是为理论、观点服务的；而对从材料中概括出的理论、观点一定要理解和掌握，否则就不能正确使用它来分析、解决问题。

演绎法是由一般原理推出关于特殊情况下的结论的推理方法。它是学习政治课的一种重要方法。如高三政治常识第一课通过讲授资本主义国家建立在私有制的经济基础之上，资产阶级掌握国家政权，实行为资产阶级服务的政策等内容，概括出关于国家性质的基本观点。我们在学习第二课关于社会主义国家性质时就从社会主义国家政权建立在公有制经济基础之上，无产阶级及其政党掌握国家政权，实行为无产阶级服务的政策等推导出社会主义国家的本质是无产阶级专政的正确结论。

### 四、系统法

系统法是学习思想政治课不可缺少的重要方法。系统法就是把某些零碎的知识综合起来使之形成一个有序的系统，从而加深对知识的理解和记忆的方法。如每学完一课、一章或一节后，做一个“知识系统图表”。通过这个图表，对哪些是重大问题，哪些是从属问题，哪些是重点问题，哪些是一般知识，以及事物发展的主线索和各个知识点之间的内在联系便能一目了然。

## ◆思想政治课学习“八字”法

无锡市第二中学陈老师在十几年的教学实践中，结合自己的体会，总结出了思想政治课学习的“八字”法，即“巧读”“善思”“勤问”“精练”。

### 一、巧读

巧读，即读书要有计划性、目的性，勤读书、会读书。作为学生要认真读书，认真阅读政治课本。课前要读书预习，课后要读书复习。先粗读，了解课文的知识内容，后细读、精读，认真领会每课、每节、每框的内容，在每一框题中再具体弄清每一个自然段的内容。通过阅读找出其中的一些关键的论点、论据。同时，由于思想政治课和社会现实的紧密联系，学生不仅要读课本，还要养成读报刊、关心国家大事的习惯，以便更好地做到理论和实践的有机结合，更好地掌握、融会、消化政治理论知识。

## 二、善思

我国古代教育家孔子说：“学而不思则罔，思而不学则殆。”善思，即要求学生在巧读的基础上进行认真思考，充分发挥主观能动性，开动脑筋，运用科学的思维方法即“去粗取精、去伪存真、由此及彼、由表及里”进行分析和综合，透过事物的现象，把握事物的本质和规律。通过思考，进行比较、分析，总结教材中的重点、难点，分析教材结构及其内在联系。由点到线，由线到面，由面及体，使零碎的知识网络化，分散的知识条理化，具体的知识系统化，从而构建基础知识的立体框架结构，从宏观上把握住课本的知识结构，高屋建瓴，并进一步把握所学知识之间的内在逻辑和各章节之间的内在联系。在知识体系的脉络中，在政治基本概念、基本观点、基本原理的内在联系中理解和把握知识。

## 三、勤问

勤问，即要求同学们在巧读、善思的基础上提出问题。这是读书、思考的必然结果，也是同学们钻研的开始，是大家有强烈的求知欲和良好的学习习惯的表现。同学们通过提出问题，最终在老师的帮助下解决问题。这样，既有助于大家对知识的理解和深化，有助于对实际问题的解决，又有助于同学们更准确地认识社会问题和社会现象的本质，更深刻地认识到这一代青年人肩负的历史使命。

## 四、精练

精练，即要求同学们在课后，找一些具有代表性、典型性的题目做一做。要注意做一些综合性的题目和材料分析题，练习写政治小论文，这样有助于提高同学们的逻辑思维能力、语言组织表达能力以及理论联系实际的能力。做题时关键在于“吸收”，不是多多益善。做过的题，错了要弄清错在哪里；做对的题，也要问自己，为什么别的答案不对，别的答案错在哪，换个角度应怎样答，等等。无论选择题、简答题、材料分析题还是论述题，都应该认真对待，须知每一道题对自己来说都是一次锻炼的机会。

# ◆如何写政治小论文

写政治小论文的一般步骤和要求如下。

## 一、提出论题

这是政治小论文的“首”，一般为一段，20 字左右。针对特定的材料或命题，开门见山，三言两语，点明中心论点，揭示出本质性的问题。例如，针对我国北方日益严重的环境污染，提出“我国面临着严峻的环境形势”的中心论题；针对吸毒者逐年增多现象，提出“珍爱生命，远离毒品”的中心论题；针对叙利亚事件，提出“反对霸权，振兴中华”的中心论题，等等。要求新颖而不落俗套，简洁而有概括力。

## 二、分析论题

这是政治小论文的“干”，一般为 1 ~ 2 段，250 字左右。围绕中心论题进行有理有据、深入本质的分析，同学们要发表独到的见解。比如，分析造成“环境问题”的因素，环境污染的表现及危害；分析“反对霸权，振兴中华”的重要性，认识霸权主义的根源、表现及危害，帝国主义的本质，振兴中华、实现现代化的迫切性等。分析时，切记不可面面俱到，而应分析其一点，击中要害，一针见血，这样具有更强的战斗力和说服力。要求论据充足，分析深刻，逻辑严密，层次清楚。

## 三、解决论题

这是政治小论文的“腹”，一般为一段，100 字左右。针对中心论题提出可行的解决办法，同学们要发扬创新精神。例如，针对怎样才能“珍爱生命，远离毒品”，提出崇尚科学，禁毒拒毒，加强社会主义精神文明建设的解决途径；针对如何“反对霸权，振兴中华”，提出要依靠世界人民大团结来反对霸权主义，我国要以经济建设为中心，大力发展生产力，实施科教兴国战略，增强综合国力等途径来实现。

## 四、联系实际

这是政治小论文的“尾”，一般为一段，40 字左右。联系青少年学生实际，是政治小论文不可或缺的一部分。青少年要认识到自己肩负的重任，勤奋努力，刻苦学习，勇于奉献。在此，或鞭笞假、恶、丑，或歌颂真、善、美，或用对未来美好生活的向往和憧憬，来号召大家为之而拼搏、奋斗。总之，政治小论文的结尾要紧扣论题，联系实际，深化主题，充满感召力。

## ◆历史的知识结构和特点

### 一、知识结构

中学历史包括中国历史、世界历史和乡土历史三个部分，每一部分由四个方面的基础知识构成，即基本历史事实、基本历史概念、基本历史线索和基本历史规律。

（1）基本历史事实。指古今中外历史上的重要时间、地点，重要历史事件、历史人物，以及人类所创造的政治、经济、文化成就。对基本史实的掌握、研究，是认识历史现象的本质，发现历史发展规律的基础。

（2）基本历史概念。指关于历史现象的本质的概括认识。同是概念，难易各不相同，例如，北京人、商鞅变法、第一次世界大战……这些是比较容易掌握的概念，而封建社会、资本主义社会、新民主主义革命……这些概念稍显复杂，需要较长一段时间的学习才能逐步掌握；生产力和生产关系、经济基础和上层建筑、继承和发展……这是更复杂的概念，需要借助其他学科才能理解，但它们是最重要的，有助于指导历史知识的学习。当然对中学生要求不能太高，有一个初步的认识就可以了。

（3）基本历史线索。指人类社会发展的来龙去脉，前因后果。理清历史线索，有助于把表面上杂乱无章的历史材料串联起来，便于完整、正确地认识、掌握历史。例如，根据课本顺序，我们会发现夏、商、西周、春秋的顺序排列不是随心所欲的，它们分别代表了中国奴隶社会的形成、初步发展、强盛、瓦解四个历史时期，说明了中国奴隶社会发展的历史过程。

（4）基本历史规律。指历史发展过程中的本质联系和必然趋势。掌握历史规律，既可指导历史学习，又可受到思想教育。例如，资本主义的灭亡、社会主义的胜利是人类社会发展的必然规律。明确这一规律，既可以清楚地看到人类社会的发展趋势，又可坚定对社会主义的信念。

### 二、知识特点

历史学科同其他学科相比，有其自身独特的内容所决定的特点，具体表现在以下三个方面。

（1）历史知识的过去性。历史是过去发生过或存在过的人、事或物。对于这些过去的历史现象我们无法亲身体验，只能通过历史文物、历史遗址、历史文献来研究、学习。鉴于这一点，教学当中，教师要带领学生多参观一些历史文物、历史遗址，准备一些直观的教具来弥补无法直接观察、感知的缺憾，从而帮助学生更好地理解历史。

（2）历史知识的具体性。历史现象都有一个产生、发展、最后消亡的过程，并各有其原因，彼此不是孤立存在的，同其他历史现象有千丝万缕的联系。例如，五四运动，它发生在帝国主义侵华、北洋军阀卖国的背景下，巴黎和会是运动爆发的导火线；学生、工人先后成为运动的主力，把运动逐步推向高潮，最后发展成为工人阶级为主体的全国人民参加的反帝反封建的伟大爱国运动；它揭开了中国新民主主义革命的序幕。历史知识的具体性要求教师在讲历史事件时要讲清来龙去脉，前因后果，不能空发议论；讲历史人物，要赋予历史人物以血肉，刻画出个性，并结合具体历史背景、人物活动来做出评述。

（3）历史学科的科学性和思维性的统一。它要求我们在学习中注意知识掌握与思想教育的有机结合，两者不可偏废。

## ◆巧记人名、地名和年代

历史知识的重要特点是需要记忆的人名、地名、年代较多，去掉这些也就不成为历史了。学习历史，记人名、地名、年代是不可缺少的基本功，自然要下一番苦功夫，但并不能光靠死记硬背，它有比较可行的科学记忆方法。

（1）记人名。记历史上一些重要人物的姓名，可抓住一些人物的特征来加强记忆。如两汉帝王都姓刘，两宋的姓赵，两晋的姓司马。

记人名可用串字法和谐音法，用这种方法记外国人的名字尤为适用。谐音法就是将外国人的名字按照它的同音汉字去理解，使原来无意义的音节成为有意义的名词或词组，便于记忆。

对历史人物不仅要记住读音，还要书写正确，若写错别字，则前功尽弃。如一些中国古代人名容易写错，如把齐桓公的“桓”写成“恒”，把“嬴政”写成“赢政”，等等。

（2）记地名。历史学习中常常要记许多地名，尤其是古今异名和外国地名，更使初学者感到头痛，成为学习的拦路虎。如何记住这些地名呢？

首先，在学习有关历史地名时，一定要借助地图册来加深理解和掌握地理方位，以形成正确的空间表象。如学习“中国古代对外经济交流”一章，要记的地名较多，一定要对着书本或图册，弄清它的位置，才能记住；学“隋朝大运河”，只有看着地图册，才能记住一个中心（洛阳）两个点（东北到涿郡，东南到余杭）四个段（自北而南），否则就会把方向搞错。对于中外史上有关军事的地名，更应借助于图册和其中的各种标记，才能记住。

（3）多种记年代的方法。时间概念是历史知识的重要组成部分，是历史学科的特点之一。中外历史绵延几千年（若从原始人算起则有两三百万年），其中需要重点掌握的年代也有一两百个，牢记这些重要年代既是历史学习的一个重要内容，也是最使初学者感到困难的一个方面。

**特级教师**

要记住地名，还要仔细看课本中历史地图下列的古今地名对照表，这样才不会将古今名称相同其实并不是同一地方的地名弄错。如南宋赵构在“应天”称帝，课本注明“应天”是“河南商丘”；1368 年朱元璋正式称帝，建立明朝，定都在“应天”，这里的“应天”则是在江苏南京。两个“应天”，不是同一地方，不看课本注释或图册，就会误认为是一个地方。

那么如何才能既多又快地牢记历史年代呢?

①分清公元前后，掌握年代与世纪换算法。在学习中国和世界的古代史部分时，许多同学往往只记住年代的数字，却分不清究竟是在公元前还是公元后。如何分清呢？介绍一个简便的方法：如果是中国史，只要抓住公元 8 年王莽改制这件事，凡发生在它以前的（即西汉为界）都是公元前，在此以后的都是公元后；而世界史可以公元前 27 年罗马屋大维建立元首制为界，凡在此之前都是公元前，此后的都是公元后。如斯巴达克起义发生在公元前 73 年，而汉代班超出使西域则在公元 73 年。

一个世纪是 100 年，有些同学以为年代与世纪的换算只要除以或乘以 100 就可以了，其实是不对的。如 1640 年英国资产阶级革命是 17 世纪，1994 年不是 19 世纪，而是 20 世纪；同样，中国第一个奴隶制国家——夏朝，建立于公元前 21 世纪，那不是公元前 2100 多年，而是公元前 2000 多年。因为公元 1 年是 1 世纪，101 年则是 2 世纪，1001 年是 11 世纪，2001 年是 21 世纪，依此类推。所以，若将世纪换成年代，就应该将世纪数减去 1 再乘 100；同样，把年代数先除以 100，再加上 1，才是世纪数。

②联想记忆法。历史上有些重大事件，其经历时间相同，如隋统一全国（581 年—589 年），安史之乱（755 年—763 年），美国独立战争（1775 年—1783 年）都经历 8 年时间，所以只要记住其开始（或结束）年代，就可推算出其结束（或开头）年代，这样只要记住一头就行了。

③对比记忆法。中国和世界其他地方，同一年代（或世纪）有时会发生几件大事，我们如把它们安排在一起就便于记忆了。如公元前 594 年：鲁国实行初税亩，雅典梭伦改革；1919 年：中国五四运动，巴黎和会召开，第三国际成立，等等。

④利用数字特征来记忆。有些年代的数字很特殊，若将它编排在一起，就容易记住。

A. 自然数排列：1234 年蒙古灭金，1789 年法国资产阶级革命开始。

B. 两位数字相同的：1616 年努尔哈赤建立后金，1818 年马克思诞生，1919 年五四运动。

C. 首尾数字相同的：313 年基督教在罗马帝国取得合法地位，383 年淝水之战，494 年北魏孝文帝迁都洛阳，646 年日本大化改新，676 年新罗统一朝鲜半岛，979 年北宋结束五代十国分裂局面。

D. 间隔时间相同的：在中国史和世界史中都有相隔时间 2 年、10 年、100 年、200 年相吻合的历史事件，我们可借助它来推算年代或事件，便于记忆。

相隔 2 年的有：1911 年辛亥革命，1913 年二次革命，1915 年护国运动，1917 年护法运动，1919 年五四运动，1921 年中国共产党成立。

相隔 10 年的有：1851 年太平天国运动爆发，1861 年俄国废除农奴制，1871 年巴黎公社革命，1881 年苏丹反英大起义；1884 年中法战争，1894 年中日甲午战争，1904 年日俄战争，1914 年第一次世界大战，1924 年第一次国内革命战争，1934 年红军长征；1901 年《辛丑条约》，1911 年辛亥革命，1921 年中国共产党成立，1931 年“九一八”事变，1941 年“皖南事变”。

相隔 100 年的有：1492 年哥伦布到达美洲，1592 年朝鲜抗日；1127 年金灭北宋，1227 年蒙古灭西夏。

相隔 200 年的是：1640 年英国资产阶级革命开始，是世界近代史的开端；1840 年第一次鸦片战争爆发，是中国近代史的开端。

E. 还可用谐音法：有些特殊的年代用谐音法来记，就会印象深刻，不易遗忘。如王安石变法是 1069 年，可记作“一桶老酒”（“0”可念作“洞”）；1868 年日本明治维新，可记作“一把萝卜”；1234 年蒙古灭金也可记为“哆来咪发”，等等。

# 第七章 关于地理的学习

## ◆巧记地理上的地名

地名于地理学科的重要性，如同外语中的单词一样。牢固地掌握地名，能在图上确定它们的位置，是学习地理的基本要求。

一、区分主次，区别对待

地理课本中的地名虽多，但重要性各不相同，大致分为三级。

一级地名是最基本的，包括世界大洲、大洋，各洲主要地形区、重要河湖、海峡、海湾、边缘海、大的群岛、半岛及岛屿。中国的省级行政区（包括简称）、行政区的政府驻地、主要地形区、河湖、岛屿、濒邻的海洋、邻国等。同学们应达到能在空白图中绘出的程度。

二级地名是世界地理重点讲授的国家、首都、重要城市和港口，起重要作用的地形（如恒河平原）、资源产地（如北海油田、纽芬兰渔场）。中国的资源产地、主要工业基地及城市、主要河港、海港、铁路枢纽、主要农业基地（如九大商品粮基地）、著名的游览胜地等。

三级地名使用频率低，如卑尔根可不记。

二、运用地图记忆

看地图、读地图、绘示意图等，这是学习地理最基本的方法。原则上，在整个学习过程中，由学习到复习，都不能离开地图。不然的话，就会出现“地名记住一大套，拿到图上对不上号”的毛病。如学中国的行政区时，就一定不能离开行政区划图光背名称或简称口诀，而应该对照地图熟记省级行政单位的轮廓和在全国的位置。这里，特别要提到的是，同学们往往对东北三省及内蒙古、新疆、西藏几个省级行政单位容易记忆，而对华北及南方相对较密而多的省级行政单位难于记住。同学们可采取分块记忆、化整为零、各个击破的方法。如北方的山东、山西、河北、河南为一块，并以山西的“平行四边形”为突破口；南方先记住湖南的“侧视人头像”，并按方位记住湖南的六个邻省及直辖市，余下就是华东的江苏、安徽、浙江、上海几个了。这样记忆可以帮助学生形成比较准确的空间位置观念。另外，对于轮廓图形类似的图，可以进行比较，如湖南地图和德国地图均像人头像，南美洲和巴西地图相似，长沙市地图像一条横卧湘江头部向东的娃娃鱼。

地名与地图有难解之缘，因此一定要在图上找出正确位置，注意它与“左邻右舍”的关系。如长江中游干流呈“W”字形，武汉位于中间转折处，西边与东边的拐弯处分别是洞庭湖和鄱阳湖。

此外，运用地图“旅行”的练习，如选择从北京乘火车南下到重庆，可把途径的城市、山河等地名联系起来，便于记忆。

### 三、口诀记忆法

这种方法编拟的口诀，读起来朗朗上口，情趣盎然，简洁明快，新颖独特，不仅易学易懂，而且记忆方便，是名副其实的“地理快餐”。如世界七大洲按面积大小排队可读为“亚非北南美，南极欧大洋”；我国九个人口超过四百万的少数民族可读为“壮满回、苗维彝、土蒙藏”。在讲完“长江”一节后，可归纳口诀为：“青与藏、川与云，渝鄂湘赣皖苏沪。宜昌湖口上中下，水能富集在上游。三峡工程葛洲坝，综合治理重防洪，六千三百入东海，黄金水道建奇功。”口诀的运用，大大活跃了课堂，方便了记忆。一般来说，口诀不宜太长。只要我们熟读教材，肯动脑筋，是可以编出很多简明精辟的歌诀的。

### 四、谐音记忆法

在《世界地理》的学习中，同学们对一些外国地名的记忆感到特别困难。如果能根据一些地名的谐音，读成所熟悉的一句话或口语，便能很快记住这些名称。如美国的“阿巴拉契亚山”可读成“阿爸拿起牙刷”，又如澳大利亚的“塔斯马尼亚岛”，可读成“踏死蚂蚁呀（岛）”。利用谐音有利于记忆，但必须要求同学们一定要搞清原字，防止以假乱真。

五、熟读记忆法

对字数较多的地名，同学们要反复诵读。如“斯堪的纳维亚半岛”“摩尔曼斯克”“符拉迪沃斯托克”“乞力马扎罗山”“布宜诺斯艾利斯”等，只有读熟了才能顺口，才能记得牢。有时还可以按字头归类，如“圣”字开头的有“圣彼得堡”“圣保罗”等。对于容易字音混淆的地名要特别注意区别，如“落基山”与“洛杉矶”、“莫斯科”与“墨西哥”等。

六、比较记忆法

对于类似或相反的地理知识，通过列表比较，可以帮助记忆。如讲各种气候类型的特征时，应从降水的季节分配情况进行比较。

全年多雨的有：热带雨林气候，温带海洋气候等。

全年少雨的有：热带沙漠气候，温带沙漠气候等。

夏季多雨的有：热带草原气候，热带季风气候，亚热带季风气候等。

冬季多雨的有：地中海气候，这是冬季多雨，且雨热不同期的唯一的一气候类型。

又如，讲世界陆地自然带的代表性动物时，也要进行比较：热带沙漠带有单峰驼，温带沙漠带有双峰驼，热带草原带有长颈鹿，温带阔叶林带有梅花鹿，苔原带有驯鹿，等等。

对容易混淆的地理概念，要明确地画上不等号，以引起注意，让其思考原因。如：

印度板块≠印度洋板块　　南美洲≠拉丁美洲

南亚次大陆≠南亚　　东南亚≠“南洋”

北美≠北美洲　　“北京时间”≠北京的时间

七、顺序记忆法

很多地理事物的分布可按其顺序或方位进行记忆。如我国的陆上邻国可按东面、北面、西北面、西面、西南面和南面几个方位来记。长江沿岸的重庆、武汉、南京、上海四大港口，可按自上（游）而下（游）的顺序记。北美五大湖可以按苏、密、休、伊、安（湖名头一个字）自西而东来记。世界七个铁矿储量最大的国家也可以按“俄巴中澳印加美”从大到小的顺序来记。我国五个温度带及其对应的作物熟制可以按以下的顺序来记：

寒温带

中温带——一年一熟

北　暖温带——两年三熟

↕　亚热带——一年两熟

南　热带——一年三熟

八、图片记忆法

地理图片能够形象地反映出地理事物和地理现象，它能调动同学们学习地理的积极性，帮助同学们理解和掌握课本知识，培养同学们的观察能力：所以在学习时，适当观看一些与学习内容相关的图片，是会收到好的效果的。中学《地图册》中，附有不少图片，课本上的图片则更多。如在学习世界陆地自然带的特征时，就首先应看这些自然带的景观图片，从而感知每一个自然带的特征，进而联想到形成这些自然的气候因素。因此，运用地理图片，是学习地理必不可少的手段。

## ◆地理题解答方法

地理题较之于其他学科题目的最大特点是综合性和空间性。综合性指的是一道题往往是很多地理知识的综合；空间性指的是地理题涉及地图知识较多，解题时须具备一定的空间思维能力。下面就针对不同题型来谈地理题的解题方法及基本步骤。

一、选择题的解答

这种题型一般由题干和备选项（选肢）两部分组成。题干是选择题的主要部分，它向大家提供必要的内容材料和提出问题；备选项由正确选项和错误选项组成。解题时，首先要仔细审题，注意题干所给的条件，特别是关键的题眼，否则就会失误。例如，下列河流中，自西向东流入太平洋的一组是：A．黑龙江、澜沧江；B．长江、澜沧江；C.黑龙江、海河；D．海河、怒江。该题题干的关键词是“自西向东”和“流入太平洋”。四个选项中，怒江流入印度洋，澜沧江虽然流入太平洋但它是自北向南流，故正确答案是C。

下面介绍两种选择题的解题方法。

①直接判断法。此法适用于考查基本概念和基础知识的选择题。解题时，运用学过的知识，直接判断选出正确答案。例如，我国的陆地总面积的是：A．960平方千米：B．960万平方千米；C．960万平方米；D．960平方米。我们只要记住我国的陆地面积约是960万平方千米，就可以直接得到答案B。

②排除法。此法适用于综合性较强的选择题，如“关于……的说法正确的是……”之类的选择题。解题时，抓住题干关键词，然后对每个备选项进行分析判断，剔除错误的，剩下的就是正确的。例如，关于美国工业的地区分布，叙述正确的是：A．西部地区战后发展很快；B．美国的工业产值居世界首位；C．美国工业在地区分布不平衡，分成东、中、西三大区域；D．南部地区的工业中心有休斯敦等。解题时抓住题干关键词是“工业的地区分布”，然后对各备选项进行分析判断。对于选项A，因最重要的工业区是东北地区，故A排除；对于选项B，内容与题干无关，也排除；对于选项C，三大工业区划分明显错误，故也应排除；剩下备选项D即为正确答案。

## 二、填空题的解答

一般填空题由提示语、限制词和答项语三部分组成。要提高地理填空题的解题能力，应遵循解题的方法及步骤，现归纳如下。

①审题要仔细。对于填空题的提示语、限制词要审清楚，以免错答和漏答。例如：我国人口最多的少数民族是__________。这道题的限制词是“少数民族”，审题时假如不仔细，很容易把“少数民族”误看成“民族”，而得到错误答案“汉族”。正确答案应为“壮族”。

②分析推理要准确严密。对于一些综合性较强的填空题，我们要利用地理知识前后联系紧密这个特点，把平时积累的知识给“忆”出来，然后进行

分析推理。例如：夏季纬度相似的拉萨和杭州气温相差悬殊的基本原因是________。对于这种综合性很强的填空题，解题时就要联系前后知识。首先根据学过的知识可知道拉萨位于青藏高原，海拔很高；而杭州位于沿海平原，海拔低。所以两地海拔相差悬殊。然后根据“海拔越高气温越低”的地理知识，可推理得到：海拔相差越多，气温也就相差越大。因而该题的答案应为“两地海拔相差悬殊”。

③书写一定要注意字词准确。地理填空题考查地名内容较多。地名往往一字之差，而谬以千里。所以我们平时在学习时，要动手多练，这样才能在做题时避免出错。

## 三、计算题的解答

这类题由于综合性和空间性都很强，因此多数同学会感到这类题难解。要提高计算题的解题能力，就得掌握解计算题的方法及步骤。下面把常见的地理计算题分成三类来说明解题技巧。

①关于比例尺的计算题。解题时首先要理解牢记比例尺的计算公式：比例尺＝图上距离 ÷ 实地距离，计算时距离的单位要一致。其次，对于比例尺的一种表示形式，掌握它们之间的换算关系，这其中有一定的技巧。如图上 1 厘米表示实地 50 千米的比例尺，换算成数字式时，就是以实地千米数后面加五个“0”作为分母，得到 1 ：5 000 000。同样 1 ：35 000 000 换算成文字式，就是把分母数去掉五个“0”得到 350，这个数字就是图上 1 厘米表示实地的千米数。掌握这个技巧，解题往往就能事半功倍。

②关于高度的计算题。解这类题首先要理解绝对高度和相对高度的概念。然后理解并运用公式：相对高度＝海拔（甲）－海拔（乙）。要注意相对高度为正值，因此计算时甲地海拔应大于乙地海拔。另外，低于海平面的地方（如海洋的深度）海拔应为负值。例如：珠穆朗玛峰和马里亚纳海沟（深 11034m）之间的相对高度是________。因马里亚纳海沟低于海平面，其海拔为负值，故相对高度是：8848m-（-11034m）=19882m。

③关于区时的计算。这类题难度较大，但掌握了正确的计算方法及步骤，解这类题也就不困难了。下面就由例题来说明这类题的解题技巧。

例题：宁波（东八区）是6月18日12点，求此时美国旧金山（西八区）的区时。

解题第一步要算出两地的时区差，我们规定东时区序号数为正数，西时区为负数，中时区序号数为0。任意两个地方的时区差就是它们的时区序号数相减（大减小）。故宁波与旧金山之间的时区差是：8-(-8)=16，也就是它们之间区时相差16小时。第二步是运用正确法则进行计算。已知时区序号数大的地方的区时，求时区序号数小的地方的区时，应该在已知区时的基础上减去时区差，反之则采取加法。宁波位于东八区，序号数为8，而旧金山序号数为-8，所以已知宁波区时求旧金山区时应采用减法。6月18日12点-16小时=6月17日20点。计算时应注意一天为24小时。

## 四、读图、填图题的解答

按照图形的不同分成两大类。

①一般常见普通地图的阅读和填写。解题时，第一步要审题，按题目要求回答问题。第二步要充分利用图上已知条件，如地图三要素。第三步一定要注意地理事物位置的准确性，填图时尤其要重视。对于点状事物，如城市名称的填写，要靠近其图例符号；对于面状事物（如省、国家、海域等）名称填写，要注意其范围和界线，尽量在其范围之内，例如："东海"名称填写时就不能填在长江口以北；对于线状事物（如山脉、铁路线），填写名称时要与其走向保持一致。第四步，书写要注意字词的准确性。

②示意图的判读。这里以增长曲线图的判读来说明读示意图的方法。第一步应审题，区分图的结构，判断地理事物是随何种因素变化而变化的。如人口增长图，表示的是人口随时间推移而增长。第二步，根据曲线起伏分析增长过程。一般来说，曲线坡度越小，表示增长速度越慢；曲线越陡，表示增长速度越快。第三步要用分析推理法解释图上的地理现象。

上面简单介绍了一些常见地理题型的解法及步骤。对于我们来说，最重要的还是多做多练，在不断的练习中掌握解题技巧，归纳解题方法。

# 第三篇

# 备考与试题分析

# 第一章 复习要讲究方法

## ◆对复习要有清醒的认识

简单说，复习就是重温教材，不断巩固基础知识的过程。复习并不是知识的简单重复过程，而是知识的再学习过程，只有做到这一点，你才会在复习中去求甚解。其次，在复习过程中，复习者更应注重发挥信息加工作用，特别是对已学过的知识能运用信息加工原理，去寻求知识之间的内在联系进行知识深化。具体建议如下。

（1）复习离不开计划，一个好的复习计划就是成功的开始。因此在复习之前，制订复习计划是非常重要的。

制订复习计划，要量体裁衣，根据自身情况进行详细的规划。复习计划既要详细，又要给自己留有余地。好的复习计划，应该是详尽而周到的，同时又有一定的灵活空间。复习计划还要点面兼顾，既要顾及弱项，又要保持强项。既要做难题，也要做基础题，等等。

（2）理清课本知识的脉络，把庞大而零散的知识点编织成网，是我们复习的首要任务。

各学科内部、各学科之间，都不是孤立的。我们要把书从“厚”读到“薄”，把知识的核心内容找出来，找到它们之间的联系，理清学科内部、学科之间的联系，然后用自己的语言描述这些知识要点，把各个孤立的“知识点”编织成一个大的网络。

有了自己编织的知识网络，我们复习起来就有章可循了。

（3）查缺补漏，就是要在复习的过程中，不断地发现自己的不足。哪些是自己的薄弱环节？课本知识中自己还有哪些方面掌握得不够？自己是不是偏科，有哪科“拖后腿”？明白自己的“缺”“漏”所在，仔细分析为什么会“缺”“漏”。找出具体原因，对症下药，及时补充巩固。

**清华状元**

分清主次，就是要分清复习的主要和次要的方面。把主要的精力放在主要的复习内容方面；在时间和精力允许的情况下，还要兼顾可能考的内容、符合考试趋向的知识、扩展的内容等。

查缺补漏，分清复习主次，同学们就可以少走弯路，少浪费一些时间和精力了，复习起来也就不会觉得毫无头绪了。

（4）在复习的过程中，同学们要准备一本复习用的“错题集”，将自己在复习的过程中做错的题目分门别类、有所选择的收录。在复习阶段，同学们做的题与考试的重点、难点息息相关，因此，这一时期的错题尤其值得我们关注。

“错题集”里包含了同学们平时复习时所漏网的知识点。通过重新做这些错题，同学们可以在做题的过程中，分析自己犯错的原因，找到自己的薄弱环节或者性格弱点，如马虎、粗心大意等，从而进行改正，不在原来犯错的地方再次跌倒。

那种不假思索、只顾做题的数量战术，是没有多大益处的。相反，它还会占用我们很多宝贵的时间。因此，在复习时，千万不要沉溺于“题海”。

题目在精，而不在多。要有选择地做题，在做题的过程中举一反三，积累解题经验。这样，同学们就可以提高做题效率，使复习取得好的效果。

（5）在紧张的复习阶段，我们不能忘记了休息，更不能牺牲休息时间来强迫自己复习。

劳逸结合不是简单的文理交叉复习，也不是简单的“复习－休息”模式。而是在复习的过程中，我们穿插着做一些自己平时喜欢而又不会大量消耗时间、精力的事情，比如，听音乐、看看漫画书或笑话书、翻翻报纸、散散步等。既能达到休息的效果，还能做自己喜欢做的事情。这样既能使我们心情舒畅，也能使复习的效果倍增。

## ◆良好心理素质的培养

良好的心理素质是提高成绩、考试成功的保证。它包括这样一些方面。

### 一、必胜的信念

这是最重要的心理素质。你进入复习阶段，就一定要树立“我一定能通过复习使成绩赶上班里成绩最好的同学”“通过复习，我有把握考取好的学校”的自信心。常言道，有了自信便成功了一半。

### 二、务实的精神

复习是做学问的一种方式，做学问来不得半点的虚假。因此，必须踏踏实实地复习，不能投机取巧。常言道：务实必胜。这是有道理的。

### 三、谦逊的态度

孔子曰：“三人行，必有我师焉。”何况几十上百人的集体呢？强中更有强中手，即使你是考生中的佼佼者，也不要忘了千里马也可能失蹄。只有谦虚谨慎，乐于求教，才有可能提高复习成绩，成绩欠佳者更应如此。

### 四、互助精神

互助精神，共同提高，是一种学习美德，在复习迎考中同样倡导这一点。我们不能因为考试有竞争就保守自己在复习中所学得的知识和掌握的信息，如果你对人家封锁信息，那同样也得不到别人的帮助。闭关自守搞复习，等于堵塞了自己的信息通道，最终受害的必定是自己。

在培养健康的心理素质的同时，还要克服消极的复习心态。因为消极的复习心态直接影响着复习的效果，它主要表现为以下几个方面。

一是投机取巧型。这种考生也有一定的复习目标，但或因为基础不太好，或怕吃苦，总想用点小聪明，在复习中走捷径。如猜题、押题，不脚踏实地地进行系统复习，在考场上则表现为喜欢作弊。

二是应付型。这种考生往往成绩较差，“读书无用”思想严重，不愿意学习，但因父母或社会的压力，只好到学校来应付一下，不愿在复习中吃苦，上课打不起精神。考试时少数人还会作弊以碰运气。

三是过分依赖型。有的考生过分相信复习的功效，平时不刻苦地积累知识，寄希望于复习时的突击。学习心理学研究表明，复习效果是建立在所掌握的基础知识之上的。因为复习的时间相对来讲比平时正常学习的时间要短得多，如果平时不认真积累知识，那么到复习时会有好多知识让你感觉是在学新的东西，这样显然会降低复习的效果。因此，一定要明确复习与平时学习的区别所在，平时要扎扎实实地打好知识基础，复习时才能取得实效。同时更应该明确，优秀成绩的取得，主要是靠平时对知识的掌握，并非全是短暂复习的功劳。

四是急躁型。有的考生进入复习阶段，心里就开始紧张，并产生急躁情绪，想一口吃出个胖子，希望在有限的复习时间内把所有知识都牢牢地记忆下来。于是复习没有重点，囫囵吞枣，看似非常刻苦卖力，但由于都是急匆匆蜻蜓点水式的复习，到头来都只记了个一鳞半爪，或捡了芝麻丢了西瓜。因此，考生要客观地结合自己的现有知识水平和能力，找准自己复习的定位，采取稳扎稳打的办法搞好复习。

五是嫉妒情绪型。有些心胸狭隘的学生常常会在复习过程中对那些成绩好的学生表现出内心的嫉妒，也有个别成绩好的学生对那些赶上来的后进生嫉妒，这种情绪的产生主要来源于对考试竞争的狭隘而错误的认识。在这种情绪支配下，就会表现为对同学不友好、自私、封锁信息，甚至在复习过程中有意给予错误的帮助。这种情绪如不加以预防和克服，把它带入考场后，如果发现某同学比自己先交卷出场，就有可能妒火攻心而给自己的考试带来严重的影响。

所以，有一个良好的复习心理素质是很重要的。

## ◆应考虑老师的复习进度

在高考之前，老师一般要组织同学们复习。老师的复习是按一定计划进行的，在一段时间内，将凡考试要涉及的内容全部复习到。考生在制订复习计划时，一定要考虑到老师的复习进度。

高考前的复习，最重要也是最关键的是跟着老师走。带毕业班的老师一般经验丰富，对考试的题量题型、难易变化、重点内容的变化趋向都有一定的把握。听从老师的复习指导，比自己单枪匹马地摸索要省时省力。那种自以为是的复习态度实在是大忌。在这里，跟着老师走，并不等于让老师牵着走，而是充分发挥自己的主动性，即一方面跟老师复习，另一方面又能做到不打乱自己的复习计划。以老师的复习指导为主，又要兼顾自己的薄弱环节，进行强化与补漏。

许多优秀的考生在高考之前，都要经过两个阶段的复习。第一阶段主要是基础知识的复习，各科的内容都要从头到尾串一遍。基础知识的复习非常重要，在此期间，一般不要急于做难题，而要进行一定量的中等难易程度题的练习，做到既熟练又准确。在此期间，如果能多花一些时间来补弱项，往往能取得较好的效果。做题量不要太大，关键在于“精”，最好做那种对概念的理解要求高且又容易做错的题目。

基础知识的复习结束以后，学校里一般要举行好几次模拟考试，这时，考生的复习也应进入第二阶段——综合复习阶段。顾名思义，综合复习是要把已梳理好的一个个独立的知识体系连成一个知识网，从这个网络可以找到各种知识之间的相通之处。在此期间，主要是积累考试经验，通过练习发现问题并加以解决。要认真听取老师分析试卷，把错题彻底搞明白，发现漏洞自己及时安排时间补上。还要在打好基础的前提下，各科都进行一些难题的练习，以适应考试的需要。综合复习时，所做的题目是那些在不同的章节之间有跨度的。比如，一道题可能同时对你的集合函数知识和不等式应用等知识进行考查。显而易见，没有第一阶段基础知识的复习，这一阶段的复习将举步维艰。在复习的第二阶段，应做进一步的归纳。

当然，整个复习到底分为几轮，以及如何在各阶段的复习中合理分配时间，要依照个人的实际情况。基础差的同学应把重点放在第一个阶段。只要第一阶段复习好了，完全能够在考试中取得比较不错的成绩。在做完第一阶段的复习后，继续进行第二阶段的复习，将会有更大的收获。

## ◆做到胸中有数，各科一盘棋

倘若把考试比作一盘棋，就应对各科复习情况进行具体分析：语文是基础，但如果发挥不稳定，就像得意时纵横驰骋，失意时憋死老窝的“车”；外语是关键，如果成绩稳定，是匹颇有分量的“马”；数学像“隔山炮”，看似隔一层，但潜于暗处，威力无穷，常是制胜杀手；历史，权且比作“相”，往往对保帅起着重大作用；而政治，就像是过河的“卒”，并不是它不重要，而是说它的重要性与特色，发挥稳定，如若使一着“仙人指路”，很有开局的功能。因为政治的学习给我们以广泛的知识，包括哲学、经济和政治常识，是社会科学中巨头云集的地方；并给语文提供了一种科学的广阔的视野；能给历史予以雪中送炭式的理论基础训练。

弄清各科之间的关系以及自己的整体情况，在健康良好的复习心境下，就应该对各门功课展开地毯式轰炸般的复习，不允许有漏网之鱼。

（1）语文，这是万科之源，一定要常抓不懈，在学好书本知识的前提下，不拘泥于书本。阅读方面，要做到现代文、古文两手抓，两手都要硬，不可失之偏颇，尤其是对古文。有许多人不喜欢看古文，认为枯燥，缺少激情。实则不然，读古文是一举几得的工作：可以提高你的分析理解能力，提高你的知识层面，印证并加强你在历史课上学到的知识，另外，对你做历史卷中的材料题也会有不少帮助。如此多的妙用，古文则不可不读。提到语文，就不能不提到它的重头戏——作文。对待作文，首先要破除这样的错误认识：写出好文章那是天生的，我天生就写不出溢美之文，没辙。实际上，没有天上掉下来的生花妙笔，要想提高写作水平，一要多读书，二要多练笔。

（2）有人说“文学是谎言，数学才是真理”。这肯定是失之偏颇，不过却道出了数学的重要性。对于数学，有效的方法是多做题，多思考。关于做题，选择题目的数量、质量及类型十分重要，切忌盲目地以为多多益善，投入题海中无法自拔。那样就会导致宝贵精力的浪费或是知识结构的畸形。还有，那些思维较敏捷、反应较快的同学，在平时做题中可以在头脑里几步合并，节省时间。但在考试做题时，千万别“自作聪明”，否则就会“聪明反被聪明误”，丢掉步骤分，而这纯属“无谓丢分”，是最令人痛心的。另外，还是那句老话“万变不离其宗”，所有的这些都源于书本上的基本原理。因此，一定要把书本记牢、吃透。还没有谁能建起“空中楼阁”呢！

（3）外语，是一门学起来有趣、用起来实惠的科目。学习外语，你不仅掌握了一门语言，而且还让你接触了一个民族的文化，受益匪浅。学习外语跟煲汤一样，是个细活慢工。因此，外语要每日必读，每日必写。外语很讲究环境，背单词时，不要孤立地背，可把它放到具体的语境中去（如课文或老师给出的例句中），那样既容易记忆又利于加深记忆；对于单词、词组要熟练掌握，灵活运用。课间饭后，不妨几个人凑在一块用外语聊聊天，提高词语运用水平，尤其对一些常用的词组或习惯用法，一定要牢固掌握，这样会使你的语言流畅地道。还有一个重要环节就是多做一些阅读题，多朗读，这样既可以熟悉单词的用法，又可以培养语感。培养语感就要靠平时的多读多写，不要学成哑巴外语。一句话，学外语离不开“勤”字，功到自然成。

（4）历史，有人把它看作文科的代表性科目是不为过的。它对你记忆力、分析力、理解力以及对社会的感知力都有一定的要求。学历史要扎实、牢固、脉络清晰。上下五千年都由一根时间的红线串起，切勿东一个人物西一个事件地无规律记忆。因为那样虽然把所学的事件记住了，但这些事件如一盘散沙，缺少战斗力。今天的历史考试已不是单纯考查你对孤立事件的记忆，它要求你在记忆单个事件的基础上，经常重复一项工作——串线。这样的线索可大可小，可横可纵，十分灵活。越是灵活串线，证明你的知识掌握得越牢固。最常见的是以时间为线索，这是一条自始至终的大线。也可以人物事迹、民族信仰等为线索，比如，佛教在我国的发展、航海事业的发展，等等。“线不在多，有之则灵”。另外，要勤思考，千万不要以为历史就是前人的故事，我的任务只是记忆。实际上记忆只是一部分，只是手段，真正考查的是记忆基础上的分析、归纳、比较能力。这也是能暴露弱点的部分。

（5）政治，这门学科有其自身的特点，必须同时注重基础知识的扎实、灵活和对现实热点问题的分析、理解、把握程度。课本上的基础知识和基础理论，一定要在理解的前提下熟记。同时要时刻留心国内外的重大热点问题，多进行这方面材料和题目的搜集，尤其每次模拟考试的综合题，要及时进行归纳和整理。答题时要有逻辑性，要能熟练运用各种政治术语。

（6）物理，是公认的最难的一门学科。因为它不仅建立在数学基础之上，需要有坚强的数学后盾，还要求我们具备很强的过程分析能力。做物理题，要进行过程分析，只有把物理过程分析清楚，才能在此基础上进一步解题。

（7）化学，被人们称为“理科中的文科”，因为它是一门记忆性很强的学科。有很多知识点须要记住，比如说，某些常见元素的性质、应用以及与之有关的化学反应过程和方程式，你都须熟记在心。针对这种情况，我们就应该采用类似于文科的复习方法，多记，多背，打好解题的基础。但它毕竟还是理科，偏重于理解和应用，光靠死记硬背是没有用的，我们应该在记忆的基础进行充分的理解和灵活的运用。反过来，理解和应用又有助于记忆。二者相辅相成。如果我们仔细分析一下近几年的化学试题，不难发现，选择题占了近60%的比例。也就是说，如果我们抓住这部分，我们就能抓住大部分分数，况且选择题是较为好做的，所以，大家要把重点放在这上面。当然，解答选择题是需要技巧的，关于具体的解题技巧，后面将详细介绍。

总之，只要在各科复习中形成自己的最佳知识结构，只要处理好各门学科的关系，只要努力耕耘，就定会收获一份属于自己的成果。

## ◆专、勤、恒、思是提高复习效率的捷径

提高复习效率有一个方法之方法，即不管哪一个成功者都必须遵从的一个总原则。这就是——专、勤、恒、思。

专——提高学习效率第一要则。

宋代著名学者朱熹曾对他的学生说："余尝谓读书有三到：心到、眼到、口到。心不在此，则看不仔细。心眼既不专一，却只漫朗诵读，绝不能记，记亦不能久也。三到之中，心到最急。心即到矣，眼口岂能不到乎？"

著名教育家、北京大学第一任校长蔡元培先生在《我的读书经验》中曾经讲道："唯有专心致志，把心力集中在学问上，才能事半功倍。"

因此，"专"是提高复习效率之第一要则！要"专"，就要有排除干扰的意识和能力。在复习中，当一件与复习毫不相干的事情出现在你的思维中，你要能马上告诉自己：这件事情与备考无关，排除它！然后采取行动抑制它的发展。如果是一件看似有正当理由的事情找上门来，比如大家正在讨论一个你感兴趣的话题，或者说一件吸引人的事情，会很容易把你的心拉走。这时就不妨三问自己：一问这个话题对我复习来说很重要吗？不重要，排除！二问这件事情与我的备考相关吗？不大相关，排除！三问理会他们对我的备考有益还是有害，如有害，排除！

记住我们的古训："书痴者文必工，艺痴者技必良。"

勤——"书山有路勤为径，学海无涯苦作舟"。

现在听听清末民初学者王国维在《人间词话》里的一段治学真谛："古之成大事业大学问者，必经过三种境界：昨夜西风凋碧树，独上高楼，望尽天涯路，此第一境地；衣带渐宽终不悔，为伊消得人憔悴，此第二境地；众里寻他千百度，

蓦然回首，那人却在灯火阑珊处，此第三境地。”把这段话记在纸上，贴在眼前，刻在心里，时时激励着你勤奋、勤奋、再勤奋！

恒——常立志者，荒废一生；立长志者，赢得一生。

美国著名的聋盲女作家、教育家海伦·凯勒的故事家喻户晓。她出生 19 个月便得了一场重病，失去了听力和视力，变得又聋又哑。人们都认为，她一辈子就这样毫无希望了，但是她却在老师安妮·苏利文的指导下，持之以恒、锲而不舍地刻苦学习。她不但突破了识字关、语言关、读书关、写作关，而且掌握了英、法、德、拉丁、希腊 5 种语言，出版了 14 部著作。是什么让她——一个被人们认为毫无希望的人——取得如此的成就？正如她自己所说：“我碰到了不可胜数的障碍，跌倒了，爬起来，持之以恒，迈步向前……一次次坚持的结果都是一个胜利，而沿着这胜利的云梯，我就一定能到达那光辉的云端、碧天的深处——我希望的绝顶。”

**特级教师**

很多考大学、考研、考 CRE、考托福、考各种资格证书取得成功的人，他们考试不仅是一个实力的较量，更是一个毅力的较量。你能够坚持下来，胜利就会属于你！

有一位科学家在挑选助手时说：“智力，中等以上即可，但必须刻苦、有毅力。”

记住了：你和成功者相比，缺乏的不是“智”，而是“恒”！

思——“学而不思则怠”。

英国著名物理学家卢瑟福有一天深夜走进办公室，见到他的一个学生仍在工作台旁，便问道：“这么晚了，你还在干什么呢？”学生回答说：“我在工作。”“你白天干什么呢？”“我也在工作。”“你早上也在工作吗？”“是的，教授，早上我也工作。”这时卢瑟福问道：“那么这样一来，你用什么时间思考呢？”

爱因斯坦说：“学习知识要善于思考、思考、再思考，我就是靠这个学习方法成为科学家的。”

英国著名哲学家、社会学家斯宾塞在他的《教育论》中有这样一段精辟的话：“作为心智脂肪储备起来的知识并无用处，只有变为心智肌肉的才有用。”

复习过程中常常看到有些人学啊，学啊，不停地学，工夫花了很多，效率却极低，为什么？

答案很简单：没有时间思考！

备考过程中的思考很重要。只有通过思考，你才不会盲目地乱看、瞎看，你的复习才会是系统的和连贯的。阶段性的反思会让你及时发现并消灭自己的薄弱环节；每天对自己的复习内容做一个总结性的思考，能强化复习效果；每晚睡觉之前思考一下明天要复习的内容，使你更加有的放矢……

一定要学会思考！

把卢瑟福的话搬过来问问自己："你什么时间思考呢？"

记住：在勤学的同时，给思考留下一定的时间！

## ◆学会总结自己的"解题法宝"

在做题时善于总结，可以培养思考问题、解决问题的能力，提高解题速度，从而提高学习效率和质量。千万不要以为把一道题解出来或作业做完就万事大吉。每做完一题，要回顾一下解题过程，注意总结积累经验。好学生往往并不满足于自己会解某道题，而喜欢尝试用不同的方法来解一道题目。他们不放过每一道好题目，直到把其中的"养分"榨干为止。因为在探索一题多解的过程中，不但基本概念越来越清晰，更重要的是使各种解题技巧得到应用和锻炼。刚开始时，可能会因为分析、总结影响解题速度，但每道题都这样吸收消化，日积月累，看到什么问题都能自如地运用自己总结出来的"解题法宝"，解题速度就会大幅提高。

一般来讲，解题完毕后可以考虑以下这些问题：

①在寻找解题方法时，遇到的最大障碍是什么？产生障碍的原因是什么？

②分析过程中哪一点对自己启发最大？突破难点的关键是什么？

③与过去做过的习题相比，这道题可归入哪一类？解此类题的基本方法是什么？

④解题用到了与以往不同的方法吗？新方法的特点是什么？该方法对自己

有何启发?

⑤题目的本质不变，形式改变怎样?

⑥题目中有哪些隐含条件? 该怎样找出它们?

⑦把此题分割成几道小题怎样?

⑧把题目推广到一般结论或缩小至特殊结论如何?

⑨把几道同类型或不同类型题综合起来怎样?

⑩把已知和求解反过来怎样?

⑪附加上某些限制条件或已知条件怎样?

⑫添加要素后怎样?

通过这种方法，记忆加深了，抽象的变得具体了，考试时自然得心应手了。

在解题过程中，总会产生各种各样的错误。之所以犯这些错误，有的是由于粗心大意；有的是由于概念不清，公式、定理、原理记忆有误；有的是运算技能不佳，等等。这些毛病如果不纠正的话，在考试中难免还要再犯。但是，如果能够通过在做题时出现的错误找到自己的缺陷，吸取教训，能够“吃一堑，长一智”，就能把坏事变成好事。有的学生总是把做题当成一种“开卷考试”，严肃认真地对待每一处或大或小的错误，细心找出原因，引以为戒，从中学到不少宝贵的东西。

**特级教师**

> 对待错题，有的同学整理了“错题本”，这是一种好方法。还有的同学在做错的题目的位置上贴上一张纸，重新做一次，并在容易错的地方做上记号，然后收藏起来。以后，每次考试之前复习时，都拿出来看一遍自己过去做错的题目，做到同样的错误不再犯。其实，对每一个考生来讲，最有价值的题目就是这些做错的题，而不是那些做对的题，因为错题里面集中反映了学习存在的问题，值得反复研究。

做题时总会遇到难题、不会做的题目，这时绝不可轻易放弃，也不要一遇到困难就去问老师和同学，应当尽可能独立地把题目解答出来。在各种习题中，所谓难题，或者是由于理论概念较为深奥，或者是由于方法技巧要求比较灵活。这时就要冷静地加以分析。如果属于理论、概念问题，可以带着问题查阅教科书的有关章节，重新复习有关理论部分。这时往往会发现，理论一旦理解透彻，所谓难题实际上并不太难。如果属于方法技巧问题，则可以把思路放开一点，多用几种方法，多从几个角度去考虑问题，想想老师是否讲过，自己以前是否遇到过类似的习题，又是怎样解决的。如果还做不出，不妨把这道题暂时放一放，过一两天再拿出来想，一般总是可以做出来的。这样，自己解出来的难题，会在脑子里留下非常深刻的印象，它会使你得到很大的收获。

当然，如果一道题实在做不出，问问别人是可以的。一道自己反复思考过的题目，即使最后是在别人的帮助下解出来的，也比那些一遇到困难就立刻向别人求助收获大。

# 第二章 语文高考试题分析

## ◆近年语文试卷总结和备考目标

### 一、近年语文高考总结

**（1）语文基础知识及其运用：**在近几年的全国高考命题中，语文基础知识及其运用基本上延续过去设 8 道小题，考点涉及汉字读音、辨形、词语（包括成语）运用、语病辨析、文学常识、古文分析、名句默写，以及语言表达准确、简明、连贯、得体等。高考命题严格遵循《考试说明》的内容要求，其精神体现 3 个“力求”。

①力求全面。上面所涉及的几项内容，原则上都要进行考查。

②力求平和。出题不偏、不怪，公正考查。

③力求综合。命题尤其在语言运用上既有认知又有筛选另加整合，是综合知识的运用。

全面、平易、综合，是近年高考卷试题“语文基础知识及其运用”的命题特点，体现出命题者对语文功用和语文学习的独到理解。虽然前几年有的省份把语文基础知识放在后面来答，但是上面三个“力求”的精神并没有改变。

**（2）阅读：**高考阅读，包括古代诗词阅读、现代文阅读，现代文阅读又包括实用类阅读和文学阅读。无论什么阅读，其本质没有差别。就选文来说，近年高考命题中，各类阅读测试文本的典范性也越来越优良。

高考古诗鉴赏命题，有诗有词有曲，选择的诗歌内容更符合诗歌发展的实际、中学教学的实际和学生阅读的实际，说明古诗鉴赏测试的命题越来越成熟。

古文阅读命题，多选传记类文字，通常以传记为中心，旁及多人多事，涉及多时多地，具有一定的复杂性。对于考查词语理解、文章把握及信息筛选，都不乏考查价值。

现实类现代文阅读命题，各省文本具有鲜明的现实意义和探究价值，它不仅要求考生关注现实生活，求思求解；对于阅读测试而言，它更以明确、清晰的语言脉络和“发现问题——分析问题——揭示前景”的规范构架，要求考生具备良好的阅读意识和判断能力。

这些年的高考从阅读总体上看水平基本持平。从文章题材角度看，语文卷的文章和题目十分稳定，符合大视野、大局观、大气魄的全国卷风貌。从2009年开始，全国卷的文章题材从生活中感悟美、从小中见大发现美转到对祖国大好河山的热情讴歌，视野变得宏大，气魄变得雄浑。地方省市高考大阅读文章也与往年水平持平，更加突出地方特色，往往小处见大，不注重宏观题材而偏重与本地生活更贴近的内容。

**（3）高考试题走向预测：**按现在的命题发展趋势看，试题一定会有变化，但考生不必过分担心。因为变化不会太大，应该是稳中有变，理由如下。

①从考试内容来看。新旧考试大纲虽然有很多不同，但是，从大处看，考试内容都是四方面，即语言文字运用、古代诗词阅读、现代文阅读、写作。其中古代诗词阅读不变，写作不变，这就占150分中的90分以上。现代文阅读是变化最大的一块，但事实上要求学生阅读的文本仍然是论述类、实用类和文学类三种。虽然语文的选修内容包括五大系列，但北京市已经明确要求各校开设中国古代诗歌散文欣赏、中国现代诗歌散文欣赏、文章写作与修改、中国文化经典研读四门选修课。这就意味着试题中选用的内容不会是其他选修课程中涉及的小说、戏剧、影视作品、新闻、传记等。所以，现代文阅读的变化也仅限于原有的大小两个阅读，其中的大阅读变成选考题，并且会有探究题，如此罢了。至于语言文字运用，也会有些变化，字音、字形有可能不再单独设题（仅仅是可能），而缩写、扩写、改写、仿写之类的运用题，原来的高考题中就有，所以也就不是什么新题型。

②从题量上看。考试时间不变，因此题量也不会变。从最近两年的试卷看，只是排列顺序有点变化，这与考试难度没有牵连。

③从社会大环境来看。科学发展是社会进步的唯一正确方法，任何改革都要循序渐进，不可能一步到位，高考的改革同样如此。新的试题不可能完全推翻以前的思路，只能是在某些局部做较小的改动。

④根据要求写一句话。这是近年高考语言表达的主要考查形式，尤其是新大纲的考试说明在“简明、连贯、得体”之前增加了“准确、鲜明、生动”一条。这说明考查写一段话的要求更明确了，所以按要求写一段话应该是今后高考语言表达的主要题型。

⑤单项考查，以一个知识点作为考查对象。不论题型变化多大，但“压缩语段，扩展语句”“选用、仿用、变换句式”的题目一定会有个别省市采用。

⑥访谈录、点评新闻、点评新人新事这样的新题型还会出现，希望同学们随时关注现实中出现的新事物，新形象，新的表达方式，这也许就是新的试题形式。

## 二、备考目标

通过上面的分析，对考生复习备考提出以下几点建议。

第一，一定要构建知识体系。把精力用在提高语文基础知识水平、写作能力上，按语文学习的规律复习，以不变应万变。对试题可能出现的变化要有科学的分析判断，遵纲归本，构建知识体系，认真识记教材附录的知识表格，清除知识盲点。充分利用知识检测清单，检查知识遗漏处，用好错题集，不搞题海战术，打有准备之仗，不能把知识变成自己的精神负担。即使不去猜题押题，也会成绩斐然。

第二，狠抓基本功，夯实基础。不管考卷怎样变化，考生一定要全面复习“语言知识与语言表达”的各个考点，词语的音形义、常见的修辞方法、常见的病句类型、常见的文言实词、文言虚词、文言句式、词类活用等知识要掌握好。因为这是“双基”——基础知识和基础技能，这也是考生得分稳定的板块。更重要的是狠抓现代文阅读的基本功，对不同类型的文章，要有不同的、行之有效的阅读方法。写作的基本功也不能忽视，不能因为写作水平提高比较慢，就放弃练习。

第三，要适当训练，提高对题型的适应能力。各地区试卷结构不同，考生要在全面复习的基础上，重点抓住本考区必考考点，常考题型，反复演练，认真总结。把握命题特点，掌握一定的解题技巧，定获高分。

第四，要关注现实，活跃思想，重视思维的训练。新课标增加了“探究”这种能力层级（主要体现在阅读上），写作中也有“发展等级”，其标准之一就是“见解新颖”。这恐怕是新课标最重要的指导思想，因此可以说，没有活跃的思维就难以适应新课标的要求。同学们只有关注生活，关注现实，关注人生，关注社会进步，才能使思维活跃，闪现灵动的火花，才能见解新颖，才能发出令人赞赏的感叹，这也是“探究”的魅力。

**特级教师**

高考命题是与时俱进的，同学们一定要注意自己的生活实际，注意自己各方面的口语实践，掌握各种实用语言技巧。过好语言关，要全面扎实地训练语言基本功。只有扎扎实实地练好语言表达能力，才是最根本的、最好的备考方法。

## ◆选择题常见问题解析

### 一、字形和同义词问题

（1）例如：下列各组词语中，只有一个错别字的一组是：

A. 愧疚　必须品　防微杜渐　额首称庆

B. 搜寻　吊胃口　炙手可热　按捺不住

C. 剽悍　金刚钻　始作俑者　不明就理

D. 撮合　板着脸　破涕为笑　奉为圭臬

【答案】C。

【解析】“不明就理”应为“不明就里”，意思是指：不明白其中的实际情况。

复习指南

试题依旧考查常用、常见汉字。有些省份的考纲在作文部分第一次规定了对错别字的量化扣分，增加了对正确书写汉字的考查力度，这恐怕是基于网络语言和学生书写错别字十分普遍的现状而提出的。考生常常在同音字、近义字上出错。平时多采用义辨法，可以减少错别字。与往年一样，许多词语出自课本，“就里”就出自高中语文第四册《长亭送别》一文的注释，这是高三复习时应该注意的。

解决方案

①辨音法。逐个审读容易出错的字，从中可以辨析出一些“形近而音不同”的字。

②辨形法。如果怀疑某个是别字，可以写出几个同音字来比较，也可以写出几个形似字来比较。

③辨义法。通过掌握的词语意义，或通过分析形声字的形旁来推导这个字的含义，再放到这个词语中去判定是否相符。

④辨析结构法。对于独体字或形声字中形旁已失去表意功能的形声字可以通过分析词语的语法结构来确定它是不是别字，还可以通过对整个词语的理解，来寻找不合语境的别字。还有一部分就只能依靠我们平时的积累了。总之，可以多使用结构分析法：一是字形本身结构；二是词语结构。辨析字形要注意把字的音、形、义结合在一起来考虑。

（2）例如：依次填入下列各句横线处的词语，最恰当的一组是：

①每年三月，全国人大代表和政协委员都聚集北京，共商＿＿＿＿＿＿。

②连学好母语都需要花大力气，下苦功夫，＿＿＿＿＿＿学习外语呢？

③这种偷梁换柱的行为对国人的诚信造成了负面影响，国人也因此觉得＿＿＿＿＿＿受损。

A．国是　况且　荣誉　　B．国事　何况　名誉

C．国是　何况　名誉　　D．国事　况且　荣誉

【答案】C。

【解析】本题考查实词和虚词的选用。运用搭配法、扩词法和造句法选用

词语比较好，如：共商国是 / 国事访问；“何况”可用于反问，“况且”不能；荣誉称号 / 名誉侵权。

复习指南

选用词语，主要是靠平时的积累，运用扩词法、造句法、语感法、近义词区别法等进行选择。其中，同音近义词难度较大，主要从适用对象、范围，词法功能、附加色彩（语体色彩、感情色彩）、词义轻重等方面加以辨析。

解决方案

①在理解词义上，有相同语素又有不相同语素的词语，重点是分析理解不相同语素。可以通过组词来理解，也可以找出反义词来理解，还可以分析形声字的形旁来理解。

②语素都不相同的词语，重点从用法方面考虑。对词语的运用，一定要在上下文中找到相应的信息，重点是使用环境上的搭配。

③要采用排除的方法，将最容易辨析的词语先排除，逐渐减少选项。

二、文言文阅读问题

**问题一：不能根据语境推断词义。**

**例如：**

对下列句子中加点的词解释，不正确的一项是：

A．为震威城兵马监押，摄知城事　　摄：代理

B．昭率老幼婴城，敌攻之力　　婴：环绕

C．于是夜缒兵出，薄其营　　薄：削弱

D．城上鼓噪乘之，杀获甚众　　乘：追逐

**【答案】**C。

**【解析】**“薄”应为“迫近”。同“日薄西山”，可以用它做比较推导出词义。原文“于是夜缒兵出，薄其营，果惊乱，城上鼓噪乘之，杀获甚众。”大意是“于是趁着夜晚，从城墙上放士兵下去，逼近夏人的营地。”通过上下文语意推导出词义“逼近”即可。

解决方案

细读相关部分，理解相关词句。这一步要求考生落实将要作答的题目（包括加点的实词、虚词，句式）在原文中的具体位置，并运用所学的知识技巧，进行解答。这一步任务最重，主要是词语和句子，大多靠推断来完成。对于词语和句子在文中的意思有几种推断方法可供参考：分析字形，辨明字义；从字音相同推测通假字；用析文见义对照解释前后词；用成语比较推导词义；联系上下文意，前后照应，推导词义。

**清华状元**

高考所选文章大多是古代贤人良臣的小故事或个人履历表，所以不难读懂意思，只是落实到个别字词，倒是颇让人费神，但如能胆大心细，也不可怕。遇到实在不懂的字词，不必着急，放一放先读下文，也许过后自然能明白，或者可以到题目中去找答案。若不影响做题就不要钻牛角尖，不懂就不懂，也没什么！

（1）实词如何理解：将给出的词义带进原文，通顺就对，不通就错。考生从没有听说过的实词释义往往是对的，干扰你罢了。

（2）考生把文言虚词同现代汉语进行比较，看是否能翻译成同一个词。先理解翻译所学课文中的虚词，再比较文段中的虚词。联系文句的整体意义和上下文的意义，注意辨明上下文的关系。借助语句的结构，看两句中该虚词词性和所作的成分是否相同。注意虚词比较：每组中利用给出的高中学过的另一句子来推断文中句子的虚词用法。

**问题二：不能定向跳读原文，排查人物行为。**

例如：下面句子中，全都表明孙谦为政清廉的一组是：

①谦慰喻而遣，一无所纳　　②俸秩出吏民者，悉原除之

③治繁以简，狱无系囚　　④每去官，辄无私宅

⑤已衰老，犹强力为政　　⑥居身俭素，夏日无帱帐

A. ①②④　　B. ①④⑤　　C. ②③⑥　　D. ③⑤⑥

【答案】A。

【解析】本题要求选出的是“孙谦为政清廉”，首先要筛选出不合这一要求的句子。③是谈治政的方法和效果；⑤在说孙谦的竭尽忠诚。找出这两项后使用排除法排出，就可以选出正确答案 A。

解决方案

以上部分可以解决字词问题、句子问题、文意理解问题，只剩人物的评价问题了。接下来就是定向跳读原文，排查人物行为。

（1）第一步主要是通过排查人物行为，落实对人物的评价。先找不能表现题干中要求的人物性格的选项，用排除法选择，特别注意谁的什么性格。

（2）重视中心、重点分析议论的语句。叙述或分析的错误只在某一小点，主要是顺序的颠倒、无中生有等。要全文把握：注意人物的事迹是否张冠李戴，事件的时间是否准确，人物性格陈述是否恰当。

**问题三：古文翻译不清，答题漏点或误译。**

**例如：把文中画横线的句子翻译成现代汉语（注：题略，以下是画横线句子）。**

（1）且鸿宁以衣食忧吾母耶？

（2）自新辄诣县自代，而匿其兄他所。

【答案】（1）况且我怎么能因为衣食问题让我母亲担忧呢？

（2）自新就前往县衙代替哥哥（受责罚），而把他哥哥藏在别的地方。

【解析】第 1 小题，“且”“宁……耶”“以”“忧”为得分点，“且”译为“况且”，“宁……耶”译为“怎么能……呢”或“难道能……吗”，“以”译为“因为”，“忧”在此处应为使动用法，译为“使……担忧”“让……担忧”。重点考查了虚词的意义和用法、词类活用两个考点。

第 2 小题，“诣”“代”“匿”及省略句式为得分点，“诣”译为“前往”，“代”译为“代替”，“匿”译为“藏匿”或“把……藏”。此句中有两处省略，一是承前省略，“自代”后应该要补出宾语“兄受搒掠”；“而匿其兄他所”省略了介词“于”，补充完整应为“而匿其兄于他所”。考生从得分点可以看出，活用、省略、特殊句式均为平时重点训练的内容。

解决方案

考生平时练习要注意从以下 8 点训练自己。

①粗知全文大意，把握文章中心的倾向性。

②审视句子特点，逐字对应翻译，做好换、留、删、补、调几个步骤。

③抓住句子中关键字词翻译，要与上下文对应，这些字词是得分点。

④详知译句在上下文的含义。

⑤由现代词、成语推导出词语在文中的含义。

⑥注意词类活用、倒装、通假、偏义复词等现象。

⑦复杂句子要作句子成分分析，抓住主干，注意句间关系。

⑧意译词语要根据上下文推导，不拘泥于原文结构，组合成句子，前后通顺。

## ◆诗歌鉴赏常见问题与解决方法

语文试卷中的古诗词鉴赏是文学色彩最浓郁的题型，它虽然有一定的开放性，鼓励考生勇敢地、有创意地答题，但考场上考生往往由于答题太过随意而痛失分数。因此，我们就要研究诗歌鉴赏题的题目要求，研究问什么就应该相应的答什么，这样才不易丢分。

下面结合大家答题时的常见失误，进行一些梳理归纳，并针对这些常见问题，做一些操作性的技术指导，希望对考生提高古诗词鉴赏能力有所帮助。

**特级教师**

考生只有了解古诗词鉴赏的常见题型，掌握其解题思路，才能培养答题的规范性和提高答题的准确率。

一、客观性选择题常见问题及解决办法

客观性选择题一般供选择的四个备选项都是对古诗词一词一句的微观而确切的解读。考生解题的关键是在整体把握诗歌内容的基础上，逐项对照诗句和选项，找出选项中的确切依据或确切错误点，从而挑选出符合题目要求的一项。

考生在此往往会存在以下问题，导致选择错误。

（一）对诗歌的作者、题目、诗序和命题人给出的注释关注不够。

例如：读下面这首词，完成选择题。

西江月 黄陵庙（又题阻风三峰下）

张孝祥①

满载一船秋色，平铺十里湖光。波神②留我看斜阳，唤起鳞鳞细浪。

明日风回更好，今宵露宿何妨。水晶宫里奏霓裳，准拟③岳阳楼上。

【注】①张孝祥：南宋初词人。这首词，因船行洞庭湖畔黄陵庙下为风浪所阻而作。作者与友人信中提到："某离长沙且十日，尚在黄陵庙下，波臣风伯亦善戏矣。"②波神：水神。③准拟：准定。

下列对词中语句的理解，不正确的一项是：

A．一、二句点明行船的季节，描写洞庭湖上风浪未起时的景色。

B．三、四句有主观想象色彩，"鳞鳞细浪"实际指滚滚波涛。

C．五、六句写明日风向一转便可顺风行船，今晚露宿又有什么关系呢？

D．七、八句写作者期盼到岳阳楼上听水下传来的《霓裳》曲。

【答案】D。

【解析】阅卷中发现选择B项为不正确的一项的同学很多。究其原因不难发现，误选的同学大多未关注诗歌的题目及命题人给出的注释，误以为"'鳞鳞细浪'实际指滚滚波涛"的理解有误。其实，仔细看题目后括号内的"又题阻风三峰下"，再结合注释中给出的重要信息"因船行洞庭湖畔黄陵庙下为风浪所阻而作。作者与友人信中提到：'某离长沙且十日，尚在黄陵庙下，波臣风伯亦善戏矣'"，便不难发现该选项解说准确。

（二）考生常常不注意古今词义的差异，以现代汉语词义理解古典诗词中的关键词语。

例如：读下面这首诗，完成选择题。

### 酬王处士九日见怀之作

顾炎武

是日惊秋老，相望各一涯。离怀消浊酒，愁眼见黄花。

天地存肝胆，江山阅鬓华。多蒙千里讯，逐客已无家。

【注】顾炎武，明清之际著名学者、诗人。明末投身反宦官、权贵斗争。清兵南下，参加人民抗清起义，失败后，多次拒绝朝廷征召，流亡北方，考察山川形势，志存恢复。

下列对诗句的理解，不正确的一项是：

A．是日惊秋老：是无情的日月送来秋天，催人衰老，令人震惊。

B．相望各一涯：天各一方，遥相瞩望。

C．离怀消浊酒：离别的情怀只能借浊酒来排遣。

D．逐客已无家：亡国之人，已无家可言。

【答案】A。

【解析】阅卷中发现，许多同学没有选对的原因是没有注意古今词义的差异，以现代汉语词义理解古典诗词中的关键词语了。选项A将“是日惊秋老”理解成“是无情的日月送来秋天……”，把“是”当成了现代汉语中表示判断动词了，属于古今用法混同的错误。这一句的准确理解应该是：这一天突然发现已经到了暮秋时节，不免心惊。

## 二、解读诗句型常见问题及解决办法

解读诗句型考题也是古诗鉴赏的一个考点，此类题在高考中常见的设问方式有两种。

一种是解析单个句子型的设问方式，如：

①最后一句是什么意思？表达了作者怎样的思想感情？

②结合全诗谈谈你对第二联或第二句的理解或赏析。

③谈谈这句诗的含义和作用，表达上有什么特点？

④本首诗中，你最喜欢哪一句，请简析理由。

另一种是比较型的设问方式，如：

①某句诗换作另一句，哪句好，为什么？

②某句诗，有版本作“×××”，与本诗“×××”相比你更喜欢哪一种？请简要说明理由。

在解答此类问题时，常见的失误主要有以下几点：

（一）不重思考，单单关注题目、注释等信息，只解读表面词义，简单以注释作答。

例如：读下面这首诗，并回答问题。

**酬王处士九日见怀之作**

顾炎武

是日惊秋老，相望各一涯。离怀消浊酒，愁眼见黄花。

天地存肝胆，江山阅鬓华。多蒙千里讯，逐客已无家。

“天地存肝胆，江山阅鬓华”中的“肝胆”和“阅”在这里是什么意思？这两句诗表达了作者怎样的思想情感？

**【答案】**肝胆：指自己的爱国之志，或对于故国的赤胆忠心。阅：见证。表现作者虽已衰老，且明知复国无望，仍然矢志不渝、坚持到底的决心。

**【解析】**阅卷中发现有不少考生审题不严密，没有注意题干中“在这里”的限定，离开诗句及背景，只作表面词义解释，将“肝胆”解作“人体的器官”“心”“忠肝义胆”“勇气”“肝胆相照”“内心”等；将“阅”解释为“读”“浏览”“审视”“阅读”“阅历”“检阅”等。

（二）不重视诗歌对仗关系，不能利用诗歌体裁一般知识正确理解诗句。

例如：阅读下面的诗，按要求作答。

**严郑公宅同咏竹**

唐·杜甫

绿竹半含箨，新梢才出墙。

色侵书帙晚，阴过酒樽凉。

雨洗涓涓净，风吹细细香。

但令无剪伐，会见拂云长。

【注】严郑公，即严武，受封郑公。箨（tuò），笋壳。帙，包书的布套。

请赏析“色侵书帙晚”一句。

【答案解析】有的考生读不懂“色侵书帙晚”这句诗。其实，完全可以利用律诗颔联与颈联严格对仗的要求，借“阴过酒樽显得（更加）清凉”来推知上句“翠竹的影子投映在书上，使人感到光线暗了下来。”此时再进行赏析，便不难了：“侵”写出了竹影移动扩大的渐进过程；“晚”字则写出了竹影给人带来的时间错觉。

三、解读诗歌情感型常见问题及解决办法

此类型题在高考中常见的设问方式有两种。

①分析作者在诗中流露的思想感情与态度。

②这首诗表达了作者什么样的生活态度?

**问题：（一）不能抓诗歌意象去“追索”诗人情感。**

例如：阅读下面这首宋诗，然后回答问题。

**春日即事**

李弥逊①

小雨丝丝欲网春，落花狼藉近黄昏。

车尘不到张罗地②，宿鸟声中自掩门。

【注】①李弥逊（1085—1153），字似之，吴县（今江苏省苏州市）人，历任中书舍人、户部侍郎等职。因竭力反对秦桧的投降政策而被免职。②张罗地：指门可罗雀、十分冷落的地方。

这首诗表现了作者什么样的情绪？请进行简要分析。

【答案】这首诗表现了作者政治上失意后的寂寞，以及感叹世态炎凉的情绪。

【解析】阅卷中发现，考生存在这样的问题：有的仅凭大致感觉推断诗人情感，并不能从意象入手把握诗人情感。其实作者是借助意象来表情达意。诗人“登山则情满于山，观海则意溢于海”，因此用心去把握蕴含于“山”“水”中的情意，就找到了诗人情感的脉搏。诗的一、二两句写了暮春黄昏时小雨霏霏、落花狼藉的春景，并非生机勃勃，而是残花败景。这些凄冷的景象正映射出诗人的落寞愁绪。三、四两句写了诗人家门前几可罗雀，他只得在归鸟的鸣叫声中关上了自己的家门，叙事兼抒情地着力描写了门前冷落鞍马稀的情景。凄清的景象也正映射出诗人内心的无尽悲凉与寂寞。

（二）不重视从诗、词曲的整体去把握作者的思想感情。

例如：阅读下面这首诗，然后回答问题。

喜外弟卢纶见宿

司空曙

静夜四无邻，荒居旧业贫。

雨中黄叶树，灯下白头人。

以我独沉久，愧君相见频。

平生自有分，况是蔡家亲①。

【注】①蔡家亲：表亲。

此诗表达了作者怎样的感情?

【答案】此诗表达了诗人悲喜交加（或悲中有喜，喜中带悲）的感情。

【解析】有的考生只见树木，不见森林，仅答出了“此诗表达了诗人悲苦的情感”。这就是对诗歌缺乏全面的把握。诗的前四句描写了静夜里的荒村，陋室内的贫士，寒雨中的黄叶，昏灯下的白发，通过这些，构成一个完整的生活画面，传达出了无尽的悲凉。然而在辛酸中的作者却遇到知心亲友、表弟卢纶来访见宿，这不能不说是一悲一喜，悲喜交感。而且，诗歌的题目“喜外弟卢纶见宿”中的喜字更是点出了这份见到亲人的喜出望外。

（三）不重视语言、形象、表达技巧等诗歌的外在形式的赏析而去架空分析。

例如：阅读下面这首宋词，然后回答问题。

鹧鸪天①　代人赋

辛弃疾

陌上柔桑破嫩芽，东邻蚕种已生些。平冈细草鸣黄犊，斜日寒林点暮鸦。山远近，路横斜，青旗②沽酒有人家。城中桃李愁风雨，春在溪头荠菜花。

【注】① 鹧鸪天：词牌名。　②青旗：卖酒的招牌。

词的最后两句作者采用了哪种写作手法？表达了怎样的感情？词题为“代

人赋”为什么以此为题？请简要说明。

**【答案】**运用了对照（或对比）的写作手法。作者将城里愁风畏雨的桃李，与乡间溪头迎春开放的荠菜花相对照，借景抒情，表达了他解官归居后鄙弃城市官场、热爱田园生活的感情，题为“代人赋”，实则为己赋，采用代人填词的形式，以荠菜花自喻，效果独特。

**【解析】**部分考生答题时没有考虑诗人所运用的表达技巧，于是就简单化地将诗人情感概括为“热爱自然风景”。其实，诗人在这里运用对比手法，将“城里愁风畏雨的桃李”与“乡间溪头迎春开放的荠菜花”进行比照描写，就是要传达出他对城市官场的厌倦和对乡野田园的热爱。考生不注重对诗人独具匠心的技巧运用进行分析，便有可能把握诗人情感不够准确。

## ◆考场作文常见问题解析

近年来，考场作文暴露出来的问题主要有以下几点。

**问题一：写作能力有待提高**

以“时间不会使记忆风化”为话题，要求考生写一篇不少于800字的文章为例，我们来分析考场作文在阅卷中发现的普遍问题。有的考生写议论文，但文章却没有明确的观点。许多考生始终围绕“记忆”在展开内容，却只是客观的叙述，而未能提示其内涵。有的考生写记叙文，却仅停留在陈述的层面上，不会综合运用描写、议论、抒情多种表达方式，也没有修辞方法，致使文章干瘪无味；而更多的则是情节简单，内容贫乏甚至幼稚，更谈不上新意，读来毫无感染力。

例如，评卷老师们的几份样卷中，有一份题为《时间与记忆》的作文：

第一段：时间真的不会使记忆风化吗？有的人回答说：“不，时间可以冲淡一切记忆。”但有的人却回答说：“是的，刻骨铭心的记忆是永远也不会被时间风化的。”两种类型的人对这个问题持有他们不同的态度、见解，他们分别对自己的说法做了以下解释……

第二段：回答否定的人说……

第三段：回答肯定的人说……

第四段：两种人分别做出了自己的解释，都有充分的理由，朋友们，你支持哪种观点呢？哪种解释是令你口服的呢？

由于本文作者没有自己的观点，只得了15分。究其原因是审题出现偏差。

**问题二：审题能力比较欠缺**

多年以来，作文阅卷的老师有一句“口头语”：年年有高考，年年话走题。走题，就是把作文考题“审”错了，跑到其他地方去了。这是很严重的失误，其得分只能是“不及格”！

仍以“时间不会使记忆风化”为作文主题为例，不少考生的作文偏离题意，不谈记忆，谈时间宝贵，要珍惜时间；或是对概念理解错误，不理解“风化”是什么意思。

例如，评卷老师们的几份样卷中，有一份题为《时间记住了》的作文。

开头：滴答滴答……听着时间走过的声音，每一步都那么有力，那么坚定。这样稳健的步伐一定不是去追赶什么，而是要努力记住什么，不然时间为什么走得不慌不忙。时间就这样一分一秒地走着，帮我们记住了许多，我们的欢笑和泪水，成功和失败，甚至一些我们宁愿选择忘记的事情，时间也一并记下了，这是公平的。

结尾：滴答滴答……时间记住了。

> **特级教师**
>
> 我们解析高考作文“审题”的失误，是为了发出一种警示：即使在有意识地降低“审题”难度的今天，每一位考生依然不能“大意”，不能“想当然”，必须战战兢兢，如临深渊，如履薄冰，认认真真地“审”好“题”，写出符合命题要求的作文。否则，一切皆为“泡影”。

因为本文立意偏离了主题，没有翔实的材料，被评为三类作文，28分。

江苏省有一年的高考作文题目是《好奇心》，被欢呼此题太容易了……

然而，因为许多考生都不能准确地、辩证地认识“好奇心”，驾驭“好奇心”，结果“跑题”了！例如：

有人写道：苏东坡被贬黄州，为什么能保持旷达的心态？因为他“好奇”于黄州的美妙山水，山水使他的心平静了。

还有另一种“失误”，就是简单地把“好奇心”视为“好东西”，只要有了“好奇心”，万事好成功。

复习指南

如何才能在作文中审好题呢？首先要加强审题训练。每一次写作文，都要学会分析材料，分析题目要求，深入领会命题者的意图。

**——命题作文审题分析**

例如：请以“踮起脚尖”为题目，写一篇不少于 800 字的议论文或记叙文。

**审题方案**

（1）作文题“请以‘踮起脚尖’为题目，写一篇不少于 800 字的议论文或记叙文。”短短一句话，二十几个字，便规定了作文的内容、标题、字数和文体，简洁而明确。

（2）作文题“踮起脚尖”是一个动宾词组，描绘出一个富于弹性和张力的喻义性动态意象，意蕴丰厚，耐人寻味。从立意的角度看，文题以“踮起”为关键性词语和思维核心，围绕个体的人的“提升”“发展”这一中心，至少蕴涵“励志”“认知”和“践行”三个层面的寓意。主观上，可引申提炼“不满现状，争取更高”“努力进取，追求卓越”“提升自我，超越自我”等观点；客观上，可引申提炼“升高而致远”“更高才能更阔”“挖掘潜力得发展”“目标要有可行性”等主题。意象鲜活，含义丰富，可引发思想、文化、学习实践等方面的多极联想和思考，从不同角度提炼中心和观点。

**——材料作文审题分析**

例如：阅读下面的材料，根据要求写一篇不少于 800 字的文章。

兔子是历届小动物运动会的短跑冠军，可是不会游泳。一次兔子被狼追到河边，差点被抓住。动物管理局为了小动物的全面发展，将小兔子送进游泳培训班，同班的还有小狗、小龟和小松鼠等。小狗、小龟学会游泳，又多了一项本领，心里很高兴；小兔子和小松鼠花了好长时间都没学会，很苦恼。

培训班教练野鸭说：“我两条腿都能游，你们四条腿还不能游？成功的

90%来自汗水。加油！嘎嘎！”

评论家青蛙大发感慨：“兔子擅长的是奔跑！为什么只是针对弱点训练而不发展特长呢？”

思想家仙鹤说：“生存需要的本领不止一种呀！兔子学不了游泳就学打洞，松鼠学不了游泳就学爬树嘛。”

要求选准角度，明确立意，自选文体，自拟标题；不要脱离材料内容及含义的范围作文，不要套作，不得抄袭。

**审题方案**

从选题上说，我们首先可以区分为下面两个角度。

兔子、小狗、小龟和小松鼠这是一类，象征正在成长的生命个体，具体可以说是我们青少年。培训班教练野鸭、评论家青蛙、思想家仙鹤是一类，象征社会、学校、家庭等。

不妨先来详细分析一下后者所说的话的含义。野鸭、青蛙、仙鹤都是站在成人的角度做出的评价，野鸭所说的话表明他看到了受教育者努力后成功的可能性，强调后天的努力。很显然，他没有看到先天条件的制约，没有因材施教。评论家青蛙的话强调了扬长避短，但遗憾的是他没有意识到，生活中“一招鲜”有时是解决不了问题的。而仙鹤呢，其观点显示能比较全面地看事情，看到了受教育者先天条件的制约，不盲目地模仿，不回避努力的因素，同时强调了兔子广泛地学习，多掌握适合自己的生存本领。既强调了奔跑的生存本领，同时，又强调要多创造、发现、学习适合自己的本领。

通过以上的分析，我们可以发现，培训班教练野鸭、评论家青蛙、思想家仙鹤评论事件的焦点是如何培养年轻人。因此，我们可以站在社会、学校、家庭这个角度谈如何既发挥受教育者的长处，又帮助孩子培养更多的适合自己的生存发展的技能，因材施教，做智慧的引路人。

从兔子、小狗、小龟和小松鼠这一方面分析，你也可以站在孩子自身角度谈谈如何充分地发挥自己的优势，寻找自己的潜力空间，加以培养，等等。

一句话，审题要全面，立意要周到深刻。从文体上看写记叙文、议论文、散文等文体应该都可以出彩，但文体必须明晰，结构必须清晰。

——半命题作文审题分析

例如：作文题目：这也是一种 ______________

请先在横线上填上适当的词语，形成完整的题目，然后写一篇不少于800字的文章。

要求：立意自定，文体自选（诗歌除外）。不得抄袭。

**问题描述与分析：**

A. 拟题俗套，重复雷同。比如，不少同学的题目拟为《这也是一种美丽》《这也是一种成功》等，千篇一律，都是按照同样的思路去命题！

B. 拟题过大，难以下笔。比如，有的考生写《这也是一种人生》，这样一来，范围就过大了，写起来不易把握，只能泛泛而谈，要写深、写透很难，更不易写出自己的真情实感。

C. 脱离文题，我行我素。有些考生将半命题作文看作是任意作文，抛开题目，任意为文，与文题相距甚远，造成失分。殊不知，半命题作文在将题目补充完整后，就相当于一篇命题作文了，因此文章的内容就应围绕题目来表现。

**解决方案**

写半命题作文，创新的突破点在补全题目上。只有在补题上煞费苦心，才有望一挥而就，写出情文并茂的考场作文。补题之前首先要抓住《这也是一种____________》这一文题中的两个“题眼”：

**关键词一：这**

“这”，指示代词，指示比较近的事和物。比较近，就暗示我们所写的要突出真实、真切，最好是写我们自己的感受。把“这”字替换一下，就可以明了写作的内容——如成功、懦弱、缺憾，等等。

**关键词二：也**

“也”，表示同样。即写的内容表象和实质有差异，但经过写作者个体独特的感悟、认识和升华，终于有了新的感悟。一个“也”字，要求文中有作者认识的转变，我们可以不交代这个认识的变化过程，但要有体现“也”字的字题。

以上是对有代表性的高考题进行了审题分析，相信同学们进行了分析之后，在审题方面有所提高。

**问题三：思想不积极向上**

有些同学对社会上的好现象视若无睹，却对阴暗面过于热衷。如果能够以正确的心态对待，倒也不失为一种对社会的关注，但不少考生却错误地将之扩大化，严重化，甚至是抱着一种欣赏的眼光对待，如此是让人反感的。这在很大程度上反映出这些学生还没有树立起健康、正确的社会价值观，因而导致作文的思想错误或浅薄。

更多的同学则表现为在高考作文中写恋爱的记忆。我们认为写恋爱未尝不可，但一般只能打及格左右的分数，为什么？因为在阅卷教师看来，面对高考，我们的高中毕业生要对自己十多年的生活做一个回顾，可是在考生的头脑中能够想起的却只有这四分之一的生命中发生的恋情，并且是在庄严的高考考场上对此津津乐道，亲情、友情、师生情、国家情、民族情却全都漠视，这意味着什么？因此，给这一类作文打低分也是情理之中的。

有一年北京高考以“细雨湿衣看不见，闲花落地听无声”为话题作文，咱们看看有位同学是怎么写的：

盛夏，夜，深夜。景山山巅。山上有人，两个人，一男一女。这两人就是当今武林名声最响的两位杀手，男的名秋细雨，女的叫叶闲花，江湖人称“细雨闲花”。诗人刘长卿曾用“细雨湿衣看不见，闲花落地听无声”来描述这两个可怕的杀手。细雨湿衣，湿衣的是鲜血；闲花落地，落地的是人头。这两人杀人来无影去无踪，如果他们想杀你，当你还没看到他们人影、没听到他们声音的时候，你就已经死了……

还有一年作文题目是：《先下手为强，后下手遭殃》。我们看看一位同学的作文：

杯子里先放石头才能放沙子和水，如果先放了水，杯子满了，石头就放不进去了，也就是说，如果我考不上大学，必须在大学招生前送礼打通关系才能进入大学，如果大学招生满了，到时候就算有再硬的关系也进不去了。可惜老师不让早交卷，不然我得赶紧交卷出去送礼托关系……

以上两文反映出这些考生还没有树立健康、正确的社会价值观，令人反感。

考场上一定要注意如下提示：

①恋爱题材是考场作文的误区；

②武侠故事是“无人区”；

③发牢骚的文章是“白区”。

**问题四：忽略文体意识，不讲求写作的套路**

考场作文常常会出现文体不清，影响得分。考场文体没有规定，作文没有范式，写作也不一定要遵循条条框框。但是一篇议论文不讲究起承转合，一篇记叙文不讲究六要素齐全，一封书信没有规范格式，等等，同样让文章被判低分，这暴露了考生缺少套路训练。

很多人写议论文往往是千人一面、众口一腔，围绕命题重复一些尽人皆知的大道理，缺少新颖性的冲击力。

怎样写好考场议论文呢？学习一些“杂文”手法，找一个比较巧妙、醒目的“由头”，说不定会产生较好的效果。典型的例题是江苏卷《凤头·猪肚·豹尾》。这本来是一个很难出新的庸常的命题。然而，有的考生在寻常大道理之前引了一个令人眼睛一亮的“由头”，顿时全文皆有生气了。例如，一位考生写的《没有了妖魔的取经之路》，真是精彩之作。

### 没有了妖魔的取经之路

我只是一个书生，所以难免卖点儿书呆子气。每每看《西游记》，总觉得既然孙大圣可以日行千里，为何不背着唐僧一步西天，也省得一路上千辛万苦，还有这妖那精的惦记着唐僧肉。

如果一步西天，倒也爽快，只是师徒几人的关系恐怕也只能停留在“酒肉朋友”的层次上了。所谓“患难见真情”：八戒虽色，却处处念叨着师父，偷了个西瓜还不忘分给师父半个；沙僧虽傻，却任劳任怨，甘心做大伙儿的下手；悟空虽狂，可师父有难，不也是不顾生死，降妖除魔吗？战场上结下的友情才是钢铁铸成的啊！倘若一切都太容易，那悟空充其量只是个开路的，沙僧充其量只是个脚夫，八戒逗逗大家开心而已，便是一个太无趣的故事了。

如果一步西天，唐僧倒是可以省去一路担惊受怕的搅扰，安心地吃斋念佛，朝发夕至，取回佛经。可所谓“出门长见识”，唐僧若只随徒儿们在云里雾里日行千里，又怎知这天底下人间的百态？敝人不才，未曾念过佛经，可也听说佛从人间来，人间酸甜苦辣尝尽，才换来“佛”超尘世的感悟，写入佛经，贻养后人。不经历千难万险，唐僧又怎能真正领悟这佛经的精深蕴意？阳光总在风雨后啊！

真的可以一步西天，佛经取回又怎么样呢？抑或，难道西天之行仅仅为了取回几本经书吗？

没有遇上白骨精，没有进过盘丝洞，又怎知世间的险恶？没有住过高老庄，没有下过龙王庙，又怎知世间的冷暖？人性中的怯懦如何除去，人性中的恶性如何摆脱？至性如何养成？高僧如何修炼？倘没这一路历尽艰难的感悟，又怎可获得？

我们活在世上，总希望找这样的捷径，那样的捷径，叹为“一步登天”才是最大的财富。我们厌恶过程而只求所谓的结果，我们不管它是“猪肚”还是“蛇肚”，除了“豹尾”，我们什么也不要。

所以今天我们还要防什么作弊，防什么替考，防什么徇私舞弊，防什么假冒伪劣。

倘若每个人的心中都有一条取经之路，以开放的心态迎接磨难，迎接考验；倘若每个人看到的不仅是鲜花掌声围绕的“豹尾”，更祈求一个丰富多彩的“猪肚”，那我们得到的又岂止是那几句赞美之词呢？

没有妖魔的取经之路，是一条南辕北辙的路。

这篇作文令人赞叹，我们小时候读《西游记》的时候，也许都想过，既然孙悟空一个筋斗十万八千里，为什么不背着唐僧直接去见如来呢？此考生偏能依此为出发点，将“大道理”“新颖化”。可见，考生在平时阅读时多思考、多积累“话题”是多么重要！

# 第三章 数学高考试题分析

## ◆近年数学高考命题分析

最近几年高考数学试题在命题方面进一步渗透了课程改革的理念。试题在考查基础知识和基本技能的同时，加强了对学科核心主干知识探究、研究能力的考查，知识覆盖面较广、思维容量较大、难度适中、区分度良好，并且还体现了以下几点。

### 一、命题源于教材，注重过程

分析近几年的高考试题，虽然很多题目不是直接来自教材，但从教材中改编的题目很多。这些源于教材又不同于教材的题目很好地考查了考生的数学素养和潜能。所以在复习数学时要进一步钻研教材，不背离课本，注重学习过程，准确把握基本概念内涵。要从“知识点”学习转化到“系统”掌握，而不是从“做题”出发，淹没在题海中。

### 二、突出常规方法，淡化特殊技巧

数学思想和数学基本方法蕴含了数学基础知识，表现了数学观念，它与数学知识的形成同步发展，同时又贯穿于数学知识的学习、理解和应用过程。近几年数学试卷均做到以数学知识为素材，做到“重点内容重点考”，层次要求恰当。试题均可用常规方法来解决，淡化特殊技巧，但是考生想完整准确地解答，则需要有扎实的“双基”和良好的数学素养。

另外，近几年的试题对数学思想方法的考查如绵绵细雨，贯穿始终，而又不露声色，意在检查考生对数学的本质的理解与感悟，以及考查分析问题与解决问题能力的把握程度。

所有这些都是很符合现在课程改革的课标方向的，随着新课程的深入，探究意识、数学思想越来越重要。这也提醒考生：靠题海战术是行不通的，大家必须要学会灵活运用，善于总结解题方法。

## 三、内容突出主干知识，没有偏题、怪题

内容突出了重点知识的考查，为同学们今后的备考指明了方向，为教师的授课及教学安排明确了方向，即重点把握高中数学主干知识。不仅如此，这些高考试题，尤其是解答题，突出了高中数学的重点方法。如：2016 年北京文科 12 题考查了双曲线的概念和性质；13 题考查了正弦定律；15 题考查等差数列和等比数列的概念与前 $n$ 项和，考查考生的分析能力和运算能力；19 题考查了椭圆的概念和性质、直线与椭圆的位置关系等。这些知识都是老师在课内重点讲解的，大家应该牢固地掌握。

## 四、多考点想、少考点算

数学学科的特点之一就是理性思维。理性思维要求考生在解决问题时，能运用所学的基本知识和基本技能，会进行演绎、归纳和类比推理，能合乎逻辑地、准确地阐述自己的思想和观点，会正确而简明地表述推理过程，而不是都以算为手段，用算解决问题。

近几年最大的一个特点，各套试卷都体现了“多考点想，少考点算”的思想。如和前几年高考相比，2016 年浙江卷的计算量是比较小的，没有繁杂的计算，重视推理，重视考查问题的思维方式和思维过程。比如文科选择题的最后一道，第 16 题，还有理科第 19 题立体几何，第 20 题数列的压轴题，只要考生仔细思考，认真审题，前两个小问题应该都能做出来。这个特点也提示，如果只记公式，不知道如何产生，将影响考试结果。所以，在学习中要侧重知识产生的过程，培养学习的良性思维习惯和能力，平常多鼓励自己做题前多思考。

## 五、数学应用的时代性

从高考试题综合分析来看，2016 年数学考试更注重了数学知识应用的考查，

涉及了许多的客观、自然与现实生活密切相关的背景，如：浙江卷的几何题，四川卷的“节水方案”，天津卷的“混合肥料问题”，江苏卷的“设计仓库问题”，北京卷的“阶梯水价问题”，全国卷的“新型材料”等，充分体现了数学应用的时代性。对高中数学教学有良好的导向作用，有助于素质教育的深入实施。

## ◆选择题常见问题与解决方法

在近几年的数学试题中，选择题一般有 8 ~ 12 个小题，所占分值为每小题 5 分。整卷选择题所占比例之大，绝对无法让你忽视它。但在实际考试中，至少 2/3 的考生选择题失分在 10 ~ 20 分（2 ~ 4 个小题），甚至更多。主要问题如下。

**问题一：审题不小心**

**问题二：概念不清楚**

**问题三：以假乱真**

**问题四：方法不牢**

**问题五：解题策略不当引起失误**

下面就举例来为大家一一讲解：

**问题一：审题不小心。**

**【例 1】**设 $U=\mathbf{R}$，$A=\{x\mid x>0\}$，$B=\{x\mid x>1\}$，

则 $A\cap C_UB=$（　　）

A. $\{x\mid 0\leqslant x<1\}$　　B. $\{x\mid 0<x\leqslant 1\}$

C. $\{x\mid <0\}$　　D. $\{x\mid x>1\}$

**【答案解析】**对于 $C_UB=\{x\mid x\leqslant 1\}$，因此 $A\cap C_UB=\{x\mid 0<x\leqslant 1\}$，故选 B。很多考生选 D，原因是把题目看成了 $A\cap B$，审题不小心。

复习指南

考生在复习时，一定要对集合的运算熟练掌握。

解决方案

在考试时，考生一定要看清题目，不要看错题，对于集合题目，还要注意

集合的元素，如：$A=\{x\ /\ y=\sqrt{9-x^2},\ x\in Z\}$；$B=\{y\ /\ x=\sqrt{9-x^2},\ x\in Z\}$，就是两个不同的集合。

**问题二：概念不清楚。**

【例1】命题“存在 $x_0\in \mathbf{R}$，$2^{x_0}\leqslant 0$”的否定是（　　）

A．不存在 $x_0\in \mathbf{R}$，$2^{x_0}>0$　　B．存在 $x_0\in \mathbf{R}$，$2^{x_0}\geqslant 0$

C．对任意的 $x\in \mathbf{R}$，$2^x\leqslant 0$　　D．对任意的 $x\in \mathbf{R}$，$2^x>0$

**【答案解析】**由命题否定即“不存在 $x_0\in \mathbf{R}$，使 $2^{x_0}\leqslant 0$”故选择 D。

这是新课标的试题，很多考生错选A或B，都是求了一般否命题或命题的否定，而本题考查的是特称命题的否定：先把存在量词改为全称量词，再把结论否定。

复习指南

考生在做题时，一定要理解特称命题与全称命题的否定，以及命题的否定与否命题的区别。

解决方案

考生在考试时，要认真审题，是全称或特称命题，还是一般命题，是否定还是命题的否定。

**【例2】**“$x>0$”是“$x\neq 0$”的（　　）

A．充分而不必要条件　　B．必要而不充分条件

C．充分必要条件　　D．既不充分也不必要条件

**【答案解析】**对于“$x>0$”推出“$x\neq 0$”；反之不一定成立，因此“$x>0$”是“$x\neq 0$”的充分而不必要条件。选 A。

很多考生选择了答案 B，原因是对充要条件的集合形式没理解，或者是充要条件的概念混淆。

复习指南

在复习时，考生一定要清楚充要条件的概念，及充要条件的集合形式：若集合 $P\subseteq Q$，则 $x\in P$ 是 $x\in Q$ 的充分条件；若集合 $Q\subseteq P$，则 $x\in P$ 是 $x\in Q$ 的必要条件；若集合 $P\subset Q$，且 $P\neq Q$，则 $x\in P$ 是 $x\in Q$ 的充分不必要条件；若集合 $Q\subset P$，且 $Q\neq P$，则 $x\in P$ 是 $x\in Q$ 的必要不充分条件；若集合 $P=Q$，则 $x\in P$

是 $x \in Q$ 充分必要条件。

解决方案

考生在答题时，先化简集合，根据集合中的条件关系，便可求。

**问题三：以假乱真。**

【例 1】给定下列四个命题：

①若一个平面内的两条直线与另一个平面都平行，那么这两个平面相互平行；

②若一个平面经过另一个平面的垂线，那么这两个平面相互垂直；

③垂直于同一直线的两条直线相互平行；

④若两个平面垂直，那么一个平面内与它们的交线不垂直的直线与另一个平面也垂直。

其中，为真命题的是（　　）

A．①和②　B．②和③　C．③和④　D．②和④

很多考生选择 B 或 C，因为考生认为③垂直于同一直线的两条直线相互平行似曾相识，相信第一感觉，其实是错的，原因就是以假乱真了。选 A。

复习指南

考生在练习时，一定要对线面位置关系弄清楚，现将一些容易错的命题归纳如下：

①平行于同一直线的两个平面平行；

②平行于同一平面的两直线平行；

③如果一条直线上有两点在一个平面外，则这两条直线与这个平面平行；

④若平面内有一条（两条，无数条）直线平行于另一个平面，则两平面平行；

⑤在一个平面内有两个（三个）点到另一个平面距离相等，则这两个平面平行；

⑥在一个平面内有无数个点到另一个平面距离相等，则这两个平面平行；

⑦一条直线与两个平面所成角相等，则这两个平面平行；

⑧若直线上有无数个点不在平面内则该直线与该平面平行；

⑨若直线与平面平行，该直线与该平面内任何一条直线都平行；

⑩垂直于同一直线的两条直线平行；

⑪与已知直线平行且距离等于定长的直线只有两条；

⑫如果一个角的两边分别与另一个角的两边平行，则这两个角相等；

⑬两条直线和第三条直线成等角，则这两条直线平行；

⑭垂直于两条异面直线的直线有且只有一条；

⑮同时与两条异面直线平行的平面有无数个；

⑯如果一条直线上有两点在一个平面外，则这条直线与这个平面平行；

⑰过直线外一点有且只有一个平面与直线垂直；

⑱如果两个平面平行则夹在两平面间的相等线段平行；

⑲一个平面上不共线的三点到另一个平面距离相等，则这两个平面平行；

⑳两个平面分别与第三个平面相交所得的两条交线平行，则这两个平面平行；

㉑对确定的两条异面直线过空间任意一点有且只有一个平面与这两条异面直线都平行；

㉒过平面外一点做与该平面成 $\theta$ 角的直线一定有无穷多条；

㉓过空间一点作已知平面平行线有且只有一条；

㉔垂直于同一平面的两个平面互相平行；

㉕与两条异面直线都相交的两条直线为异面直线；

㉖如果两平面垂直，那么其中一个平面中的任何一条直线都垂直于另一个平面；

㉗过平面外一点有且只有一个平面与已知平面垂直；

㉘过平面外一条直线有且只有一个平面与已知平面垂直；

㉙过一条直线外一点有且只有一个平面与已知直线平行。

解决方案

考生在考试时，要注意题目要求选择的选项是正确的还是错误的，一定要看清。

**问题四：方法不牢。**

**【例 1】**将甲、乙、丙、丁四名学生分到三个不同的班，每个班至少分到一名学生，且甲、乙两名学生不能分到同一个班，则不同分法的种数为（　　）

A．18　B．24　C．30　D．36

【答案解析】由题有四名学生分到三个班，每个班至少分到一名学生，可知，有一个班有两个人，另外两班各1人，有 $\frac{C_4^2C_2^1C_1^1A_3^3}{A_2^2}=C_4^2A_3^3$ 分法，而甲乙两人不能分到同一个班，如果分到同一个班则有 $A_3^3$，所以 $C_4^2A_3^3-A_3^3=30$ 种。

许多考生选择了其他答案，原因是对排列组合的一些常见题型的解法没掌握，此题考了均分问题、间接法。

复习指南

考生在考前复习的时候，一定要掌握排列组合的一些常用解法，譬如：均分问题，先选后排问题，相邻问题捆绑法，相间问题插入法等。

解决方案

考生要仔细分析题目的意思，选择正确的方法。

**问题五：解题策略不当引起失误。**

策略不当是指解题思路阻塞或一种策略产生错误导向，或指一种策略明显增加了过程的难度和复杂性，由于时间的限制，问题最终得不到解决，主要表现有：①方法不当；②不能正确转化问题或运用模式。

【例1】点 $P$ 在直线 $L$：$y=x-1$ 上，若存在过 $P$ 的直线交抛物线 $y=x^2$ 于 $A$、$B$ 两点，且 $|PA|=|AB|$，则称点 $P$ 为"等距点"，那么下列结论中正确的是（　　）

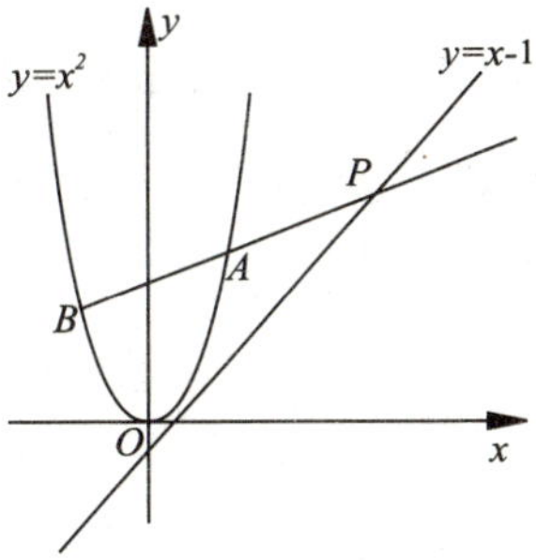


A．直线 $l$ 上的所有点都是"等距点"

B．直线 $l$ 上仅有有限个点是"等距点"

C．直线 $l$ 上的所有点都不是"等距点"

D．直线 $l$ 上有无穷多个点（不是所有的点）是"等距点"

【答案解析】本题主要考查阅读与理解、信息迁移以及学生的探索能力，考查学生分析问题和解决问题的能力，属于创新题型。

本题采用数形结合法易于求解，如图，设 $A(m,n)$，$P(x,x-1)$，则 $B(2m-x,2n-x-2)$，

因为 $A$，$B$ 在 $y=x^2$ 上，

所以$\begin{cases} n=m^2 \\ 2n-x+1=(2m-x)^2 \end{cases}$

消去 $n$，整理得关于 $x$ 的方程 $x^2-(4m-1)x+2m^2-1=0$　　（1）

因为 $\Delta=(4m-1)^2-4(2m^2-1)=8m^2-8m+5>0$ 恒成立，所以方程（1）恒有实数解，应选 A。

很多考生选择 B 或 D，原因是粗略画了图像就得出了答案，应该结合方程思想。

复习指南

杜绝策略性错误的应对措施是：考生复习注意归类总结，对基础题形成模式化解法。

解决方案

考生要认真读题选择正确解法。

以上是数学高考选择题的常见问题与解决方法。

## ◆如何解好选择题

事实证明考生能否迅速、准确地解好选择题成为能否取得好成绩的关键。能否在选择题上获得高分，对高考数学成绩影响很大。那么在高考时，怎样解好选择题呢？现从选择题的题型特点、解选择题的基本原则、策略、步骤及方法进行详细讲解。

### 一、选择题的一些特点

（1）概念性强，知识面广。所考查的范围广，概念性强，题目中的每个术语、符号，往往都有明确具体的含义，题型灵活多变。经常出现一些数学背景新颖的创新题，这些创新题目注重基础性，综合性强，体现时代气息。

（2）结果突出。选择题不要求书写解题过程，只重视结果，不设中间分，因此一步失误，就会造成错选，导致全题无分。

（3）充满思辨性。绝大多数选择题属于低中档题。因为数学思想和方法能

通过它得到充分的体现和应用，而且因为它还有相对难度（如思维层次，解题方法的优劣选择，解题速度的快慢等），所以使之成为具备较佳区分度的基本题型之一。选择性考试的高考数学试题，只凭简单计算或直观感知便能正确作答的试题不多，大多数的选择题，为了正确作答，或多或少总是要求考生具备一定的观察、分析和逻辑推断能力。

（4）数形结合。高考数学几何选择题中常常隐藏着代数问题，而代数选择题中往往又寓有几何图形的问题。因此，数形结合与形数分离的解题方法是高考数学选择题的一种重要且有效的思想与解题方法。

（5）解法灵活。由于“一题多解”的现象在数学中表现突出，而数学选择题有四个备选项，又给试题的解答提供了丰富的有用信息，有相当大的提示性，大大地增加了解答的途径和方法。所以做选择题时，能定性判断的，就不再使用复杂的定量计算；能使用特殊值判断的，就不用采用常规解法；能使用间接法解的，就不用采用直接解；对于明显可以否定的选项应及早排除，以缩小选择的范围；对于具有多种解题思路的，宜选最简便的解法等。

（6）评卷公平。在注重考查基础知识、技能、方法的同时，加大了对能力考查的力度，考潜能，考应用。评卷客观，体现着高考数学命题改革的导向作用。

## 二、解选择题的基本原则

解选择题的基本原则是：“要大题小做，小题巧做”，要“不择手段”，解题时少问为什么，多问怎么办，只要能一准二快地找出正确答案就是好方法。准确是解高考选择题的最后目的，这要求考生要仔细审题，认真分析，合理选择解题方法，正确推演或判断，谨防疏漏，确保准确；快速是根据高考数学单项选择题的结构，题目本身提供的条件、特征或信息，以及不要求书写解题过程的特点，灵活选用简单、合理的解法或特殊化法，避免烦琐的运算、作图或推理，做到“大题小做”。

## 三、解选择题的策略

（1）认真审题，弄清这个题目求什么，已知什么，挖掘隐含条件，注意易混点。

（2）答题时，从容易的或从自己熟悉的题目答开始，从有把握的题目入手，使自己尽快进入到解题状态。若有时间，再去思考那些把握不大或无从下手的题。

（3）以正面思路肯定为主，间接思路否定为辅，数学选择题大约有 70% 的题目都是直接法。

（4）方法灵活，不择手段，准确、快捷、精巧是解选择题的基本要求，要在巧字上做文章，配合使用多种解题方法，尽量不要“小题大做”。要熟练掌握各种基本题型的一般解法，要充分利用题干提供的信息，灵活运用特例法、筛选法、图解法、排除法、验证法等选择题的常用解法与技巧。尽量减少书写解题过程，以便快速智取。挖掘题目“个性”，寻求简便解法，充分利用选择答案的暗示作用，迅速地做出正确的选择。

（5）时间应该控制在不超过 35 分钟，速度越快越好，高考要求每道选择题在 1 ~ 3 分钟内解完，要避免“超时失分”现象的发生。

## 四、解选择题的步骤

**（1）认真审题，理解题意**

认真审题的目的在于充分理解题意，在考试题中往往会有一些陷阱，不仔细推敲就容易出错。由于考试时间紧，考生往往会匆匆看一下就提笔，这样容易“上当受骗”，所以，必须养成仔细审题的习惯。审题时要注意概念、公式、定理等基础知识，因为这是解题的主要依据，也是平时理解、记忆、整理和运用的重点。尤其是那些概念性的选择题，要求概念十分明确，因此，要特别注意那些容易混淆、模糊的概念，这样做题时才能有较大把握选出正确答案。而有些藏在题中的“机关”，常常是该题“价值”所在，也是考生失分的“隐患”。其实审题的过程还是一个解题方法的抉择过程，开阔的解题思路能使我们心涌如潮，适宜的解题方法则有助于我们事半功倍。

**北大状元**

通过审题、析题后找到题目的关键所在十分重要。在具体解题过程中，还得从关键处入手，找准突破口，运用正确有效简单的解题方法，化难为易，化繁为简，严密推理，准确计算，得出正确的答案，才不会误入“陷阱”。

**（2）反复推敲，寻找思路**

推敲的过程就是根据题意，联系知识，形成思路的过程。在认真审题的基础上，对试题进行仔细分析和解剖。由于选择题具有相近、相关的特点，对于一些似是而非的选项，需要结合题目，将选项逐一比较，分析与验证，为正确解题寻找突破口，形成正确的解题思路，提高解题的正确率

**（3）仔细检查，认真核对**

在审题、析题过程中，难免会出现错误，因此，仔细检查，认真核对，是解选择题必不可少的步骤之一。

## 五、选择题的几种常用解题方法

解数学选择题的常用方法，主要有直接法和间接法两大类。直接法是解答选择题最根本、最常用的方法，但高考的题量很大，如果所有选择题都用直接法解答，不但时间不允许，甚至有些题目根本无法解答。因此，我们还要掌握一些特殊的解答选择题的方法。

**（1）直接法：**某些选择题是由计算题、应用题、证明题、判断题改编而成的。我们解这类题型可直接从题设的条件出发，利用已知条件、相关公式、公理、定理、法则通过准确的运算、严谨的推理、合理的验证得出正确的结论，然后与选择进行对照，从而做出相应的选择。这种方法称之为直接求解策略。

**【例1】**若 $(1+\sqrt{2})^5=a+b\sqrt{2}$（$a$，$b$ 为有理数），则 $a+b=$（　　）

A．45　B．55　C．70　D．80

**【答案解析】**本题主要考查二项式定理及其展开式。属于基础知识、基本运算的考查。

因为 $(1+\sqrt{2})^5=C_5^0(\sqrt{2})^0+C_5^1(\sqrt{2})^1+C_5^2(\sqrt{2})^2+C_5^3(\sqrt{2})^3+C_5^4(\sqrt{2})^4+C_5^5(\sqrt{2})^5=1+5\sqrt{2}+20+20\sqrt{2}+20+4\sqrt{2}=41+29\sqrt{2}$，

由已知，得 $41+29\sqrt{2}=a+b\sqrt{2}$，所以 $a+b=41+29=70$，故选 C。

**【点评】**直接法是解选择题的最基本方法，运用直接求解策略时，要注意利用已知条件、相关公式、公理、定理、法则，充分挖掘题设条件的特点，利用有关性质和已有的结论，快速得到所需结论。一般说来，当选项提供的信息对正确选择无多大帮助时可考虑运用直接法。

**（2）验证法：**考生在解选择题时，四个选项以及四个选项中只有一个是符合题目要求的就是解题重要的信息。将选项中给出的答案或其特殊值，代入题干

逐一去验证是否满足题设条件，然后选择符合题设条件的选项的一种方法。在运用验证法解题时，若能根据题意确定代入顺序，则能较大提高解题速度。

【例 2】已知函数，$f(x)=2mx^2-2(4-m)x+1$，$g(x)=mx$，若对于任一实数 $x$，$f(x)$ 与 $g(x)$ 的值至少有一个为正数，则实数 $m$ 的取值范围是（　）

A.（0，2）　　B.（0，8）

C.（2，8）　　D.（$-\infty$，0）

【答案解析】我们观察四个选项中有三个答案不含 2，那么就取 $m=2$ 代入验证是否符合题意即可。取 $m=2$，则有 $f(x)=4x^2-4x+1=(2x-1)^2$，这个二次函数的函数值 $f(x)>0$ 对 $x\in\mathbf{R}$ 且 $x\neq\frac{1}{2}$ 恒成立，现只需考虑 $g(x)=2x$ 当 $x=\frac{1}{2}$ 时函数值是否为正即可。这显然为正数。故 $m=2$ 符合题意，排除不含 $m=2$ 的选项 A、C、D，所以选 B。

【点评】本题虽然是考生比较熟悉的二次函数问题，主要考查用函数、方程、不等式等知识解决问题的能力，运用直接求解策略解答难度较大，运用逆向化策略则显得简洁明快。

**（3）排除法（筛选法）：**从题设条件出发，运用定理、性质、公式推演，根据“四选一”的要求逐步剔除干扰项，从而得出正确的判断。

【例 3】$y=\dfrac{e^x+e^{-x}}{e^x-e^{-x}}$ 函数的图像大致为（　　）

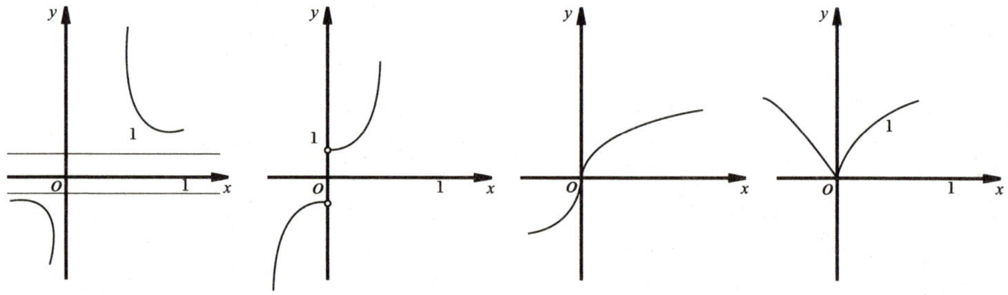


【答案解析】函数有意义，需使 $e^x-e^{-x}\neq 0$，其定义域为 $\{x\mid x\neq 0\}$，排除 C，D，又因为，$y=\dfrac{e^x+e^{-x}}{e^x-e^{-x}}=\dfrac{e^{2x}+1}{e^{2x}-1}=1+\dfrac{2}{e^{2x}-1}$ 所以当 $x>0$ 时函数为减函数，故选 A。

【点评】筛选法适应于定性型或不易直接求解的选择题。当题目中的条件多一个时，先根据某些条件在选项中找出明显与之矛盾的，加以否定，再根据另一个条件在缩小的选项的范围内找出与之矛盾的，这样逐步筛选，直到得出正确的选择。它与其他方法结合使用是解选择题的常用方法，近几年高考选择题中约占 40％。

**（4）特例法：**就是运用满足题设条件的个别特殊数值、特殊关系、特殊图形、特殊函数等对各选项进行检验或推理。利用结论在某一特殊情况下不真，则它在一般情况下也不真的原理，由此判明选项真伪的方法。用特例法解选择题时，特例取得越简单、越特殊越好。

**【例 4】**已知数列 $\{a_n\}$ 对任意的 $p$，$q\in\mathbf{N}^*$ 满足 $a_{p+q}=a_p+a_q$，且 $a_2=-6$，那么 $a_{10}=$（　　）

A．$-165$　　B．$-33$　　C．$-30$　　D．$-21$

**【答案解析】**

取 $a_n=kn$（$k\neq 0$），容易计算满足题设 $a_{p+q}=a_p+a_q$，又 $a_2=-6$，因为 $k=-3$，即 $a_n=-3n$，所以 $a_{10}=-30$，故选 C。

**【点评】**此题如果直接求解是很难于下笔的，选取一个符合题目要求的特殊数列可以把抽象问题具体化，从而迅速求解。运用特殊化策略是解高考数学选择题的最佳方法之一。解题时，要注意：①所选取的特例一定要简单，且符合题设条件；②特殊只能否定一般，不能肯定一般；③当选取某一特例出现两个或两个以上的选项都正确时，这时要根据题设要求选择另外的特例代入检验，直到排除所有的错误选项达到正确选择为止。

**（5）图解法（数形结合法）：**根据题设条件先做出所研究问题的曲线或有关图形，借助几何图形的直观性做出正确的判断，习惯上也叫数形结合法。有的选择题可通过命题条件的函数关系或几何意义，做出函数的图像或几何图形，借助于图像或图形的做法、形状、位置、性质，综合图像的特征，从而得出结论。图形化策略是以数形结合的数学思想为指导的一种解题策略。

**【例 5】**设 $a=\log_{\frac{1}{3}}2$，$b=\log_{\frac{1}{2}}\dfrac{1}{3}$，$c=\left(\dfrac{1}{2}\right)^{0.3}$，则（　　）

A．$a<b<c$　　B．$a<c<b$　　C．$b<c<a$　　D．$b<a<c$

【答案解析】

由已知结合对数函数图像和指数函数图像可得到 $a<0$，$0<c<1$，而 $b=\log_2 3>1$，因此选 B。

【点评】图像法是依靠图形的直观进行选择的，用这种策略解题比直接计算求解，更能抓住问题的实质，简捷地得到结果。

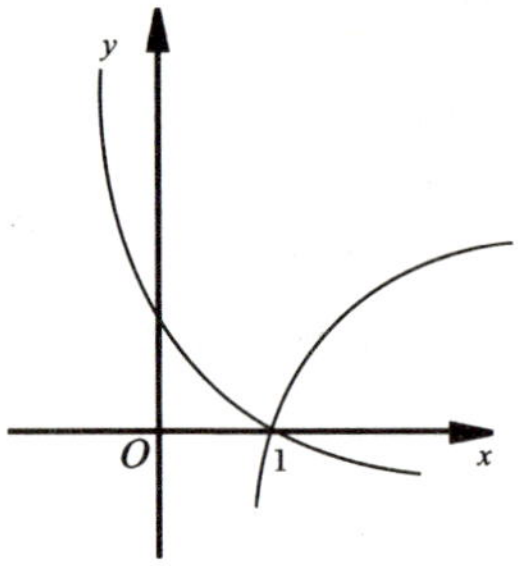


(6)代入法：将各个选择项逐一代入题目进行检验，从而获得正确的判断。即将各选项分别作为条件，去验证命题，能使命题成立的选项就是应选的答案。

【例 6】函数 $y=\cos\left(2x+\frac{\pi}{6}\right)-2$ 的图像 $F$ 按向量 $a$ 平移到 $F'$，$F'$ 的函数解析式为 $y=f(x)$，当 $y=f(x)$ 为奇函数时，向量 $a$ 可以等于（　　）

A. $\left(-\frac{\pi}{6},\ -2\right)$　B. $\left(-\frac{\pi}{6},\ 2\right)$　C. $\left(\frac{\pi}{6},\ -2\right)$　D. $\left(\frac{\pi}{6},\ 2\right)$

【答案解析】把选项逐次代入，当向量 $a=\left(-\frac{\pi}{6},\ 2\right)$时，满足要求，故选 B。

【点评】代入法非常适应于题设复杂，结论简单的选择题。若能据题意确定代入顺序，则能较大提高解题速度。

(7)极限法：在一些选择题中，有一些任意选取或者变化的元素，我们对这些元素的变化趋势进行研究，分析它们的极限情况或极端位置，并进行估算，以此来判断选择的结果。这种通过动态变化，对极端取值来解选择题的方法是一种极限化策略。

【例 7】如图所示，一质点 $P(x,y)$ 在 $xOy$ 平面上沿曲线运动，速度大小不变，其在 $x$ 轴上的投影点 $Q(x,0)$ 的运动速度 $v=v(t)$ 的图像大致为（　　）

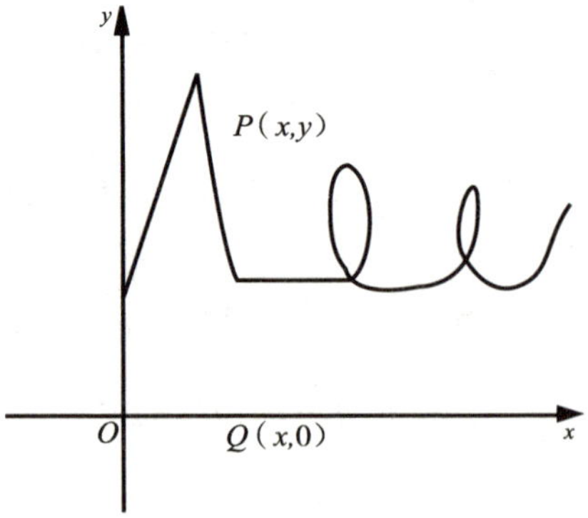

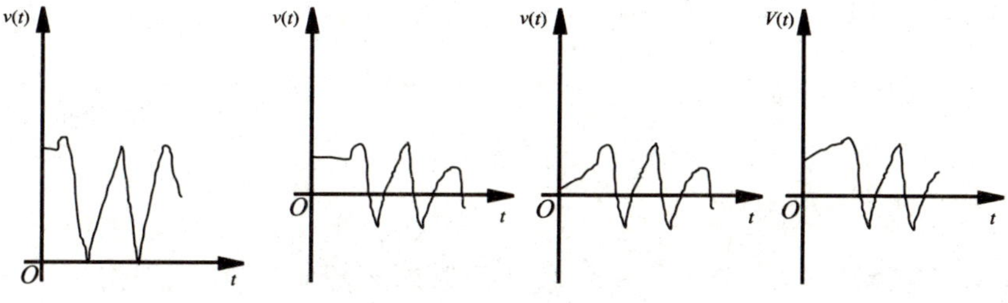


A　　B　　C　　D

**【答案解析】**由图可知，当质点 $P(x, y)$ 在两个封闭曲线上运动时，投影点 $Q(x, 0)$ 的速度先由正到 0，到负数，再到 0，到正，故 A 错误；质点 $P(x, y)$ 在终点的速度是由大到小接近 0，故 D 错误；质点 $Q(x, 0)$ 在开始时沿直线运动，故投影点的速度为常数，因此 C 是错误的，故选 B。

**【点评】**用极限法是解选择题的一种有效方法，也是在选择题中避免“小题大做”的有效途径。它根据题干及选项的特征，考虑极端情形，有助于缩小选择范围，计算简便，迅速找到答案。

## ◆解答题常见问题解析——三角／三角函数

历年的高考数学试题中，一般解答题为 6 道，每题均在 12 分至 14 分之间，可知解答题在高分值中占了半壁江山，相当重要。现就对题型特点、解题策略及各种解答题型常见问题、解决方法及备考策略进行一一讲解。

### 一、题型特点与解题策略

（1）解答题与填空题相比较，不但要提供出最后的结论，还得写出或说出解答过程的主要步骤，提供合理的说明。试题内涵丰富，考点较多，综合性强，难度较高。

（2）会做的题目一定不能放过，难题不会做，可分解成小问题，分步解决。要解决“会而不对，对而不全”这个老大难问题。

（3）前三题应尽量拿满分，后三题较难，但后“三难”题中的容易部分比前面的基础部分还要容易，所以我们应该保证得分。后三题也不是只做第一问的问题，而应该猜想评分标准，按步骤由前向后争取高分。应该用锲而不舍的精神对付难题。由前边向后边做，往往能先得到 4 分，再努力争取可以得到 8 分一直到 10 分，最后剩下 2 分、4 分得不到就算了。

二、解答题常见问题与解决方法

近几年高考中，三角或三角函数的解答题一般出现在解答题的第一大题，属中档题，在解答题中算较易的题目，但有相当部分同学丢分，主要问题如下：

**问题一：不重视三角形的隐含条件，对三角公式不熟练。**

**【例 1】**在△ $ABC$ 中，角 $A$，$B$，$C$ 的对边分别为 $a$，$b$，$c$，$B=\frac{\pi}{3}$，$\cos A=\frac{4}{5}$，$b=\sqrt{3}$。

（Ⅰ）求 $\sin C$ 的值；

（Ⅱ）求△ $ABC$ 的面积。

**【答案解析】**本题主要考查三角形中的三角函数变换及求值、诱导公式、三角形的面积公式等基础知识，主要考查基本运算能力。

（Ⅰ）$\because$ $A$、$B$、$C$ 为△ $ABC$ 的内角，且 $B=\frac{\pi}{3}$，$\cos A=\frac{4}{5}$，

$\therefore C=\frac{2\pi}{3}-A$，$\sin A=\frac{3}{5}$，

$\therefore \sin C=\sin\left(\frac{2\pi}{3}-A\right)=\frac{\sqrt{3}}{2}\cos A+\frac{1}{2}\sin A=\frac{3+4\sqrt{3}}{10}$。

（Ⅱ）由（Ⅰ）知 $\sin A=\frac{3}{5}$，$\sin C=\frac{3+4\sqrt{3}}{10}$，

又 $\because B=\frac{\pi}{3}$，$b=\sqrt{3}$，$\therefore$ 在△ $ABC$ 中，由正弦定理，得 $\sin B=\frac{\sqrt{3}}{2}$。

$\therefore a=\frac{b\sin A}{\sin B}=\frac{6}{5}$，

$\therefore$ △ $ABC$ 的面积 $S=\frac{1}{2}ab\sin C=\frac{1}{2}\times\frac{6}{5}\times\sqrt{3}\times\frac{3+4\sqrt{3}}{10}=\frac{36+9\sqrt{3}}{10}$。

有些考生常被第一问卡住，原因是忽略三角形的隐含条件：三角形三内角之和 $A+B+C=\pi$，因为 $B=\frac{\pi}{3}$，$\cos A=\frac{4}{5}$，所以 $C=\frac{2\pi}{3}-A$；有些考生对 $\sin C=\sin\left(\frac{2\pi}{3}-A\right)=\frac{\sqrt{3}}{2}\cos A+\frac{1}{2}\sin A$ 的展开出错，主要是对三角形两角和与差的公式不熟悉。

**特级教师**

考生在平常的复习中要注意，遇到三角形的解答题，一定要想起隐含条件三内角之和为 π；要熟练掌握三角形的运算公式，如两角和与差的正弦、余弦、正切公式，二倍角公式等及其逆用。

问题二：正、余弦定理的应用及公式不熟练。

【例 2】在△ $ABC$ 中，内角 $A$、$B$、$C$ 的对边长分别为 $a$、$b$、$c$，已知 $a^2-c^2=2b$，且 $\sin A\cos C=3\cos A\sin C$，求 $b$。

解法一：在△ $ABC$ 中，因为 $\sin A\cos C=3\cos A\sin C$，则由正弦定理及余弦定理有：$a\cdot\dfrac{a^2+b^2-c^2}{2ab}=3\dfrac{b^2+c^2-a^2}{2bc}\cdot c$，化简并整理得：$2(a^2-c^2)=b^2$。又由已知 $a^2-c^2=2b$，所以 $4b=b^2$。解得 $b=4$ 或 $b=0$（舍）。

解法二：由余弦定理得：$a^2-c^2=b^2-2bc\cos A$，又 $a^2-c^2=2b$，$b\neq 0$。

所以 $b=2c\cos A+2$　　①

又 $\sin A\cos C=3\cos A\sin C$，所以 $\sin A\cos C+\cos A\sin C=4\cos A\sin C$，

$\sin(A+C)=4\cos A\sin C$，即 $\sin B=4\cos A\sin C$，

由正弦定量得 $\sin B=\dfrac{b}{c}\sin C$，故 $b=4c\cos A$　　②

由①，②解得 $b=4$。

近几年高考大纲中就明确提出要加强对正余弦定理的考查。同学们在备考中应注意总结、提高自己对问题的分析和解决能力及对知识的灵活运用能力。另外提醒：大纲中明确不再考的知识和方法了解就行，不必强化训练

此题事实上并不复杂，但考生反映不知从何入手。对已知条件（1）$a^2-c^2=2b$ 左侧是二次的右侧是一次的，学生总感觉用余弦定理不好处理，而对已知条件（2）$\sin A\cos C=3\cos A\sin C$，过多的关注两角和与差的正弦公式，甚至有的学生还想用现在已经不再考的积化和差，导致找不到突破口而失分。原因是如何选择正弦、余弦定理掌握不够全面。本题条件 $a^2-c^2=2b$ 和 $\sin A\cos C=3\cos A\sin C$，

如果我们把角化成边，则同时运用正弦、余弦定理把 $\sin A\cos C=3\cos A\sin C$ 化成 $a\cdot\dfrac{a^2+b^2-c^2}{2ab}=3\dfrac{b^2+c^2-a^2}{2bc}\cdot c$，则题目可求。如果看到 $a^2-c^2=2b$，想到余弦定理 $a^2-c^2=b^2-2bc\cos A$，则有 $b=2c\cos A+2$，到此，有的同学又被卡住了，其实可以利用和、差的正余弦公式化简 $\sin A\cos C=3\cos A\sin C$。

复习指南

考生在平时的练习中，要注意总结什么时候用正弦定理简便，什么时候用余弦定理简便，什么时候正、余弦定理同时应用。

**问题三：对三角函数单调性、值域、最值、周期的求解方法掌握不牢。**

**【例3】**设函数 $f(x)=\sin\left(\dfrac{\pi x}{4}-\dfrac{\pi}{6}\right)-2\cos^2\dfrac{\pi x}{8}+1$。

（Ⅰ）求 $f(x)$ 的最小正周期。

（Ⅱ）若函数 $y=g(x)$ 与 $y=f(x)$ 的图像关于直线 $x=1$ 对称，求当 $x\in\left[0,\dfrac{4}{3}\right]$ 时 $y=g(x)$ 的最大值。

解：（Ⅰ）$f(x)=\sin\dfrac{\pi}{4}x\cos\dfrac{\pi}{6}-\cos\dfrac{\pi}{4}x\sin\dfrac{\pi}{6}-\cos\dfrac{\pi}{4}x$

$=\dfrac{\sqrt{3}}{2}\sin\dfrac{\pi}{4}x-\dfrac{3}{2}\cos\dfrac{\pi}{4}x=\sqrt{3}\sin\left(\dfrac{\pi}{4}x-\dfrac{\pi}{3}\right)$，

故 $f(x)$ 的最小正周期为 $T=\dfrac{2\pi}{\frac{\pi}{4}}=8$。

（Ⅱ）解法一：

在 $y=g(x)$ 的图像上任取一点 $(x, g(x))$，它关于 $x=1$ 的对称点 $(2-x, g(x))$。

由题设条件，点 $(2-x, g(x))$ 在 $y=f(x)$ 的图像上，从而

$g(x)=f(2-x)=\sqrt{3}\sin\left[\dfrac{\pi}{4}(2-x)-\dfrac{\pi}{3}\right]$

$=\sqrt{3}\sin\left[\dfrac{\pi}{2}-\dfrac{\pi}{4}x-\dfrac{\pi}{3}\right]=\sqrt{3}\cos\left(\dfrac{\pi}{4}x+\dfrac{\pi}{3}\right)$，

当 $0\leqslant x\leqslant\dfrac{3}{4}$ 时，$\dfrac{\pi}{3}\leqslant\dfrac{\pi}{4}x+\dfrac{\pi}{3}\leqslant\dfrac{2\pi}{3}$，因此 $y=g(x)$ 在区间 $\left[0,\dfrac{4}{3}\right]$

上的最大值为 $g_{max}=\sqrt{3}\cos\frac{\pi}{3}=\frac{\sqrt{3}}{2}$。

解法二：因区间 $\left[0,\ \frac{4}{3}\right]$ 关于 $x=1$ 的对称区间为 $\left[\frac{2}{3},\ 2\right]$，且 $y=g(x)$ 与 $y=f(x)$ 的图像关于 $x=1$ 对称，故 $y=g(x)$ 在 $\left[0,\ \frac{4}{3}\right]$ 上的最大值为 $y=f(x)$ 在 $\left[\frac{2}{3},\ 2\right]$ 上的最大值

由（Ⅰ）知 $f(x)=\sqrt{3}\sin\left(\frac{\pi}{4}x-\frac{\pi}{3}\right)$

当 $\frac{2}{3}\leqslant x\leqslant 2$ 时，$-\frac{\pi}{6}\leqslant\frac{\pi}{4}-\frac{\pi}{3}\leqslant\frac{\pi}{6}$

因此 $y=g(x)$ 在 $\left[0,\ \frac{4}{3}\right]$ 上的最大值为：

$g_{max}=\sqrt{3}\sin\frac{\pi}{6}=\frac{\sqrt{3}}{2}$

本题的解题思路比较明确，先把题目化简，利用两角差的正弦公式，把 $\sin\left(\frac{\pi}{4}x-\frac{\pi}{6}\right)$ 展开，再利用余弦的二倍角公式把 $-2\cos^2\frac{\pi x}{8}+1=-\cos\frac{\pi}{4}x$，这一步容易出错，原因是符号弄错。把题目一般化成 $y=A\sin(\omega x+\varphi)$ 的形式，第一问求最小正周期用公式 $T=\frac{2\pi}{|\omega|}$，当然此题 $\omega$ 为正数，不用绝对值也可，但是负数的话，就一定要注意，也要掌握它的逆用公式 $|\omega|=\frac{2\pi}{T}$。第二问出错的原因是函数 $y=g(x)$ 于 $y=f(x)$ 的图像关于直线 $x=1$ 对称，题意读不出来，我们可以用上述两种方法来解决。

第一种方法求出 $g(x)=\sqrt{3}\cos\left(\frac{\pi}{4}x+\frac{\pi}{3}\right)$ 后，要求 $x\in\left[0,\ \frac{4}{3}\right]$ 时，$y=g(x)$ 的最大值。这时，很多考生出现逻辑混乱，导致不知如何求最值，从而致错，原因是没有把 $\frac{\pi}{4}x+\frac{\pi}{3}$ 作为一个整体，当 $0\leqslant x\leqslant\frac{4}{3}$，求出 $\frac{\pi}{4}x+\frac{\pi}{3}$ 的范围，再利用余弦在这个范围的单调性，可求得。解法二也是要利用整体考虑思想。

**特级教师**

同学们在平时的复习中，应该把三角函数的单调性（整体考虑）、值域/最值（由单调性，注意范围）、周期（公式绝对值）作为一种题型，把解这类题型的方法牢牢掌握。要归纳把多个三角函数化简成一个三角函数的几种常见情况。

## ◆解答题常见问题解析——立体几何

最近几年的高考，解答立体几何题目作为高考的前三大题型之一，属中档题，出现在解答题中的第二或第三大题，题目不难，很多同学会做，但拿不到满分，存在的问题如下。

**问题一：缺乏转化思想意识，答题步骤不完整。**

正常情况下立体几何题目有两到三问，第一问是证明线面、面面平行或垂直的位置关系，进入新课标后，立体几何的试题难度有所下降，很多题目只涉及线面位置关系的证明，只有理科才有角的计算。线面关系的证明本来是比较容易的题目，但失分也严重，失分的主要原因是步骤不完整。

【例 1】如图，在直三棱柱 $ABC-A_1B_1C_1$ 中，$E$、$F$ 分别是 $A_1B$、$A_1C$ 的中点，点 $D$ 在 $B_1C_1$ 上，$A_1D\perp B_1C$。

求证：（1）$EF$ // 平面 $ABC$；

（2）平面 $A_1FD\perp$ 平面 $BB_1C_1C$。

证明：（1）因为 $E$，$F$ 分别是 $A_1B$，$A_1C$ 的中点，所以 $EF$ // $BC$，又 $EF\not\subset$ 面 $ABC$，$BC\subset$ 面 $ABC$，所以 $EF$ // 平面 $ABC$；

（2）因为直三棱柱 $ABC-A_1B_1C_1$，所以 $BB_1\perp$ 面 $A_1B_1C_1$，$BB_1\perp A_1D$，又因为 $A_1D\perp B_1C$，所以 $A_1D\perp$ 面 $BB_1C_1C$，又 $A_1D\subset$ 面 $A_1FD$，所以平面 $A_1FD\perp$ 平面 $BB_1C_1C$。

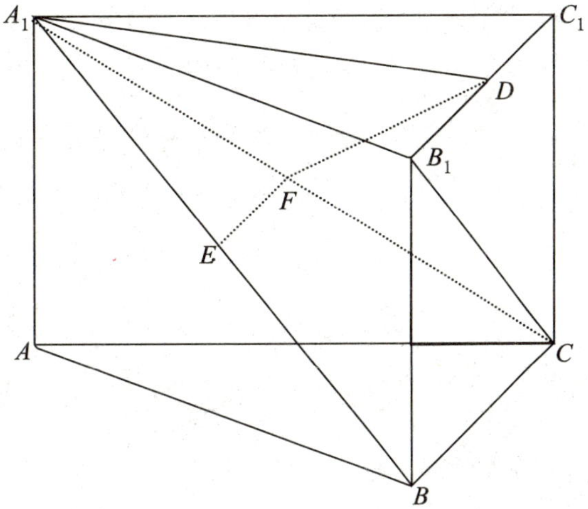


本题第一问证明线面平行，第二问证明面面垂直，也就是证明线面的位置关系，这类题目首先要想到转化思想：线线平行⇔线面平行⇔面面平行；线线垂直⇔线面垂直⇔面面垂直。

在证明第一问中，很多同学答案中没有 $EF \not\subset$ 面 $ABC$，这样就要扣 1~2 分，$BC \subset$ 面 $ABC$ 不写没关系，因为从平面 $ABC$ 能看出包含 $BC$ 这条直线。

复习指南

（1）在平时的练习中，一定要有证明线面位置关系的转化思想，在高考中这是考查的重点。也要积累证明线线、线面、面面平行或垂直的一些主要依据，如证明线线平行的主要依据有：利用平行公理；线面平行的性质定理；面面平行的性质定理；线面垂直的性质定理等。

（2）在证明线面位置关系的平时训练中，同学们要注意哪些步骤不能少，哪些步骤可以省略。

解决方案

在做题的时候，如果要证明线面垂直，就把线面垂直的判定定理的符合语言写出来，再对照写出即可。

**问题二：用向量法，公式记不牢**

新颁布的教学大纲或新课标的理科部分中，考查立体几何题目的第一问一般是证明线面、面面平行或垂直的位置关系，第二问求角或距离的计算，当碰到有关角或距离的计算，一般用向量法，这样题目就会变得简单，得分率也高。因为用几何法来求角的话，要找出所求角位置在哪，而向量法可以避免找角的位置，直接代公式求。

【例2】如图，在正三棱柱 $ABC-A_1B_1C_1$ 中 $AB=\sqrt{2}AA_1$，$D$ 是 $A_1B_1$ 的中点，点 $E$ 在 $A_1C_1$ 上，且 $DE\perp AE$。

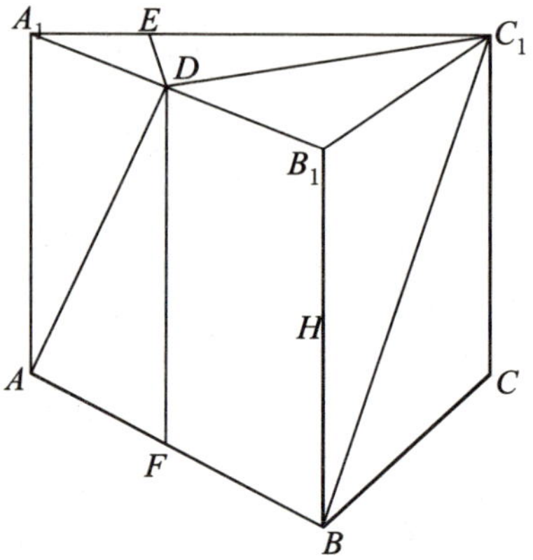


（Ⅰ）证明：平面 $ADE\perp$ 平面 $ACC_1A_1$；

（Ⅱ）求直线 $AD$ 和平面 $ABC_1$ 所成角的正弦值。

**解：**（Ⅰ）欲证平面 $ADE\perp ACC_1A_1$，根据面面垂直的判定定理可知在平面 $ADE$ 内一直线与平面 $ACC_1A_1$ 垂直，而根据 $DE\perp AE$，$AA_1\cap AE=A$ 满足线面垂直的判定定理可知 $DE\perp$ 平面 $ACC_1A_1$。

（Ⅱ）如图所示，设 $O$ 是 $AC$ 的中点，以 $O$ 为原点建立空间直角坐标系，不妨设 $AA_1=\sqrt{2}$，则 $AB=2$，相关各点的坐标分别是：

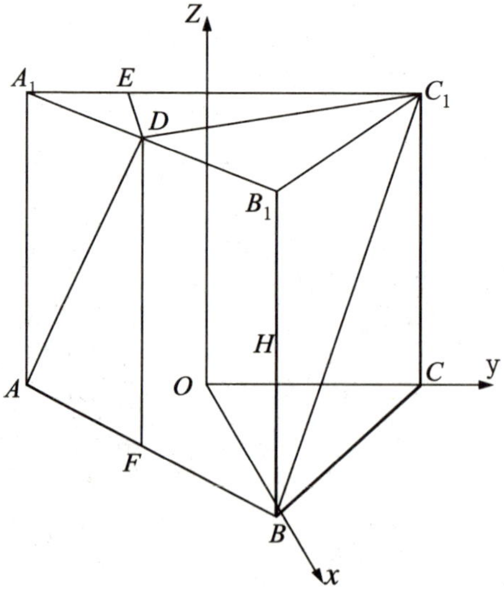

A(0, −1, 0), B($\sqrt{3}$, 0, 0), $C_1$(0, 1, $\sqrt{2}$), D$\left(\frac{\sqrt{3}}{2}, -\frac{1}{2}, \sqrt{2}\right)$。

易知 $\vec{AB}$=($\sqrt{3}$, 1, 0), $\vec{AC_1}$=(0, 2, $\sqrt{2}$), $\vec{AD}=\left(\frac{\sqrt{3}}{2}, -\frac{1}{2}, \sqrt{2}\right)$。

设平面 *ABC* 的法向量为 *n*=(*x*, y, z)，则有

$$\begin{cases} n\ \vec{AB_1} = \sqrt{3}\ x+y=0 \\ n\ \vec{AC_1} = 2y+\sqrt{2}\ z=0 \end{cases}$$

解得 $x=-\frac{\sqrt{3}}{3}y$，$z=-\sqrt{2}\ y$。

故可取 *n*=(1, $-\sqrt{3}$, $\sqrt{6}$)。所以，$\cos\langle n\cdot \vec{AD}\rangle=\frac{n\cdot\vec{AD}}{|n|\cdot|\vec{AD_1}|}$

$=\frac{2\sqrt{3}}{\sqrt{10}\times\sqrt{3}}=\frac{\sqrt{10}}{5}$。

由此即知，直线 *AD* 和平面 $ABC_1$ 所成角的正弦值为 $\frac{\sqrt{10}}{5}$。

复习指南

在考前复习的时候一定要熟练掌握如何建立坐标系，正确找出点的坐标，会求法向量。能记准公式及应用范围：①两异面直线所成的角：$\cos\theta=\frac{|a\cdot b|}{|a|\cdot|b|}$，其中 $\theta\in(0°, 90°)$；②线面所成角的向量公式是：

$\sin\theta=\cos\langle a, n\rangle=\frac{|a\cdot n|}{|a|\cdot|n|}$，其中 *a* 为斜线的方向向量，*n* 为平面的法向量，且 $\theta\in(0°, 90°)$。

解决方案

同学们用向量法求角时，要注意角的范围，线线所成的角及线面所成的角的公式中都用了绝对值，而线面所成的角是正弦；在上述面面所成的角的公式中，如果是锐二面角就用“+”，钝角取“−”。

**特级教师**

今后的命题背景会植根于高中的新课标教材内容，给出三视图的概念，让考生去建立几何体，再求解。解立体几何中的折叠问题时要注意折叠前平面与折叠后几何体中哪些边的长度没变，哪些角没变，哪些是平行，哪些是垂直。

# 第四章

# 英语高考试题分析

## ◆英语各题型的备考目标

最近几年的英语高考命题正进行着新旧交替，由于教育改革的需要，独立命题的省份越来越少。英语试卷以稳定为前提，在考试内容、考试形式及试卷结构上基本保持不变，同时试卷保持稳中有进的特点，较好地体现了稳中求变、变中求新、突出语篇、强化语境的命题指导原则，符合新课改的趋势和要求，试卷难度适中，有利于考生水平的正常发挥。试卷的选材与考生的日常生活密切相关，不论听力、完型，还是阅读理解等题材的选材，都呈现出多样化的特点，时代感较强。

### 一、听力题

高考英语听力一般从四方面考查考生对口头语言的理解能力。

**（1）领会主旨大意，概括话题内容：**这类听力试题在高考中约占 2 小题，它要求我们对听到的内容有一个整体的把握和全面的领会，抓住说话者究竟说了什么。任何一段对话或独白都是围绕一个中心展开的，有时主旨大意较明显，有时则需要归纳、概括。常见的提问方式有：

What's the passage mainly about?

What's the topic of the passage?

What are the two speakers doing?

What are the two speakers talking about?

What is the dialogue / conversation about?

为了把握所听内容的主题要义，要从说话的语气上体会主旨大意，抓住关键词，对语段进行整体理解，而不应纠缠在某些小细节上，否则往往会造成以偏概全。

**(2)捕捉主要细节，确认具体事实：**这类试题在高考听力试题中约占8小题。它要求我们听清、听懂与话题中心相关的具体信息，准确捕捉具体细节，如时间、地点、人物、价钱、数量、目的、原因、结果等。同时，还要求我们对所听到的信息进行简单的加工，比如数字运算、时间顺序、比较筛选、同义转换、因果关系等。理解具体信息有助于把握话题内容，领会说话者意图，这是听力考查的重点内容。常见的提问方式有：

Where is the woman going?

How does the man pay for the tickets?

What's wrong with the girl?

When does the woman plan to arrive?

What's the man's house number?

How many hours does Tom sleep a day?

Why does the man thank the woman?

Which of the following is true?

细节问题一定是与整段材料的话题中心密切相关的，而不是纯粹为了追求细枝末节而设置的。这就要求在整体理解所听材料的基础上把听到的具体信息联系在一起，然后做出准确的理解与判断。

**(3)推想谈话背景，辨认角色关系：**这类试题在高考听力试题中约占5小题，要求我们从谈话或说话的话题和语气来推断出对话双方(或说话人)的职业身份，相互之间(或与他人)的关系，对话发生的时间、地点或场合等。常见的提问方式有：

Where does this conversation take place?

Where is the woman speaking?

Where did the conversation most likely happen?

When does the dialogue take place?

Who do you think the woman probably is?

What's the probable relationship between the speakers?

推断背景场合与说话者的身份对理解所听话语的正确含义是至关重要的。从某种意义上来说，对谈话或者说话发生的背景、说话者之间的关系的理解程度，体现了我们对语篇整体输入或整体理解的能力。

**(4)体会弦外之音，揣摩观点意图：**这类题目在高考听力试题中约占5小题，它要求我们从话语中听出其中可能带有的“弦外之音”，也就是揣摩说话人的意图、观点或态度等。常见的提问方式：

What can we learn from the conversation / speakers?

What can we know / learn about the woman?

What does the man mean?

What do the speakers want to tell us?

What is the probable result of the conversation?

What's the woman's opinion about the man's dress?

How does the woman think about the man's way of working?

Which of the following words best describe the day the speaker had?

我们常说：“听话要听音。”推测说话人的真实意图，把握了解作者观点或态度是有一定难度的。这类问题常涉及语言文化背景知识，需要我们在语言学习和听力理解训练中培养文化意识，提高自己的领悟能力。

## 二、单项选择题

英语的基础知识主要包括词汇和语法知识。高考英语的各种题型都渗透着对基础知识的检测，单项填空是较为集中考查如何运用基础知识的题型之一。用考试大纲上的话来说就是“测试考生对英语语法、词汇知识和简单的表达形式的掌握情况”。简单的表达形式要表达的内涵非常丰富，不仅可考查习惯用语，还可考查如省略、口语中的交际用语等，这就突出了对语言的实际能力的考查。

高考的单项填空一般有 15 道小题，计 15 分。考查的四项要点分别是语法知识、词语辨析、口语交际和习惯用法。一个小题考查多项知识是很普遍的现象，而且有的题还设三空。高考单选以涉及动词的题为主，辨析题常是短语动词辨析。每年的题虽以基础题为多数，但总有个别新题出现。做好单选题的关键是仔细看题干，不要只读带空格的那一句，要瞻前顾后，上挂下连，前后呼应。含两个空的题，先确定有把握的那一个。要根据平时做题经验，努力找出命题的意图。审题时要注意情感分析，交际原则，不可死抠语法规则。

### 三、完型填空

完型填空题的两空之间一般相隔 7~10 个词，短文第一个句子一般不设填空题，其特点大致如下。

（1）本题型设空以考查文意为主，信息词汇（或通常所说的“实词”——名词、动词、形容词和副词等）比重极大，并有逐年增加的趋势。

（2）降低对单词本身词意的考查要求，以突出本题的主要测试目标：理解全文，通篇考虑，掌握大意，注重关联。

（3）增加了考查连词的题目，涉及考生对于行文逻辑的掌握及文句之间关联的理解，恰到好处。

（4）注意结合文义考查对词语用法的掌握。主要涉及两个方面：词义辨析与惯用搭配。同义与近义词的辨析应当放到一定的语境之中才有意义。如果只是一一对应地背记单词的中文意思，不注意具体语境中单词的确切含意，是难以分辨一些近义词的细微差别的。

（5）试题的类型可分为：①语言知识型，如各种语法规则、句型、句式等；还包括词汇型，测试单词在一定语境下的基本用法、习惯用法、常用搭配以及对其词义的记忆或其特定意义的理解和灵活运用。②判断推理型，考查对篇章的整体理解、上下文段落衔接、逻辑思维与判断推理能力。③综合型，即知识和能力综合运用考查。

完型填空有多种形式，但其基本设计原则都是一致的，都是从短文中删去若干词，让学生根据上下文意思填入适当的词。高考中完型填空的题型一般可见到：①阅读短文后所给的四个选项 A，B，C，D 从中选出能填入相应空白的最佳选项。②根据短文内容及所给的首字母，在每个空白处填入一个适当的词，完成短文。③用方框中所给词的适当形式填空，使短文正确，通顺（每个词语限用一次）。

完型填空考查形式虽有多种，但最为常见的是在给出的一篇文章中，挖去20个关键词语。这些词多为动词、名词、形容词、副词等一些常用的实词，要求考生从四个选项中选出一个与文章内容相符的选项填空，使文章完整，即还原文章的本来面目。完型填空与单项填空和阅读理解有相似之处，但又不同于这两种题。它不同于单项填空之处在于，它不能局限于理解某一个句子，而应根据其语法和句法功能来选择正确的选项。它与阅读理解也不一样，因为它是以一篇不完整的文章出现，它要求做题者还原文章的本来面目，要考生根据文章的内容，排除三个错误选项的干扰，用正确的选项填补所缺的词，使文章完整与通顺。

### 四、阅读理解题

在高考英语试卷中，总词汇量最多、阅读量最大、分值最高、考试分配时间最长的大题是阅读理解。从近年高考情况来看，阅读理解试题在逐年提高难度。因此，弄清高考命题的原则、特点、角度；掌握正确的答题步骤和解题技巧是做好阅读理解的关键。

**（1）命题原则：**①阅读总量不少于1000个单词，篇数不少于四篇。

②题材尽量多样化，包括日常生活、传说、人物、社会、文化、史地、科技、政治、经济等，信息丰富，有较为丰富的文化蕴涵。

③体裁尽量避免单一化，一般包括记叙文、描写文、议论文、应用文等。

**（2）命题特点：**①阅读理解是始终坚持把阅读技能作为考查项目的题目。阅读理解题的字数近年逐年增加，加强

> **清华状元**
>
> 阅读理解试题考点分布格局恰当，试题设计合理，注意避免违背生活常识和语段本意的偏题、怪题；注意答案的唯一性，避免模棱两可的选项设计；题干简洁易懂，清楚明确，既避免长句、难句，又避免生硬的套语。

对考生阅读速度的要求，语言更为地道，接近原文，并适当提高了试题难度。

②语篇的语言难度适当，措辞浅显、生动、自然、地道，语句灵活而富于变化；在语篇逻辑上经得起推敲，并且在“深度”上也达到了较高层次。阅读语段则体现当代英语的特点：用词浅显简练，生动活泼，语句富于变化，避免冗长沉重。常用词的深层或引申意义处理得当。

③继续注重实用问题。学生需对较多的信息进行筛选，迅速找出适合题目要求的正确选项。干扰项只有涉及语篇的内容才有可能发挥干扰功能。命题人员把握住一点，预测到领悟能力差的考生可能发生的失误点，有不少题在干扰项的设置上水平较高。

**特级教师**

审题时一定要理解出题者的意图和态度。每篇文章都有一个特定的写作目的，或是向考生传递某个信息，或是愉悦读者，或是讲授道理。而这些信息通常不是明确表达出来，而是隐含在文章之中。因此，这类问题要求考生在理解文章总体内容的基础上，去领会出题者的言外之意。

**（3）考查目标：**国家教委考试中心在全国范围公布的《考试说明》对阅读理解的要求做了明确的规定，阅读理解部分主要测试考生以下能力：

①掌握所读材料的主旨和大意；

②了解用以阐述主旨的事实和有关细节；

③根据上下文判断大纲附表以外的某些词汇和短语的意义；

④既理解个别句子的意义，也理解上下文之间的逻辑关系；

⑤根据所读材料进行一定的判断，推理和引申；

⑥正确领会作者的观点和态度。

**能力要求**

①理解主旨要义。英语文章讲究使用主题段和主题句。借助对主题段和主题句的理解从而抓住其主旨意义。主题段常在文章开头，也可能在文章的中间和结尾，简要概括文章的中心思想。当然，有时需从文章的字里行间进行推断。

②理解文中具体信息。一篇文章的主题和中心思想确定后，还需要有大量

细节信息的支持。这些细节对于理解全文内容至关重要，同时也是归纳和概括文章中心思想的基础，因而不容忽视。

③根据上下文推测生词的词义。正确理解文章中单词或短语的含义是理解文章的第一步，也是理解文章的基础。引导学生从构词法、上下文语言环境等方面去猜测词义，是帮助学生扩大词汇量、正确理解文章的一个很好的办法。

## 五、短文改错

短文改错着重考查考生的语言基本功和正确使用英语进行语言表达的能力。它涉及词汇、语法、句型结构等方面的知识和逻辑情理的推断和综合辨析能力，是一种在较高层次上考查考生对英语知识的掌握和语言综合运用能力的测试题型。它是专门针对我们平时学习英语过程中，尤其是写作练习中常犯的又是较为普遍的错误而设计的。对考生而言，该题又是拉开距离和档次的题型。

近几年的短文改错题都是一篇 110 ~ 120 个词的学生练习式的短文。短文中有的行标出了题号，要求考生判断各行是否有错。若有错误，将它找出并改正；如果没错，则在横线上画一个对勾。

命题者一般会在行文逻辑、一致关系、连接手段、平行结构、多词少词、母语干扰、冠词使用、名词数格、词语搭配、词性辨析等方面进行设计和考查。

**（1）短文改错的命题特点和命题趋向**

①错误类型设置相对稳定。从设错格式上看，基本上都是错词的占 6 行；没有错误的占 1 行；多词和缺词的共占 3 行左右。

②短文改错所考查的词类覆盖面广，分布合理。错误内容包括词法、句法、语篇结构、行文逻辑等，涉及名词、冠词、代词、介词、形容词、副词、连词以及动词时态、非谓语动词、主谓一致等语法知识。在改错题中，占相当大比例的主要是动词的变化形式，如现在式，过去式，过去分词，现在分词及主动、被动语态等。其他如名词复数的变化、主谓一致、词与词之间搭配、词法、句法及语篇中的行文逻辑等方面也会交替考查。

③短文改错试题的难度趋于平稳，体裁以记叙文为主，记叙文较说明文和议论文更易理解；句子结构以简单句为主过渡到以复合句和并列句为主。句子的长度是控制难度的一个重要因素。句子越长难度越高。从近几年考试题来看，短

文改错的句子平均长度趋于平稳，但几乎每篇总有一个长达 20 多个词的句子。这就需要考生在这个句子中判断出两到三个地方有错或无错，增加了试题的难度。

短文改错的目的是考查考生发现、判断、纠正一些词法、句法，以及语篇中的行文逻辑等方面错误的能力。它既能检测考生的词汇和语法方面的能力，又能考查考生的阅读理解能力。

（2）短文改错的考查要点

①词法的考查。词法的考查包括：a. 定冠词和不定冠词的用法；b. 名词的单复数和名词所有格；c. 动词的时态、语态、语气、情态动词和非谓语动词等；d. 人称代词的格、物主代词、指示代词、连接代词、不定代词等的用法；e. 介词的搭配；f. 并列连词、从属连词的用法；g. 形容词、副词的区别以及比较级和最高级的用法；h. 固定搭配和习惯用法。

②句法的考查。句法的考查包括：a. 主谓语在数上的一致；b. 名词性从句；c. 定语从句；d. 强调句型；e. 句子结构的连贯性、完整性、对等性及逻辑性。

③语篇的考查。语篇的考查包括：a. 上下文中的时态是否一致；b. 上下文中的代词是否一致；c. 上下文中的逻辑是否一致；d. 上下文中的词、词组、从句的替代是否正确。

## 六、作文

写作是英语学习听说读写四项语言基本技能中不可分割的一个重要部分，是语言生成能力的重要表现形式，因此，是高考英语试卷中一个非常重要的部分。试卷中的写作部分一般由两节组成。第一节考查考生在语篇中综合运用英语的准确性。第二节要求考生根据所给情景，写一篇 100 词左右（标点符号不计算在内）的书面材料，以考查考生综合运用英语的能力。

书面表达旨在考查考生的英语书面表达能力，看其是否能够运用学过的英语知识和掌握的技能进行日常交流。试题对写作的目的、对象、体裁及词数等有明确的要求，提供给考生的辅助性材料的形式为文字、图画或图表。这种试题的优点是：写作内容有明确规定，评分尺度可以相对统一，在一定程度上减少阅卷中的主观性。

现行《高中英语课程标准》对高中学生写作基本要求是：能写出连贯且结

构完整的短文，叙述事情或表达观点和态度；能根据课文内容写摘要；能在写作中做到文体规范、语句通顺；能根据文字及图表提供的信息写短文或报告。

以下是高中阶段英语写作语言技能 6 ~ 9 级的目标描述。

六级

①能用恰当的格式写便条和简单的信函；

②能简单地描述人物或事件，并简单地表达自己的意见；

③能用恰当的语言写问候卡；

④能给朋友、笔友写信，交流信息和情感；

⑤能对所给内容进行修改。

七级

①能根据文字及图表提供的信息进行简单描述；

②能写出常见体裁的应用文，如信函和事物通知等；

③能描述人物或事件，并进行简单的评论；

④能填写有关个人情况的表格，如申请表等；

⑤能以小组形式根据课文改编短剧。

八级

①能根据所读文章进行转述或写摘要；

②能根据文字及图表提供的信息写短文或报告；

③能写出连贯且结构完整的短文，叙述事情或表达观点和态度；

④能在写作中做到文体规范、语句通顺。

九级

①能用英文写摘要、报告、通知、公务信函等；

②能比较详细和生动地用英语描述情景、态度或感情；

③能阐述自己的观点，评述他人的观点，文体恰当、用词准确；

④能在写作中恰当地处理引用的资料及他人的原话；

⑤能填写各种表格、写个人简历和申请书，用语基本正确、得当；

⑥能作非专业性的笔头翻译；

⑦在以上写作过程中做到文字通顺，格式正确。

教育部考试中心颁布的《普通高等学校招生全国统一考试说明》中对写作的要求是：能根据所给情景，用英语写一篇 100 个单词左右的短文；情景包括目的、对象、时间、地点、内容等；提供情景的形式有图画、图表、提纲等。

可见，“书面表达”既不同于一般的英文命题作文，也不同于整段的汉译英，考生不能离开提示要求，随意发挥。高考书面表达题实际上是一种限制性写作。所谓限制性写作具有以下特点。

第一，表现在时间和字数的限制上，即一般要求考生在 30 分钟内写出 100 词左右的书面短文。

第二，表现在情景内容的限制上，情景包括目的、对象、时间、地点、内容等，提供情景的形式有图画、图表、提纲等，这是写书面表达的基本依据。

第三，表现在所用体裁和格式的限定上，如提示中要求考生用书信、日记、通知等形式。

纵观历届书面表达题，高考书面表达主要考查考生以下几种能力。

①观察能力：要求考生观察情景所提供的内容，分析、提炼要点，理顺要点，概括考题所要求表达的全部意思。

②运用能力：要求考生综合运用各项英语基础知识，灵活运用词汇和句型，正确地遣词造句、连句成文，进行有效的信息表达与传递。

③思维能力：要求考生认真思考，选择正确的表达形式，正确使用结构词和过渡句，使表达内容连贯，浑然一体。

④书写能力：要求考生用书写体熟练清楚地书写。

## ◆听力部分常见问题解析

对于高考英语阅卷老师来说，需要批改的只是第二卷，但是从平时的积累来看，各个题型都有应该注意的问题以及相关的解决方法。下面是听力部分常见问题和解决方法。

### 一、听力部分的训练方式

听力部分占据全卷分值的 1/6，并且占据了全卷最重要的位置。在听力教学中，教师可采用多种有效的听力训练方式。如：①听——答（用 Yes / No 回答），学生对听力材料的问题做出正误判断；或者是深层理解及启发性问题，学生对听力材料的潜在意义进行理解，并回答有关问题。②听——重述，这种方法要求学生将听到的材料几乎一字不差地复述出来，这样做有助于增强语感，识别语流，强化听力，可达到两个目的：一是训练学生听力的精确性；二是培养学生地道的语音语调，适应并跟上录音中说话人正常的语速。③听——复述，即将所听到的材料内容较完整地表达出来。复述的形式可因人而异，加强信息输入、输出的传递过程，学生可以通过此种训练加强对听力材料的理解，培养较强的表达能力，达到相得益彰的听力训练效果。④听——写，听写是听力练习的重要形式，它贯穿于中学英语教学的全过程。常选用的听写内容是课文的句子和概括课文大意的短文，课文句子指一些含固定词组搭配、实用性强的句型结构和一些便于学生写作模仿、并能引起学生兴趣的极有文采的句子。此外，学生应做听力笔记、填词练习等，这有利于提高学生听力技能，同时有利于对同化音连续时进行准确的辨别，使其听力的理解力逐步提高。

## 二、应试指南

**（1）消除心理障碍：**同学们在进行听力测试时的主要心理障碍是过于紧张。在听力测试之前，必须具有良好的应试心态，不能过于紧张，要沉着应试，以最佳的心理状态去应试。为了帮助同学们克服心理障碍，树立信心，教师在平时要让学生多听，针对考试题型设计听力练习，让学生带着问题去听。长期训练，能培养学生临场不乱的良好心理素质。

**（2）快速浏览试题：**由于听力测试时间性非常强，所以要在试卷下发后尽快熟悉试题类型，对听力测试题有一个总体把握，以便有针对性。

**（3）集中精力，仔细审听：**学生答题时必须集中注意力，绝不能容许有丝毫的走神和迟疑，具体要注意以下几点。

①听完录音后迅速作答。把握不大的可先放下，要继续听下去，做到审听与思维同步。

②听时要注意说话人的语气、语调，这有助于理解所听的内容。要注意所听文章的首句和尾句，善于捕捉关键信息句，以便做出准确判断。

③如遇到听不懂的短文，千万不要紧张，否则将直接影响剩下的题目作答。

④特别要注意分辨那些发音十分相近的音素。同时还应侧重数词和计算、地点、情景、职业和关系以及肯定与否定的听辨。

三、警示

①不要抓每一个词，即不要奢望听懂每一个词，没必要，也不可能。要注意对内容的整体理解。

②拿到卷子的第一件事，就是抓紧时间阅读试题选项，估测谈话大致内容。

③短对话，答案多在第二个人说话中出现；长对话，要先抓住开头的前两句，这一般是主旨题的答案所在，而结尾处往往会再次呼应，中间往往是细节题。

④抓中心词。连续两次以上重复出现，对应某一题干选项中的答案，一定要注意抓住。

⑤遇到数字和时间等信息，要随手记下，有助于选项中的数字听力题答题的准确无误。

⑥听完回忆对话内容时，运用归纳、推理或计算等方法，用已知导出未知。

⑦听力考试一般在 3 点整开始。出发去考场前争取时间先听一点，让听觉神经兴奋起来，或最好看看复习资料，并不是要记住什么知识点，而是让大脑提前进入状态。因为一进考场就要考听力，如果大脑还沉浸在汉语的思维方式中，可能影响发挥。

## ◆单项选择题常见问题与解决方法

分析近几年各省市及全国高考英语试题时，不难发现，单项填空试题设置具有如下特点：

①内容覆盖面广，考查范围包括了大纲中所列的所有语法项目——包括动词非谓语形式、时态、被动语态、情态动词、冠词、形容词、副词、代词、连词、从句、倒装、习惯表达等；

②突出重点，强调动词的考查；

③重视语境的作用，提供语境间接考查语言知识的运用；

④注重对交际能力的考查，情景的设置真实而富有时代气息。

从近三年全国及各省市高考试卷该部分的内容看，单项填空题已经涵盖了高中阶段所学的所有语法点，其中动词时态和语态、非谓语动词、情景交际等语法尤为重点，并强化一些重点的语法项目。

考生在应对本题型时主要有以下两个问题。

**问题一：基础知识不牢固，不注意整体把握，不注意语境**

**问题描述与分析**

近年来，单项选择填空淡化了对所谓“纯”语法和“纯”词汇的考查，而是在特定的语境中对语法和词汇进行考查，这就增加了考试的难度。因此，考生必须具有综合运用语言的能力。答题时我们必须读完全部信息，利用特定的语境选出正确答案。

**典例解析：**

—— It looks heavy. Can I give you a hand?

—— ________________________.

A. No, thanks.　　B. Yes, my pleasure

C. No, never mind　　D. Yes, I do

**【答案解析】**根据语境中的Can I give you a hand可知对方主动提出帮助，不需要对方的帮助应用“No, thanks.”，所以答案为A。回应他人的感谢说My pleasure；告诉某人不要担心某事说：Never mind。

**【误点诊断】**交际英语中合适的回答是非常重要的，所以要仔细分析题干，注意语境，本题中的B项是答应他人的请求的，C项和D项也不符合题意。

**指南**

单项选择题考查考生的语法和词汇的综合运用能力，试题的设计注重考查基础知识在语境中的理解和运用。修订的大纲提到了“大型考试应降低语法试题的难度”，《英语课程标准》也指出“笔试应避免单纯语法知识题”，但是淡化语法不是不要语法知识。从最近几年的高考试卷该部分看，单项填空覆盖面广，考题涉及了考纲和新课所有语法项目，并注重语法和词汇的交际运用，回归语言基础；突出重点，侧重考查动词、短语及复合句的用法；题干简短，语境明确，将语法规则与实际应用结合；体现交际，以口语对话和习惯语等形式考查学生得体地使用语言的能力。

**警示**

单项选择填空是近年来考试题中一直采用的一种题型，做好单项选择填空需要掌握选择填空的答题技巧，以便提高答题的准确率。

**问题二：思维定式的干扰**

在复习过程中，同学们进行了相当多的习题练习，因此对有些类型的题目自然而然地会产生思维定式。当碰到一些已经发生了变化的新题目，如果不作分析而是凭老经验，想当然办事，势必造成错误。为此，必须排除思维定式的干扰，以便选出正确的答案。

**典例解析与诊断**

In order to find ________better job, he decided to study ________ second foreign language.

A. the; a　B. a; a　C. the; the　D. a; the

**【答案解析】**选择 B。考查冠词的用法。该题的意思是：为了找到一个更好的工作，他决定再学习另外一门外语。第一空表示泛指；第二空用 a+ 序数词 + 名词表示又一，再一。

**【误点诊断】**在做这道题时，不少考生认为第二个就是 the second，表特指，将 D 项误认为正确选项。但是 a second 表示“又一，再一”之意，意指“原来已经学习了一门外语了”。

**指南**

注意捕获句子中的隐含信息。为了考查考生观察问题、分析问题的能力，高考选择题中往往会把一些重要的信息隐含在语境之中，而不是直截了当地告诉考生。因此，答题时必须十分注意获取隐含的信息。

**警示**

注意语境，抓住信息，适当分析句子结构，特别注意疑问句、感叹句、定语从句子成分还原。选定答案后尽量不琢磨，不轻易改动所选答案。注意这部分一定不要花过多的时间，应该是 30 秒钟做完一题。

# ◆完型填空题常见问题解析

完型填空是同学们最犯怵的题型之一，由于文章的残缺性和不连贯性使得很多学生难以正确理解文章内容，导致大量失分。根据完型填空测试特点，在做完型填空时，非常容易出现的错误如下。

**问题一：没有注意上下文的内在联系，而只拘泥于个别词句的意思**

做完型填空题的理论依据是，人类在阅读的时候，由于阅读思维的惯性，即使信息残缺也可以得到完整的理解。但是，因为个别学生的思维习惯并没有得到很好地养成，所以有时太局限于个别词句，而没有上下联系，造成理解的偏误，因而失分。

**典例解析与诊断**

【例 1】It was always thought that *Treasure Island* was the product of Robert Louis Stevenson's imagination. __36__, recent research has found the true story of this exciting work.

Stevenson, a Scotsman, had lived __37__ for many years. In 1881 he returned to Scotland for a __38__. With him were his American wife Fanny and his son __39__.

Each morning Stevenson would take them out for a long __40__ over the hills. They had been __41__ this for several days before the weather suddenly took a turn for the worse. Kept indoors by the heavy rain Lloyd felt the days __42__. To keep the boy happy Robert asked the boy to do some __43__.

One morning, the boy came to Robert with a beautiful map of an island. Robert __44__ that the boy had drawn a large cross in the middle of __45__. "What's that?" he asked. "that's the __46__ treasure," said the boy. Robert suddenly __47__ something of an adventure story in the boy's __48__. While the rain was pouring,

Robert sat down by fire to write a story. He would make the__49__a twelve—year—old boy, just like Lloyd. But who would be the pirate(海盗)?

Robert had a good friend named Henley, who walked around with the__50__of a wooden leg. Robert had always wanted to__51__such a man in a story. __52__Long John Silver, the pirate with a wooden leg, Was__53__.

So, thanks to a__54__September in Scotland, a friend with a wooden leg, and the imagination of a twelve-year-old boy, we have one of the greatest__55__stories in the English language.

36. A. However B. Therefore C. Besides D. Finally
37. A. alone B. next door C. at home D. abroad
38. A. meeting B. story C. holiday D. job
39. A. Lloyd B. Robert C. Henley D. John
40. A. talk B. rest C. walk D. game
41. A. attempting B. missing C. planning D. enjoying
42. A. quiet B. dull C. busy D. cold
43. A. cleaning B. writing C. drawing D. exercising

【答案解析】

36. 选择A。句意为：人们一直认为《金银岛》一书是史蒂文森凭空想象出来的。然而，最近的一项研究披露了这部作品诞生的一些细节。表示转折关系，应选 however。

37. 选择D。前句的a Scotsman和下句returned to Scotland暗示，罗伯特·史蒂文森是苏格兰人，长期在国外生活。

38. 选择C。根据第三段中第一句介绍他们每天早上爬山游玩，可判断他们一起回国是为了度假。

39. 选择A。根据42前面的Lloyd felt the days…可判断史蒂文森的儿子名为Lloyd（劳埃德）。

40. 选择C。当时的时间是1881年，地点是over the hills，因此他们三人只能是在山间漫步，因此填 walk。

41．选择 D。由于他们在度假，因此从纵情山水中得到极大的快乐，因此填 enjoy。

42．选择 B。上句 Kept indoors by the heavy rain 暗示在下雨天待在旅馆很乏味，故填 dull。

43．选择 C。下段中谈到儿子把他画的画给父亲看，因此可判断父亲让儿子作画消磨时光，故填 drawing。

**【误点诊断】**容易出错的是 37，此题需要上下联系，而不能孤立地看此题。

**【例 2】**There was only one way to get money, and that was to__42__it. He would have to find a job. __43__who would hire him and what could he do? He decided to ask Mr. Clay for advice, who usually had__44__on most things.

"Well, you can start right here," said Mr. Clay. "My windows need cleaning and my car needs washing."

That was the__45__of James's odd-job（零工）business. For three months he worked every day after finishing his homework. He was amazed by the__46__of jobs that people found for him to do. He took dogs and babies for walks, cleared out cupboards, and mended books. He lost count of the__47__of cars he washed and windows he cleaned, but the__48__increased and he knew that he would soon have__49__for the bicycle he longed for.

42. A. borrow　B. earn　C. raise　D. collect
43. A. Or　B. So　C. For　D. But
44. A. decisions　B. experience　C. opinions　D. knowledge
45. A. beginning　B. introduction　C. requirement　D. opening
46. A. similarity　B. quality　C. suitability　D. variety
47. A. brand　B. number　C. size　D. type
48. A. effort　B. pressure　C. money　D. trouble

49. A. all B. enough C. much D. some

**【答案解析】**

42. 选择 B。从下文他为别人干活，可以看出他能弄到钱的唯一办法是自己去挣钱。earn “挣，赚”；borrow “借”；raise “筹借，筹集”；collect “募捐”。所以 B 项正确。

43. 选择 D。他想赚钱购买心仪已久的那辆自行车，“但是”又不知道谁会雇用他，也不知道自己能做什么。

44. 选择 C。根据本句前半句中提到的 advice 一词可知他对大部分事情都有自己的“见解”。

45. 选择 A。根据上一段中 Mr. Clay 所说的话可知 James 的零工生涯“开始”了。opening 多用来表示大型活动的开张，因此不太恰当。

46. 选择 D。根据下一句的内容可知人们给他提供的工作“各种各样”。前三项分别表示“相似”“质量”“适合”，都与下一句中的内容不符。

47. 选择 B。他忘记了冲洗的车辆和清洗的窗户的“数字”，言外之意是他的打工生涯很辛苦而且很忙碌。

48. 选择 C。他打工的目的就是为了挣钱，进而购买那辆自行车，所以此处表示的是他的“钱”越来越多。

49. 选择 B。他知道他很快就有“足够”的钱购买那辆渴望已久的自行车。

**【误点诊断】**44 和 45 题易错，因为 44 题中每个选项都可以搭配，但联系一下前面的 advice 可得到正确答案。45 题也需要联系上段 Mr. Clay 所说的话方能得到正确答案。

**指南**

（1）完型填空题的文章是一篇具有完整语言信息的短文，其段与段、句

**特级教师**

完型填空在出题时就规定这样一条原则：去掉 2 个空格后不会影响考生对文章大意的了解。所以，考生在正式填空前，大可不必为理解上的个别障碍而忽略对文章大意的了解。可见做题时的全面性观察，全局性思考是非常重要的，并且考生应该在随后的检查中，不断修正，以求与原文一致。

与句、甚至词与词之间都有不可分割的联系。所以考生在选择答案时不要只注意空格所在短语、句子或段落，还要从上下文中仔细寻找相关的提示信息。

（2）考生在做题时往往会遇到几处答案难以确定，考生在推敲疑点时要紧扣文章，从全篇的角度寻找线索，应该把答案填入后使句意与上下文一致，避免只注意搭配而忽视语意的现象。

**问题二：基础知识不牢固，对同义词、近义词的辨析能力不强，以及对一词多义掌握不全面**

完型填空中的语法考查已经被淡化，但是同义词（组）、近义词（组）的考查被加强。有些学生由于在平时学习时的积累不够，对易混词（组）的分辨力低，导致看每个选项都似是而非，有时甚至出现直接蒙答案的现象。

**典例解析与诊断**

**【例 1】**The first time I remember noticing the crossing guard was when he waved to me as I drove my son to school. He___16___me with a puzzle——all because he waved to me like someone does___17___seeing a close friend. A big, ___18___smile accompanied his wave. For the next few days I tried to___19___his face to see if I knew him. I didn't. Perhaps he had___20___me for someone else. By the time I contented myself with the___21___that he and I were strangers, we were greeting each other warmly every morning like old friends.

Then one day the___22___was solved. As I___23___the school he was standing in the middle of the road___24___his stop sign. I Was in line behind four cars. ___25___the kids had reached the safety of the sidewalk, he lowered his sign and let the cars___26___. To the first he waved and___27___in just the same way he had done to me over the last few days. The kids already had the window down and were happily waving their reply. The second car got the same___28___from the crossing guard, and the driver, a stiff-looking（表情刻板的）businessman, gave a brief, almost___29___wave back. Each following car of kids on their way to school____30____more heartily.

Every morning I continued to watch the man with____31____. So far I haven't seen anyone____32____to wave back. I find it interesting that one person can make such a(n)____33____to so many people's lives by doing one simple thing like waving and smiling warmly. His____34____armed the start of my day. With a friendly wave and smiling face he had changed the____35____of the whole neighbourhood.

16. A. hit B. disappointed C. presented D. bored
17. A. on B. from C. during D. about
18. A. false B. shy C. apologetic D. bright
19. A. research B. study C. recognize D. explore
20. A. praised B. blamed C. mistaken D. respected
21. A. conclusion B. description C. evaluation D. introduction
22. A. argument B. disagreement C. mystery D. task
23. A. visited B. approached C. passed D. left
24. A. drawing back B. putting on C. handing in D. holding out
25. A. once B. Before C. Unless D. While
26. A. in B. through C. out D. down
27. A. cried B. cheered C. smiled D. gestured
28. A. idea B. reply C. notice D. greeting
29. A. awkward B. angry C. elegant D. patient
30. A. came B. responded C. hurried D. appeared
31. A. surprise B. frustration C. interest D. doubt
32. A. fail B. try C. wish D. bother
33. A. offer B. sacrifice C. promise D. difference
34. A. effectiveness B. cheerfulness C. carefulness D. seriousness
35. A. trends B. observations C. regulations D. feelings

【答案解析】

16．选择 C。本题考查词语在具体语境中的辨析。本句是指那位协管员像老朋友一样向我挥手，给我带来了困惑。Present 呈现。

17．选择 A。本题考查介词在具体语境中的辨析。从上下文来看，该协管员的挥手让我感觉是遇上了很亲密的朋友。on 表示：在……时候；……之后立即，如：on arriving home 刚到家就……

18．选择 D。本题考查形容词在具体语境中的辨析。他让我困惑，是因为他挥手的同时还在快乐地微笑着。此空格处应用一个褒义词。

19．选择 B。本题考查词在具体语境中的辨析。study 注意看，打量，观察，She studied his face with interest. 她很有兴趣地打量着他的面孔。

20．选择 C。考查词组搭配。mistake…for 把……误认为。

21．选择 A。本题考查名词在具体语境中的辨析。经过长时间的观察，显然我得出一个结论。

22．选择 C。考查对下文语境的理解。由下文可知，作者通过观察，弄清了这件“神秘的事，难以理解的事物”。

23．选择 B。考查对上下文语境的理解。由上下文可知，他是指挥校门口的交通，让学生安全过马路的，故当我开车接近校门口时，用 approach。

24．选择 D。本题考查动词短语在具体语境中的辨析。hold out 伸出。他站在路中间伸出“停”的牌子。draw back 往回跑，退却，缩回。put on 把……放在……上；穿上，戴上；装出，假装；增加（体重、肌肉、价钱、速度等），添上；上演（戏剧等）。hand in 交上，递交，呈送。

25．选择 A。本题考查连词在具体语境中的辨析。该协管员的任务就是让学生走到人行道安全之处，故学生们“一旦”走到安全处，就会放行过往车辆。

26．选择 B。本题考查介词在具体语境中的辨析。let through 放行，让……通过，如：Open the gate and let the crowd through. 把大门打开，让人们过去。

27．选择 C。考查对上下文语境的理解。由本句中 in just the same way 以及上文可知，他冲着这位司机微笑。

28．选择 D。考查对上文语境的理解。对应上文的 smile.

29．选择A。考查对上下文语境的理解。这位司机神情刻板，但在这位协管员的问候下，也受到感染略略挥了挥手，方式有点尴尬笨拙。awkward（动作或表情）笨拙的；难看的；粗野的。

30．选择B。考查对上下文语境的理解。随后每辆车子上的孩子都报以更热诚的反应。

31．选择C。考查对上文语境的理解。作者观察如此仔细，一定是饶有兴趣地观察着这位协管员的。

32．选择A。本题考查动词在具体语境中的辨析。由上下文可知，在这位协管员热情独特的指挥下，几乎没有哪位司机会不回以挥手的。fail to do未能……

33．选择D。考查词组搭配。make a difference to对……产生重大影响，很重要。协管员的原本很简单的一些动作改变了许多人的生活，让人们非常开心。

34．选择B。考查对上下文语境的理解。他让人们从一大早就有了一个开心的心境。cheerfulness高兴，快乐。

35．选择D。考查对上文语境的理解。综合全文内容，这位协管员友好的挥手和慈祥的笑脸让整个街区的人都改变了，变得情绪好了。

【误点诊断】本卷完形考查的重点是词或词组在具体语境中的辨析，易错题为22，24，33，34和35，考查的为高级词汇或相似短语，要求考生在平时必须准确把握词或词组的意义。

警示

单词是英语中最小的意义单位，但是却承载和组合着所有英文的表达信息。考生只有在平时注意积累，牢固准确地分辨相近词语的准确含义，并在高考中运用，才能学会在具体的语境中灵活运用词汇。

**特级教师**

考生在平时复习词汇、短语时，要特别注意一词多义的现象，掌握其本义和引申义。同时在平时复习备考中，要注意将英语单词以及一些固定词组根据其意义或结构进行分类，帮助记忆，提高英语学习效率。这样就可以把学过的单词或短语条理化、系统化，提高运用单词、短语的准确率。

# 第四篇

# 考试的要领和技巧

# 第一章
# 高考前的准备

## ◆心态一定要淡定

心态问题一直是高考中不容忽视的关键一环，心态的好坏直接决定着考生能否在考试中正常发挥。人们常说，考试七分是水平，三分是心理。只要你以平常心对待考试，有一个良好的心态，那么你已经成功了一半，因为好心态是影响成绩的重要因素。

实力和心态作为高考成功的关键因素缺一不可：考生掌握和运用知识的水平是高考成功的基础，心态的调节则是高考成功的保障。正常、超常和失常的发挥皆源于心态。

相信在很多考生和家长眼中，高考状元都是绝顶聪明，而且是非常神秘的。但是通过和高考状元、家长面对面的交流，才发现其实他们也很平凡，有的状元甚至在平日训练、模考的时候连年级第一名都没有得过。而在与他们进一步交流之后，才知道这些高考成功者他们大多都对自己有着极其客观的认识，并且十分重视心态的调整。事实上，越是临近高考，心态调整越重要，以一颗平常心对待高考，才最利于考生水平的发挥。

同学们从小学过渡到中学阶段，是需要一个适应过程的，但多长时间能够适应，个体差异很大。有些同学可能小学成绩很好，但是上了中学成绩很一般。他就觉得自己不如别人。有些同学最关心考试后的排名情况，要与自己是否进步作比较，还要与好朋友和同学的成绩作比较。

“我最怕排名退步或以前比我差的同学超过我，这样妈妈又会跟我说个没完没了。”一名高三女生说。

这里最核心的问题就是同学们把成绩看得太重。

考试成绩只是一次认识自己的过程，他并不能代表一个人的一生。

在教育日益发达的今天，一个人的成才路线图不是唯一的。考试并不能决定一个人的命运，命运掌握在每个人自己的手中。只要你有努力进取的信念，始终不放弃自己对理想的追求，有很多方式可以实现个人的人生价值。

正确地认识考试成绩，找准自己的位置，你也一样可以像爱因斯坦。爱因斯坦考试的成绩总是很糟糕，但是他没有气馁，而是朝着自己有兴趣的方向——物理发展，最后成为世界上著名的科学家。

所以，不管在什么时候，你应该对自己有一个全面、清醒的认识，看清自己，找准自己的位置，这样就可以避免产生一些不良的心态。

## ◆备考过程中常见的心理问题

不管是处于高三复习初期还是已经到了最后的冲刺阶段，同学们都会出现各种各样的心理问题。这些心理问题就像一颗颗定时炸弹埋藏在我们身边，不知道什么时候就会爆炸，也不知道威力究竟有多大。学习成绩时好时坏，与父母、老师、同学的关系变得紧张等很多问题都容易加重我们的心理负担。那么在高考的备考过程中都有哪些常见的心理问题呢？倘若这些心理问题发生在自己身上，又该怎样去面对和解决呢？

### 一、过度紧张

一位家长说：“一个孩子高考，全家人都紧张。”这话说得一点都不夸张，单从人山人海的送考队伍就可以看出。高考涉及孩子的未来和前途，又怎能不让人担心和焦虑？所以，紧张是一定的。关键是如何看待紧张，是不是只要紧张就是有害的呢？如何能够把紧张转化为动力呢？

> **特级教师**
>
> 不管自己的意志力多么强，我们都会有疲倦的时候。但是，适度紧张可以将我们的疲惫期大大缩短，使大脑保持一种良好的兴奋状态，从而促进大脑提高工作效率。适度紧张让我们在考试的间歇迅速转换思维方式，以最快的速度调整状态以迎接下一场考试。

首先，适度紧张有利于保持警觉性。适度的紧张可以使我们自始至终都有一种明确的考试意识并时刻提醒自己这是人生的重要阶段。在这种状态下，自己将会不自觉地安排自己的学习生活。井井有条的学习生活会大大提高复习的效率，为我们赢得更多的宝贵时间。适度的紧张可以时不时提示我们所面临的各项困难，促使自己想办法去解决。

其次，适度紧张有利于调动身体能量。大家都会有一种感觉，在紧张的时候，我们的精力往往更加集中。因此，在高考备考阶段，适度的紧张可以激发我们的斗志，促使我们高效率地学习。这种紧张像兴奋剂一样刺激着我们的神经，有效提高我们的身体机能。

## 二、极度倦怠

在高考冲刺阶段会有这样一种现象发生：原先信心十足、精神饱满的同学突然变得越来越“懒”了，懒得上课、懒得看书、懒得做题，甚至连以前最喜欢的考试也不愿参加了。每天都是这样重复的生活，那些没有做完的试卷一沓沓地摆在那里，好像一座山，压得人喘不过气来。于是，晚上总睡不好觉，情绪非常低落，行为也变得古怪，经常牢骚满腹、发无名火。

这种情况的发生，不仅老师和家长看在眼里急在心上，就连考生自己也会非常焦急。但是越焦急，这种情况越明显，就好像进入了学习的叛逆期，非常不愿意按照正轨来进行，总想出点问题。专家介绍说，这是由于长时间高强度的学习和过度的紧张导致个体出现了疲乏、焦虑、压抑、学习能力下降，甚至身心衰竭的现象，这种现象即被称为高考倦怠心理。

**（1）高考极度倦怠的五大原因：**高考竞争越来越激烈，在这种高强度的压力下，考生逐渐失去了学习的乐趣。挫折、焦虑、沮丧日积月累就形成了倦怠心理，一进教室就产生一种本能的厌倦。这种学习倦怠对考生有很大的负面影响。轻者会对学习失去兴趣，产生很强的疲惫感；严重的则会出现嗜睡或者失眠、记忆力下降、精神恍惚、吃不下饭，甚至出现呕吐的情况。那么，究竟产生这种倦怠的原因是什么呢？

①身体透支。长时间的备考，几乎已经耗尽了考生的全部精力。望着这一叠叠的试卷，好像一座座山一样，似乎永远也做不完。长时间高强度的学习和过度紧张使考生的体力透支，似乎再也没有力量将自己支撑下去，已经到了心有余而力不足的境地。

②自卑退缩。拼搏了如此长的时间，成绩的提高幅度并没有预料中那么好，所以考生就对自己的能力产生了质疑。感觉已经没有可能考取自己心仪的高校，从而对学习失去兴趣，产生很强的疲劳感。

③知识混乱。高考不是准备一门学科，而是要面对众多学科的众多知识。倘若在初期复习的时候就没有条理意识，那复习到最后就很有可能出现“一团乱麻”的情况。而到这个时候倘若再想去梳理，就会变得非常困难。于是，考生就产生了恐惧心理。

④缺乏动力。拼搏需要一个梦想，而且这个梦想要能够通过努力变为现实。随着复习的深入，却发现离梦想越来越远，于是，就从内心失去了拼搏的动力，变得越来越没有目标。

⑤违背规律。不管是学习还是休息，不管是复习还是消遣，都是有规律的。如果在复习的过程当中违背了这些规律，那就会遭到“惩罚”，进而出现嗜睡、失眠、记忆力下降或精神恍惚的现象。

**（2）有效缓解倦怠的五大方法：**倘若已经出现了倦怠的情况，究竟该怎样面对呢？该采取怎样行之有效的方法尽早解决呢？以下五种方法供大家参考。

①劳逸结合。不管是不是高考，长时间高强度地重复一件事情总会使人感觉枯燥乏味、身心疲惫，原本兴趣十足、精神饱满的状态会逐渐消失。这是一种很正常的现象，也是身体的一种自我保护。在这个时候就特别需要注意调节身心：保持作息规律，科学合理饮食，适度运动。在学习上张弛有度，避免急于求成。只要进行适当的休养，就可以很快恢复体力，保持良好的备战状态，倦怠问

题也就迎刃而解了。

②端正态度。如果出现倦怠情绪的根源是缺乏自信心，那就需要端正自己的学习态度了。一般来说，这种情况容易发生在学习能力相对比较差的同学身上。如果这种自暴自弃的情绪得不到及时关注和有效疏导，恣意蔓延的糟糕情绪和自我放任的状态就会给复习带来极大的负面影响。我们一定要明白一点，在现有知识的基础上，多学一些就会多收获一些；每向前走一步就会离成功更近一步。如果就此放弃，停止前进，那么机会就彻底离你而去了。

③精选试题。有的考生会出现“考急乱做题”的问题，实际上大量重复性的习题对学习既没有明显提升的效果，又会促使学生产生厌烦心理。因此，寻找一些典型的或者新颖的习题来做，会使学生在学习过程中感到轻松，游刃有余，同时也可以帮助大家肯定自己，克服沮丧的情绪。

④调整目标。很多学生成绩不错，潜力也较强，就是输在了过于脆弱的心理素质上。越是平时成绩不错的孩子，迫于老师家长的殷切期望，往往把目标定得过高，脱离实际，达不到的时候就会产生自卑、沮丧、烦躁甚至自暴自弃等心理。因此，一定要制订合理的目标，适度的压力可以促使学习进步，切忌急功近利。

⑤遵守规律。不遵循生理规律而进行疲劳战，不但没有好的学习效果，反而会因为消耗大量宝贵的精力而得不偿失。在这个时候，应该制订合理有效的复习计划，不仅可以从整体上把握高考复习的全过程，还有助于集中精力，提高效率，起到事半功倍的效果。同时，要注意睡眠，保证充沛的精力，加强体育锻炼，张弛有度，找到学习与休息的规律，这样将会很快摆脱困扰。

## ◆认真做好各项准备

### 一、心理准备

面对考试，多数考生会充满恐惧，从而压抑了大脑兴奋，心里乱糟糟的不知道学什么好，也不知道怎么学。拥有良好的心理状态是每个考生的迫切需要。根据长期的心理辅导实践和研究，发现有利于临场考试的心理状态可表达为：自信、轻松、愉悦或适度的激动、注意力集中、精力充沛等。每次考试成绩揭晓，总是不乏这样的例子：某些考生平时基础知识牢固，由于在考试时超常发挥，名列前茅，让大家大为惊讶。惊讶之余，你会发现，偶然中有其必然性。其实他们已经具备考出优异成绩的实力，而超常发挥的关键在于他们的心理压力不大，能够轻装上阵，容易达到自信、轻松、愉悦的心理状态。思维的灵活性、敏捷性得以充分发挥，取得好成绩是必然的。相反，一些平时成绩优异的学生水平本来很高，但由于心理压力太大，只要一考试就情绪紧张，往往发挥不出应有的水平。

所以说，做好临考心理准备是非常重要的。首先，对考试采取一种积极的态度。一些优秀学生在总结中写道："考试的意义在于复习。"实际情况就是这样，考试其实就是用来检查自己的学习成果的。考得好，就会促使自己进一步努力学习；考得不好，也会促使自己认真分析原因，争取下一次考好。其次，端正对考试的认识，思想负担不要太重。心理学家指出，人的认识对情绪和行为有很大的影响。有些学生由于错误地理解考试及分数，片面夸大考试与个人前途的紧密关系，因此总是担心考试失败会如何如何。结果引起脑神经的过度紧张，在考场上不能自如发挥。因此，考生首先应该端正对考试的认识，要知道，考试本身就带有很大的机遇性，不能仅以考试成绩来评价考生的水平。因此，应该大胆地、全力以赴地去发挥自己的聪明才智，考试结果怎样，可以不去管它。事实也表明，考试成绩并不因为你很重视就特别好。恰恰相反，过分重视，有时成绩反而不理想。如果人为地夸大一次考试成败的意义，并同个人的前程和幸福联系在一起，就势必会引起人的焦虑、紧张不安。

**特级教师**

考前准备是取得优异成绩的重要环节，如果做好了充分的考前准备，就再也不会惧怕考试。所以，每个学生在考试前，都要细心检查一下自己，看自己是否做好了各方面的准备。如果你还没有准备好，那么，从现在开始，赶快行动吧！

### 二、精神准备

考试期间，脑力劳动的负担是很重的，所以考生一定要休息好，保证足够的睡眠，保持很好的精神状态。有很多学生在考试的前一天晚上，还在拼命“开夜车”，结果导致考前休息不够，大脑疲倦。开了夜车的学生在考试后回忆说：“过去明明会的公式、定义，怎么也想不起来了。看着题目发呆，脑子发木，头脑不清醒，再也兴奋不起来，考试前开夜车真是吃了大亏。”

### 三、物品准备

在考试期间，学生由于紧张，经常出现丢三落四的情况。例如，有的学生进了考场，才想起忘记带笔、橡皮，结果加剧了紧张心理，直接影响到考试的成绩。为了避免这种现象发生，在考试的前一天晚上，就要预先把必需的考试物品准备好，以免第二天赴考时紧张出差错。

# 第二章
# 考试中注意的问题

## ◆考场答题技巧

任何一种复杂的心智活动，都有一个方法和技巧的问题，考试也不例外。在学生中，同样的学习基础，同样的考前准备，并且都具有良好的应试心态，但考试的结果可能并不相同，甚至还有可能相差很大。这里起作用的就是应试技巧了。应试的技巧和方法本身也是一门科学，有其自身的规律，因此，每一个同学都应在考试的实践中不断进行自我总结，探索出符合自己特点的考试方法。

所谓一般技巧，是指适合于任何形式考试的技巧和方法，其中也包括许多考试的基本要求，这些基本要求也可以说是考试的一般方式。要想摸索和总结出符合自己特点的考试适应方法，首先，应严格地按照考试的基本要求去做，并从中获得规律，掌握有关的技巧和方法。

### 一、明确考试和试卷的要求

考试铃响，当试卷发下来以后，首先要做的第一项工作，就是将自己的姓名、考号准确无误地写在答卷上。如果是标准化考试，一定要按照要求认真涂抹好考号和科目代码，不能马虎，如果涂抹错了，卷面的成绩将无法记入你的名下。这些工作一定要在考试开始时完成，不要放在最后，放在最后往往因临交卷前的紧张和慌乱而漏写。

### 二、浏览全卷，分配时间

在试卷上写好姓名和考号以后，接下来就应快速浏览一遍试卷，了解各题的大致内容，确认一下哪些较难，哪些较易，并对全卷的分量心中有数，且应做出一个粗略的时间安排。其基本原则是：时间分配要和试题分数成正比，分数多的，时间要长些；分数少的，时间要短些。这些工作应在答卷前做到心中有数。

### 三、审题要细，书写要快

审题是应试答题的关键，题没审好就答，要么错选漏答，要么南辕北辙。审题时，首先应看题目中有几个句号或问号，一般有几个句号或问号，就有几个需要重点解决的问题；其次，要注意题目中的关键性词汇和术语，比如像“论述”“概述”“简述”等，务须确切地理解这些词的意思，并按要求作答。

审题认真细致，相对来说花的时间会多一点，这时若要想在同等的时间内完成规定的试题量，答题时书写就必须得快。有人说“袖手在前，疾书在后”，就是指应试答题的这种快慢观。

**北大状元**

有时，对试题的答案感到疑惑，左思右想仍然没有把握，这时也不应放弃该题的解答，应选择最初直觉的答案。所谓直觉，就是指未经充分逻辑推理而对事物产生领悟的一种瞬时感觉，也叫第六感觉。事实证明，人对某些问题感到疑惑时，最初的直觉往往是正确的。

### 四、应试答题应先易后难

答题顺序不一定按题目的试卷排列顺序，一般要按照先易后难的原则答题。这样做至少有以下几个方面的优点：一是人的思维活动有一个由启动到激活的过程，应试答题先易后难符合思维的这种活动规律；二是开始答题顺利有利于集中精神、稳定情绪，且可以借助成功唤起自信，使自己尽快进入最佳的应试状态；三是解答容易题通常较快，可留出大量时间集中解答难题；四是把能得分的题先抓到手，不会由于放在最后因时间不够把能得的分也给丢掉了。基本分得到了，就可以放下包袱去主攻难题，能做多少是多少，自己也就可以放得开了。

### 五、不要漏答和空答试题

漏答是指考生因疏忽漏掉了应答的试题；空答则是由于考生知识或时间的

缘故，造成应答的试题而未答。

考试开始时一定要把时间抓紧，时间的安排应保证做完全卷后留有一定的机动时间，而不要不留余地。考试的后半段若发现时间不够，宁肯把前面的题（特别是把握不大的题）答得简略一些，也不要造成有的试题空答，至少也要简明扼要地写下这些题的答题要点。经验表明，两个简略正答的试题，比一个完整正答的试题得分要高。

### 六、养成试卷复查的习惯

做完试卷要进行一番复查，心理学称这一过程为“确认”。

复习考试期间，学生的心理处于一种紧张状态，由此产生的一种动势，会使学生在考场上思维速度加快，而思维广度受阻，阅读速度加快，而视觉广度变小。因此，学生在考场上一次性完成的试题，出现错误是常有的现象。譬如写了错别字和错用标点符号；误将复数名词与单数动词搭配在一起；漏掉了某个否定词而使一个句子的意思完全颠倒了；或者是从草稿纸上抄错计算结果，标错小数点位置；甚至于漏答了整道习题。这些错误在复查试卷时是很容易纠正过来的。

对于选择性试题，由于题型小，数量多，复查时可将题号和答案的符号写在一张纸上，然后一一对照，以避免出现填错格或是漏填。复查的范围应视自己能把握的时间而定，不一定要求全面复查，应有重点和有所选择，通常是将重点放在得分多的试题上。同时也应注意，不要因为养成了复查的习惯，而在答题时马马虎虎，寄希望于之后的复查，这样很容易导致大量出错而在复查时无法一一纠正，因为发现错误比预防错误更难。考试时一定要抱着“一次成功”的态度去答题，这样即使没有时间去检查，也不会出现过多的错误。

### 七、注意卷面整洁、笔迹清晰

考试答题书写要快，但要笔迹工整、清晰。书写太潦草，老师无法辨认，是不会给你记分的。标准化考试答卷，电脑评分如果乱涂抹，机器便无法准确评分。一些大型统考，主观试题的评卷工作常常持续数天完成，评卷老师在一张接一张地评过许多答卷之后，不免会产生烦腻之感。此时，如果再碰上难以辨认的答卷，老师是不会吝啬地扣其分的。

因此，如果你的答卷整洁，书写工整清晰，评卷老师阅读起来不费劲，不误解，判分时也许会高一点，你也会由此得益。

## ◆高分考生审题秘诀

这里的审题，也就是在动笔答题之前对题目进行审视、揣度、分析、辨别、研究和推导，弄清题目的含意和要求。审题是应试答题的关键，题没审好就下手做题，要么错选漏答，要么南辕北辙。而高分考生，仅从审题方面而言，就表现出了超人的审题能力，具体体现在以下几个方面。

### 一、审题不怕费时间

正所谓“磨刀不误砍柴工”。审题虽然占用时间多一些，但它为答题的正确性奠定了牢固的基础。题目要求都没搞清楚，就不假思索地盲目答题，造成本来会做的题目，因搞错题意而失分，或者做一半时想想不对，推倒重来，返工重做。这样不但浪费时间，而且影响情绪。因此，高分考生都不会吝啬审题的时间，从而防止因小失大。

### 二、审题目的很明确

审题的目的，是通过默读题目，把题目的要求、题意、题型等读懂，抓住关键词，抓住突破口，找准答题要点。高分考生审题时一般能做到这样几方面：一是认真读题，弄懂题意；二是吃透要求，抓住突破口；三是找准要点，不看错题，不漏题。

### 三、先审好题再下笔

我们已讲过，审题是答题的关键，必须先审题后答题，方能把题目解答得既准又快。有的考生审题粗枝大叶，根本没弄懂题意就下手答题，结果答非所问，造成严重失分。一般而言，动笔之前，应仔细阅读每一道题中的一字一句，一次看清看懂。因为人有思维定性，第一遍就读错题，往往第二遍、第三遍还是要读错。我们要看清题，也就是要看清题中给出的每一个已知条件，尽量避免遗漏、看错和理解错的现象。确实把题审清弄明后再动手写答案，弄不明白题意不动手。这一切，高分考生都做得不错。

## 四、灵活运用 15 种关键术语

这 15 种术语具体内涵如下。

①简述：抓住事物的主要特征、性质、原理，突出结构排列与主体。

②叙述：勾画出事物的基本特征、过程、发展以及事物间的相互联系。

③论述：叙述一件事或一个现象，同时常常还要谈到它的重要性和假设。

④概念：对事物的要点或本质做简要说明，而对于细节和具体事例则可以适当省略。

⑤描述：详细表达一个事件或现象。

⑥分析：要求论述主要思想及其相应关系和论据等。

⑦比较：寻找出事物之间的相似之处和不同之处，两相对照。

⑧解释：说明某个概念的内容及含义。

⑨评论：从某一个角度、对事物进行评说。

⑩说明：要求提出自己的看法、意见，并举例来阐明含意。

⑪讨论：从正反两个方面来阐述事物或现象。

⑫对比：比较两件事物的差异与相同之处。

⑬评价：引用某件事和某个现象的积极特征或消极特征，以评价这件事或这个现象。

⑭论证：对一个特定的事物或现象提出自己的观点并说明理由，而且还要提出证据来支持自己的观点和结论。

⑮总结：对要点提出一个简短的看法，并说明要点之所以重要的理由。

## 五、看清不同题型的答题要求

高分考生，大多能看清题目前后有无在括号内的说明性、提示性和解释性的文字，看清题目的要求，比如“选择题是单项选择还是多项选择”“要

**北大状元**

众所周知，审题的一大任务，就是对某一问题涉及的基本知识逐一分析后，从逻辑的角度挑选整理，找到解决这一问题的方法。高分考生根据这一点，就找到了解决这一问题的突破口，从而使问题获得解决。

求画什么样的符号”“符号画在什么地方”等等。而一般考生如果没有注意到这些细小地方，就会容易造成漏题。

六、发掘隐含条件，消除“思维定式”

有些同学审题不严，对隐含条件视而不见，这也导致了分数不高。另外，还有些同学一做起题立马就先想到和哪道例题或已做过的题相似，然后就不加深思，机械模仿那道题的解法来解。殊不知每道题都有其具体的条件，结果因生搬硬套而造成失误。而高分同学在这些方面则做得较为理想，不会乱丢分。

七、理解每个问题四个部分的相互关系

我们必须要认识到，任何问题都有这样四个组成部分：解题的条件；发问事项；解题的规则；写答案的地方。解题的条件，是答题不可缺少的，一定会全都包括在问题里面，而且这部分往往占最大的份额；发问事项，是每个问题所要问的事，比如，“证明甲和乙的关系”“这句话的意思是什么”；解题规则，就是对答题的具体要求，比如，“在正确的答案上面画圈”“作文字数限一千字以内”等，这是解题必须遵守的规则，违反了这些规则要被扣分。所以，审题先不要想“答案是什么”，而要想“问的是什么”才行。

## ◆明确题型的解答要求

一、选择题

要求考生从给定的迷惑答案和正确答案内选出一定数量（或唯一，或多项的）的正确答案的试题。

二、填充题

给出一个不完整的句子，要求考生把省去的那些重要的、关键的字、词、符号、结果、图表等内容补充完整，有填空题、填图题等。解答填空题，考生首先要认真理解题意，字斟句酌，按题目要求准确填上恰当的内容。值得注意的是，解答填充题，不仅要语句通顺，而且还要准确。切忌以空白的长短作为答案内容多少的标准。若是书本中的原话，应“以书为据”。

三、改错题

要求考生改正命题中因某些字词造成的内容或形式上的错误，侧重考查学生对知识的理解和应用。解答改错题，首先要从题目所表达的整体意思思考，判断、限定、表述等是否恰当；其次应抓住某些关键性词句，如“凡是”“都”“只有”等表示范围的词，看是否与学过的科学原理、客观事实、标准规范等相矛盾。做改错题的原则是：一不要违背出题原意，不做不相关的或不突出主要意愿的更改，二要抓住要害，修改造成错误的关键字词。

四、配伍题

由两组有关的素材组成。要求考生为一组的每一项，在另一组中选择一个联系最密切或相配的项目。常见的有连接题和排列题两小类。解答配伍题需注意：明确题目按什么标准来配搭；两组素材中的项是否存在一一对应关系，每一项是否限用一次，所列项目是否选完。

五、解释题

要求考生叙述、说明某个名词、术语、原理、公式或某种理论、观点、事件、关系等。主要测试考生对知识的记忆、理解和表达能力。各科各类知识的解释题的解答有较大差异，如历史中的“事件名称”，常常需要解说事件发生的时间、地点、简单原因，主要当事人、事件经过、事件意义等。而语言中“术语名词”，只要解释所指对象含义即可。

六、读文题

一般是由文和题两部分组成，如语文测试中的阅读题。解答读文题，首先要读题，再带着题去读文，既省时，效果又好。解答时，既要回忆相关的知识要点，又要联系具体的环境。这种测试主要检查综合运用理解能力、分析能力、表达能力，灵活性较大，故照搬记忆中的要点，得分不会很高。

## ◆怎样应对记忆力突然中断

考场上突然遇见一道自己生涩的题目，而这题目并不是什么高深莫测的难题，反而是一道答案似乎就在眼前的题目。这样的情况我们称之为考场上的记忆中断现象。正确处理这一情况，应该注意以下几点。

一、学会放弃

很多同学一遇到这样的思路中断，往往会选择死抠到底。其实大可不必，因为在考场那种紧张的思维状态下，越是不甘心、逼迫自己想答案，就越容易造成大脑空白。与其把时间浪费在一时想不起答案的题目上，还不如学会暂时放弃。在考场上，如果你出现记忆中断，那么千万别死钻牛角尖，舍得放弃才是明智之举。

二、珍惜时间，先做完其他题目

答题时一旦卡壳想不起来，就要及时转移注意力，先把心思转移到其他题目上去，把其他题目答好。自己告诉自己，不要太在意那一道题目，仔细答完整张试卷，才是你的任务。这样转移了自己的注意力，把精力投入其他题目，很有可能会灵光突现，突然就想起了刚才那道题的答案。

三、留下时间，检查做过的题目

答完所有题目并不意味着你就可以把剩余时间全花在想那一道题上了，你还有更艰巨的任务没有完成，那就是检查试卷。如果答完了其他的题目，回头再想那题，还是一片空白，也不能太自责。再次放下它，认真投入地检查做完的题目，确信没有失误、疏忽之处了，再回过头来想这个卡了壳的题目。

四、回忆相关内容

不要憋在那里闷头硬想，可以试着回忆和它相关联的内容。

## ◆对付棘手难题的方法

一、阅读题目时看不明白

这种情况一般出现在英语考试或者语文考试的文言文阅读理解当中。或者是某一个单词自己不知道含义，某个词组自己从未见过，或者是文言文中的一个特殊句型自己不知道怎么翻译，一个实词不知道它在现代汉语中应作何解释。

要知道，阅读理解并不是要你能逐字逐句、一点都不出差错地翻译一篇英文或是一篇古文，而是重在考查你通篇理解文章的能力。很多时候，那些你不认识、看不明白的生词、句型并不会影响到你理解全篇，也不会让你答不对题目。

就因为那一点点不认识的单词就放弃整整一道题，那绝对是不明智的选择。阅读时遇到这样的棘手问题，要敢于探求，不要太在意一字一句地理解，应该从整体上把握。

**北大状元**

考场上，当做英语或语文文言文阅读理解时，不要因为一两个词语、一两个句型自己不认识，就误以为整篇文章都不可能读懂。其实很多时候，通过上下文进行串通，你会很容易就知道这些词语的含义，这些句型的作用。

## 二、题目中有自己觉得陌生的名词

这样的现象在任何一科中都有可能遇到：或是物理考试中突然给出了一个自己似乎从来没见过的概念，或者是政治试卷多了一个自己觉得十分陌生的简答题，等等。遇上这样的情况千万别被吓慌。要仔细审题，并努力回忆自己学过的知识，看有没有内容能和这道题目比较接近的。这时要做的是大胆假设、小心求证，千万别被表面现象吓住。透过现象，说不定你会发现，事物的本质竟然是自己相当熟悉的东西。

## 三、题目似乎交代不清

大型的正式考试，一般是不会出现题目有问题的现象的。如果审题时，你真的觉得有疑问，也不妨问问监考老师，或许真的是题目有问题。但更主要的还在于自己的判断，在于自己的理解。审题时不妨多看几遍题目，回忆相关内容，别轻易下结论。

## 四、遇上新型题目

考试的时候，试卷上难免会出现自己从未见过的题型，或者似乎是考到了自己从未复习过的部分。先别准备放弃，其实更多时候那些只是披上了新衣服的老朋友。换汤没换药，那只是出题的老师在和你玩心理战术。你需要的就是冷静分析，剥掉新衣服。你会发现，里面的就是你做过无数遍的题目，只不过是换了种提问的方式而已。

### 五、面对真正的压轴难题

试卷上总会有那么一两道题目是用来拉开差距的高难度题目。遇到了这样的压轴难题时，千万别为难自己。知道自己一时没有思路，就不妨先放上一放，不要为了死抠一道题而错过了检查全卷的大好时间。检查完其他部分再回来啃这块硬骨头，啃的时候要注意，别认死理，一条路走不通就别强走，换个角度、转个弯思考，可能就会柳暗花明又一村了。实在解不出来也别责怪自己，毕竟该拿的分你都拿到了。

每个考生的基础不同、水平不齐，将会遇到的棘手问题也自然不同。水平低的同学认定的棘手问题，在高水平学生眼里可能只是相当简单的基础问题。虽然各自认定的棘手问题的具体内容会有不同，但是都不外乎以上几种情况，分清状况，定可击破。

## ◆如何开拓解题思路

考场上解题，开拓思路十分重要。有的同学考完以后说：“这些知识都会，可在考场上就想不出来了。”原因之一就是思路窄。如同打仗，明明有军队，但因道路窄或道路时断时续，有现代化的部队也不能及时调到战场上。思路放宽，就好像纵横交错的大道都通向战场，将军可以任意调动各路大军迅速到达第一线，做最佳的出击。

开拓思路要学会多种思维方法。

### 一、相似思考法

抓住事物的相似之处，由此及彼，开拓思路。有一年的高考作文题是“树木、森林、气候”，不少考生思路局限于自然界里的树木、森林和气候之间的关系。若你使用相似思考法，你就会从自然的思考中超越出来，联想到个人、集体和国家的关系，联想到人才、社会和文明的关系，等等，从社会、人生的层次上进行新的构思。

## 二、相反思考法

从反面去剖析、反证、推理、概括或理解问题。思考中经常问自己："如果倒过来，会怎么样？"如"老马识途"，可以正面立意，老一代的经验是极为宝贵的；也可以反面立意，老马识的路是老路，老路对现代化建设是行不通的。用相反思考法，正中求反，异中求新，往往能独辟蹊径。

## 三、对比思考法

将难解的题目和记忆中的某些相似、相反题进行对照比较，分析题型异同，从而确立思路的异同。例如练过"缩写"这种作文形式，而测试的恰恰是没练过的"扩写"。将这两种方式进行比较、分析、对照，就确定出相应的思路，对提供的内容认真分析综合，确定中心，安排好重点、详略；抓住最能体现中心的场面、细节进行扩充，进行细致、生动的描写，做到内容充实具体，情感真切动人，中心明确突出。

## 四、溯源思考法

在知道一种现象后，不仅仅局限于现象表层的思考，而要进一步探究现象的本源，顺藤摸瓜，问题就越来越明朗。

## 五、多路思考法

将思路从各个角度扩散开去，向四面八方辐射，多角度发议论。一旦进行多路思考就会发现许多新的立意。

## 六、换元思考法

任何事物都由多种因素构成，本质上具有多元性。在思考中，如果朝一个方向行不通，就应及时改变方向，即换元思考。思路开拓了，再回过头来写就顺手了。

## 七、分解思考法

对一些综合性较强的题目，难以一下求得问题的解决，便可用分解思考法，将综合题分为若干小问题，一一攻破，然后再综合起来。如数学证明中，前一个证明的结论为后一个证明的前提，在解题时就可分为两个小问题，依次思考求证，再联系起来求证。

# 第三章 高考各科试题解答技巧

## ◆语文试题解答技巧

### 一、基础知识答题技巧

基础知识题分为字音或字形的辨析题、成语辨析题、病句辨析题和语言连贯题四大类题目。

①字音或字形辨析题。一般来说，常见多音字标“次读音”的正确性大，标“常读音”的往往是错误选项。形声字标“不同声旁读音”的正确性大，标“同声旁读音”的往往是错误选项。生僻字一般不会标错音。依然没有做出判断的话，就要结合字的音、形、义一起考虑。

②成语辨析题。一般来说，你可以根据成语意思做出初步判断。一定注意成语潜在的感情色彩，不能被表面的意思所迷惑。要注意到成语使用的范围，同时也要注意到搭配的对象是否符合其意思。倘若依然没有做出准确判断的话，那就要在四个选项中进行一下权衡比较，选出最符合要求的那个。一般的经验是，越是想要你通过字面理解的成语越要注意陷阱，特别陌生的解释往往是对的。

③病句辨析题。一般来说，高考的病句类型就是语序不当、搭配不当、成分残缺或赘余、结构混乱、表意不明、不合逻辑 6 种。通常的解题思路是先检查主干是否成分缺失，第二步是检查词语是否搭配，第三步是检查词语是否重复，第四步是检查关联词位置是否正确，第五步是检查并列短语或句子的语序是否合

理，第六步是检查个别短语是否存在歧义，最后一步检查句子是否符合逻辑。以下几种情况特别值得你关注：介词“关于”“对于”“对”等开头的句子，注意主语的残缺；动词后有很长的修饰词语，注意是否宾语残缺；用“和”“或”以及顿号连接的并列成分，注意歧义及内在逻辑顺序是否适当以及意义的从属关系；前半句使用了“能否”“可否”等双面词语，注意后半句是否与前半句协调；反问句及疑问句注意是否表意相反。

④语言连贯题。一般来说，解答语言连贯题的思路是：检查陈述的对象是否一致，检查前后的话题是否一致，检查前后的句式是否一致，检查语境是否吻合，最后检查音节是否和谐。

## 二、现代文阅读题答题技巧

现代文阅读题目分为两部分：一部分是在第一卷中设置的科技说明文或社科文体裁，一般设置 3 个题目；另一部分是在第二卷中设置的现代文学体裁文章，一般设置 4 个题目。

我们先来说一下科技说明文或者社科文体裁的现代文阅读解题技巧：第一步要阅读全文并查看试题，搞清楚全文的主旨和试题的要求。第二步需要你再读一遍原文，必要的时候要将题目中的要点在原文中画出来。第三步就进入解答问题的环节。建议采取定位——核对——判断的思路。做题时，要将选项与原文进行比较，最终得出结论。要注意的是，考核的内容往往很细小，有点文字游戏的感觉，所以特别注意不要以偏概全、无中生有、故意夸大或缩小、混淆先后、张冠李戴、颠倒因果、胡乱划分等。另外需要注意的是，万万不可把自己的判断加进去，一定要严格按照原文提供的内容来答题。

**特级教师**

文学类现代文阅读题的解题技巧：第一步要先通读全文，适时地画出能够起到画龙点睛作用或者显示过渡性连接的词句，以此来把握文章的主旨。第二步，仔细阅读题目，带着问题重读文章，在与之相关的地方做好标记。根据自己确定的范围进行反复阅读，掌握作者表达的真实意思。

在回答问题的时候要注意以下 6 点。

①回答问题的时候不能用比喻、拟人等形象化的修辞语言，应简明连贯地答出所需内容。

②不能只是抽象地答出题目要点，一定要有适当而具体的分析。

③要能条理清楚地分多个要点进行阐述。需要提示大家的是：一般来说，4 分的题目要点有 2 个，6 分的题目要点至少有 3 个。

④通常，答案都能够在原文中找到，或者至少可以找到一些关键词、关键句。要对这些重要的词句进行有效地提取与重组，这样组织起来的答案往往与标准答案相近。

⑤服从原文并不代表完全照抄原文。

⑥字迹工整，写满为止。

## 三、文言文阅读题

文言文阅读题的出题方式一直都非常稳定，历年的考试都没有太大的意外发生。一般也是从实词、虚词、性格表现和内容归纳四个方面设置题目，一般设置 3 ~ 4 个题目。

一般来说，最后一道题目是从全文的角度上进行考核，所以首先应该阅读最后一道题目，大体了解文章内容。然后要仔细地阅读原文，凭借自己的语感进行初步的理解，在这个过程中，遇到加点字的时候一定要结合题目进行理解。最后就进入了实际的解题环节。

①文言实词题。要对考核的实词进行字形和字义的分析。从字音相同推测通假字，联系上下文，推导出词义，然后将选项中给出的词义带进原文，倘若发现语言通顺合理，这说明解释的正确、无异议。一般来说，从没听说过的实词释义往往是对的，这是题目设置的干扰项。

②文言虚词题。同学们在备考时也一定进行了大量的虚词练习，在做这类题目的时候，首先应该确定这个词在其他遇到过的句子中所表达的意思，将这个意思套到试题中的句子进行验证，倘若也说得通，那就应该是正确的。

③性格表现题。首先应该先找出来的是不能表现题干中要求的人物性格的选项，排除干扰选项。做这类题时经常出现的问题就是张冠李戴，把别人的性格

或与之无关的性格硬加到主角头上，要尽可能避免这种错误的发生。

④内容归纳题。首先要找出文段当中与选项解释相对应的语句，然后认真阅读并精确掌握原文想要表达的意思。需要注意的是，错误选项中的错误往往很隐蔽，可以从顺序颠倒、无中生有、人物事迹错乱等角度去分析。

在语文考试中，面对一篇文章，首先应该做的是整体快速阅读，弄清文章的体裁及大致内容。如果是说明文，则先弄清说明对象和说明中心；是议论文，则把握中心观点；是散文，则看懂描写对象，抒情基调；是小说，则抓住中心人物和事件。阅读的捷径：一看前端标题；二看文后注释。

## 四、文言翻译、诗歌鉴赏、名句名篇及语言运用题答题技巧

这部分题目都出现在语文试卷的第二卷上。由于是主观题，就需要考生知道答题的规范和要求，采用术语进行回答。

①文言翻译题。有的同学非常恐惧文言翻译题，因为难以把握住得分的要点。其实，文言翻译题也是有章可循的。首先，要对所需要翻译的句子进行反复阅读，并联系前后文做出一个初步的判断。其次，将句子中的每个字都落实为现代汉语的解释，要注意词类的活用、倒装、通假等情况。再次，对关键字词进行反复推敲验证，因为这些字词是得分点。同时，判断句子的句式特点也尤为重要，防止出现主语和宾语倒置的情况。最后，采用换、留、删、补、调的原则来组合成句子，并使之通顺。

②诗歌鉴赏题。诗歌鉴赏题是近几年才出现的新题型，经过了这几年的实施，也逐步被广大考生接受和认可。那么究竟该如何做诗歌鉴赏题呢？首先，要对诗歌的题目进行研究，找出题眼，把握住诗歌的重点。其次，对作者的朝代和作品风格进行确定，给作品找出一个大概的框架。再次，通过给出的注解进行深入剖析，寻找诗歌内容的线索。同时认真阅读诗歌，尽可能准确地理解语句大意，结合题目、描述、议论、抒情来推断诗歌内容。最后，要知道鉴赏的表述方法：这首诗采用了（某某）技法（表达方式、修辞手法、表现手法），写出了（意象）的（某某）特点，表现了（突出了）（某某）思想、感情，起到了（某某）作用。

③名句名篇题。想要在这类题目上拿高分只有一个办法：准确记忆。在填写的时候一定要一字不差，稍微有一点差错就会大大影响到分数。另外，切记文

字要清楚工整，阅卷老师倘若看不懂或看不清考生所写文字，一律按错误来处理。

④语言运用题。对于语言运用题，一定要注意审题，注意题目的要求，灵活处理。

五、作文题答题技巧

其实，在作文方面已经谈了很多，现在市面上也有大量的介绍作文写作方法的书。倘若能够找到一本质量上乘的作文书，对于提高自己的写作成绩是非常有好处的。在这里，我们要进一步对高考考场作文应试步骤进行介绍，希望对大家有所帮助。

①审题。一般来说，现在的作文题都是话题或材料作文，这就需要你首先对题目给出的材料做准确的审视。

②确定选材范围。根据自己的特点确定选材范围，如教育、亲情、友情、环保、时势、战争、腐败、做人等。由于考生的阅历尚浅，因此选材范围不宜过大，否则将难以对远离自己生活的事件、局势有很好的分析和把握。

③确定文体。根据自己的特长选择哲理散文、杂文、议论文、记叙文、寓意小说等，不要刻意采用创新文体，否则会有东施效颦的不良效果。

④确定分论点。在草稿纸上列出三个以上的分论点，以体现思维的深度。

⑤拟写标题。切忌无标题或以话题为标题。可采用以下几种方法拟题：运用修辞拟题，引用俗语拟题，化用古语拟题，借用成语拟题，套用流行语拟题等。

⑥写好开头。开头切忌抄原材料，入题要快，要展示自己的文采，让阅卷老师先入为主。

**特级教师**

有很多同学提笔作文时，常常感到脑中空空，没有什么可写的，这是由于材料缺乏。要解决这一问题，就要在日常生活中多留心、多观察、多积累。可以通过读书笔记、日记和札记的方法，把所见所闻的典型事例记录下来并分类整理，为作文积累丰厚的素材。

⑦主体段落有层次。应试作文上最忌首、腹、尾三段组成的“猪样式”结构。自然段分得越自然，越显得你成熟老练，最主要的还是能使评卷老师一目了然。

一般分成 5 ~ 8 段就可以了。

⑧要写好每一段的首句。每一段的首句犹如人的眉目，把首句写好，“眉清目秀”，整个段落都显得精神。

⑨话题出现频率要高。话题在正文中要经常出现，以免有套题、偏题、脱题的嫌疑。

⑩要展示文采。多使用成语，多使用比喻、排比、对偶、拟人等修辞手法，多引用古诗词名句、名言警句、流行的通俗歌曲的歌词，多用短句避免长句。遣词造句要感情丰富。

⑪内容要有时代感。切忌使用老掉牙的材料。应活用近几年发生的有时代感的材料，如女排精神、十大感动中国人物、创建和谐社会等。

⑫结尾。结尾要展示自己的文采，有韵味，让阅卷老师刮目相看。

⑬字数。一定要写够字数或稍微超过 50 ~ 100 字才好，但千万不要超出给出的作文格。

⑭书写。书写要工整，一笔一画清清楚楚，不要字迹潦草，妨碍辨认。

⑮错别字。高考作文每三个错别字扣一分，重复错别字不计数。不会的字或拿不准的字要回避。

## ◆数学试题解答技巧

数学试题也是有答题技巧的，掌握这些技巧，虽然不能在短时间内帮助你大幅度提高成绩，但是能够帮你找到答题的捷径，赢得宝贵的答题时间。并且，这些技巧可以使我们扬长避短，更有力地迎战高考。

当一个问题需要好几个条件才能解决，而有一个条件你始终得不到时，你便可以假设这一步成立，利用它的结论来解决后边的问题。如写“可证为……”，把这一过程舍去，是为了得到后面的分。就像数学归纳法的证明，格式很机械，在证 $N=K+1$ 时遇到不会做的情况，可以在中间连不上的时候，用词语强行连上。老师阅卷的时候只会扣中间一两步的分。

一、小题讲究“巧”

相比较而言，选择题和填空题算得上是数学试卷的小题，所占的分值大约是 70 分。虽然没有占大头，但是应该没有人会忽略这 70 分，因为数学成绩的好坏从某种程度上来说就是由这部分分数决定。小题的解题策略实际上非常重要，一定要充分利用题目中给出的有效信息进行“巧算”。倘若能够做到数形结合，这样将会更加巧妙，并使答题一目了然；倘若采取归纳类比、合情猜想的方法，那将会更快地梳理出解题思路；倘若你有能力采取特殊化方法的话，那你的优势势必会更加明显。

二、大题讲究“稳”

如果说小题是分数的基础，那么大题就是提高的保障。只有大题拿的分数多，才有可能拿到更高的总分。所以，在解答这些题的时候一定要稳扎稳打，尽可能地拿到所有该拿的分数。那么如何做到“稳”呢？以下五点值得我们关注。

①审题要慢、做题要快。审题非常关键，不管是简单题还是难题，都需要你对题目要求有非常透彻的了解。一般情况，前三道大题是中低档的题目，所以应该尽快的准确完成，以留出更多的时间来解决后面的难题。只有前面有了保障，攻克后面高档题的时候才会有更大的信心，也才会更加放得开。

②先易后难、分段得分。每年数学得满分的考生少之又少，所以，你不要幻想着在高考时数学能够拿满分。换个角度思考，学习再好的学生也会出现一些错误，所以，遇到难题感到做不下去实际上很正常，就看你如何从这道难题上尽可能多地争到分数。在这个时候，分段得分就很重要了。

**特级教师**

对于数学大题，步骤要严谨，要特别注意抓住每一个得分点，争取前面的三道题得满分，后面的题目能得多少分就得多少分。另外，也不要死钻牛角尖，遇到不会的题目不要过于着急，先让自己冷静下来，看看究竟卡在什么地方，是能通过努力解答出来。还是感到无从下手。如果的确感到困难，那就把能拿的分先拿下。

一定要把每个能想到的与题目考查范围相关的步骤都在试卷上写清楚，不管你是否确定就一定是这些步骤，也要写出来努力赢得步骤分。既然高考是分段给分，那么我们的对策也就是分段得分。

③灵活处理、有所取舍。数学题需要一步一步地进行推导，在某一个环节当中出现意外很正常，在这个时候，我们不能钻牛角尖，而是要灵活处理。比如，可以先从中间的问题做起，进一步开拓思路；将上一个问题的结论作为下一个问题的条件；先把后面的题目解答出来再思考前面的题目。要有所取舍，不要在同一道题目上花费太多的时间，以免影响后面的答题。

④书写规范、表达简洁。一般来说，高考数学试卷最后大题给出的空白区足够写答案，但如果解题的时候啰啰唆唆，那就很有可能导致留白不够用，使卷面变得混乱起来。同时，因为字迹的原因而使阅卷老师看不懂，这将是最糟糕的事情，千万不能因此失分。

⑤争分夺秒、学会抢分。考试还剩 30 分钟，还有三道大题没做怎么办？先做最后一道题，再做倒数第二道题。因为这两道题往往难度较高，但入口较宽，第一问是基础。把会做的第 1 ~ 2 小题用 3 ~ 5 分钟做好，这样就把最后两题中能得分的先拿下，然后用 20 分钟去做倒数第三题就不会心慌意乱了，反而能发挥较高的水平。

## ◆英语试题解答技巧

很多同学谈到应考技巧就觉得很心虚，那是因为在平日复习的时候自己很少使用这些技巧。不是不知道技巧是什么，而是没有意识去使用它们。等到真要上考场了，才想如果使用了这些技巧是不是会对做题有帮助。下面为大家介绍的技巧都是考入北大清华的状元和高考名师们总结出来的经验，可以供参考。

### 一、听力：抓好重点内容

在发下试卷之后，第一个任务是浏览全卷，紧接着就是要看听力试题。一定要把听力题目全看一遍，做好听力考试准备。通过浏览题目，你就可以大概知道将会听到哪些内容，听力中将会出现哪些话题。这步工作非常关键，因为前面几道题原文只读一遍，考生根本没有时间去仔细看题，因此，要将准备工作做在前面。

下一步就要静听对话。一定要保持平静的心情去听对话，不要有任何的杂念，努力使自己能够听清楚每一个细节。在听对话的过程中要捕捉重要信息并进行适当的记录。因为考试考查的就是那些重点，所以一定要想办法将重点筛选出来。适当的记录将有利于你进行选择。要学会取舍，不要眉毛胡子一把抓。

记录的重点是：电话号码、时间、年龄、价格等。对于阿拉伯数字、人名、地名等都可以采用记录第一个字母的方式，这样将会大大提高解题速度。

听力考查的主要形式有对话理解和短文理解。对话理解是考查我们在一定语境或情景中所表现出的快速反应、推理判断能力；短文理解则是在此基础上考查学生对一个结构比较完整，意义相对连贯的语段的理解能力，是一种高层次、有难度的听力考查形式。解答高考听力题：除了要在平时多听、多读、多积累外，在考场上还要掌握一定的方法。

## 二、单项选择：10分钟内完成

单项选择题一般是10道小题，要尽可能在10分钟之内将题目完成。这类题目的考查范围往往局限在动词、非谓语动词、时态、被动语态、情态动词、冠词、形容词、副词、代词、连词、倒装、习惯表达等。

解答这类题目的方法是：首先要看清题干，搞清楚考核内容；如果题目中有两处空，那么首先要确定自己最好把握的那个，用排除法去掉干扰选项，缩小范围；对于动词的考题，一般会考时态、情态动词、非谓语动词的使用及短语动词的辨析，那么在答题的时候就应该更多地从这几方面去进行考虑；倘若题目是疑问句，可以先将其变为陈述句，倘若是被动语态，可先将其变为主动语态，这样就可以比较清晰地判断出缺少哪个句子成分，有利于快速解题。

## 三、完型填空：注重文章整体性

做完型填空题最重要的是要有整体性和逻辑性观念，在回答问题的时候要从多个方面进行认真考虑。首先，要从上下文的角度去考虑，有一些地方可能只有联系上下文才能够确定哪个选项更正确些；其次，要从词汇意义及用法的角度去考虑；再次，一定要符合逻辑，不能仅仅看某选项符合语法、符合语义就可以了；最后，还要从习惯用法和搭配的角度去考虑问题。

### 四、阅读理解：看清题目的要求

在高考时，阅读理解题目要尽量在 25 ~ 30 分钟内完成。而做题的关键点就是要看清题目的要求。要有目的地进行阅读和分析，对关键句一定要反复阅读揣测作者本意。要联系上下文，不忽视任何一个细节问题。要学会利用细节对文意进行推理和判断。认真分析题目，搞清楚各个选项在意思上都有何不同。

在这里还需要提醒大家的是：有时候做题的第一印象非常关键。当你第一眼感觉某个选项是正确的时候，没有十足的把握就不要轻易地更改，因为第一印象往往很准确。

### 五、作文：写好作文的 24 个字

认真审题是最重要的，只有搞清楚题目的要求，才能写出符合规定的文章。这是取得高分的基础。同时，在确定文章主体结构的时候要多联想一些曾经遇到过的相同类型的文章，将一些优秀范文的句子适时地引用，这样将会使你的文章增色不少。同时，要尽可能确保语言的准确，切不可为了追求形式多样而错误百出。

写好英语作文可以用 24 个字概括：注意审题，确定要点，扩展要点，连句成篇，全面检查，书写规范。每个词其实都非常好理解，在这里就不再一一赘述。只要把以上几点完成好，相信你会写出一篇非常不错的短文。

无论是拼写错误还是语法错误，在英语写作中都要尽力避免。因为这些错误往往会给阅卷老师带来不好的印象。另外，虽然写作是展现自己英语水平的最好平台，却不宜过多卖弄，华丽的词语和花哨的句子未必能赢得评卷老师的好感。为了尽量使文章内容充实、各部分联系紧密，可以在适当的地方运用一些结构较为复杂的句式。这样才更容易受到欢迎，这样的文章更能给人一气呵成的感觉。

## ◆如何写好英语作文

写作就是通过语言表达自己的思想感情，中英文的写作都是这样，考查的都是考生对语言的实际运用能力。语言和思想是写作中不可缺少的两大因素，只是我们在用汉语写作的时候，基本上不用花太多的时间和精力去考虑语言，不用考虑是否会犯大的语法错误，因而我们的重点就放在了文章的内容、结构等方面。但英语的作文则不同了，考生必须同时兼顾语言和内容两方面。很多考生都认为，只要写了就有分，只要没大的语法错误就可以了。其实并不是这样的。语言和内容必须兼顾，如果处理不好这两者间的关系，考场作文也就只能停留在最低级的阶段。

每个考生都应该有信心，自己可以写出出色的英语文章。不要总是抱着差不多就行的心态写英语作文。要想写好英语作文，就应该注意以下几点。

### 一、掌握英语基本词汇和语法

要想写好英语作文，就必须先掌握好英语中基本的词汇和语法知识，这也正是我们初学英语时，试卷上不会出现作文题的缘故。因为刚接触英语，我们还处在语言学习的初级阶段，还没能掌握英语词汇、语法的基本用法。随着我们学习英语时间的增加，词汇量不断变大，也掌握了不少语法现象，这时我们也就具备了写英语作文的前提条件，而我们就一定要把这些基本的知识掌握牢靠了。

### 二、灵活运用学过的知识

只掌握了这些东西还是不够的，还要有能力灵活运用这些知识。既然学了新的单词、词组，学了新的从句，就应该信心十足地用来表达自己的思想，这是写作的第二步。

平日可以通过记英语日记等方法学着运用新的词汇、语法知识。只有平时练习得多了，考场上遇见了相关的内容，自己才会想到那些新鲜的搭配，而这些都有可能成为自己作文的亮点，成为作文拿高分的资本。

### 三、安排好文章的内容和结构

确认自己可以灵活运用词汇、语法知识表达自己的思想感情后，语言就已经不再是最大的障碍了。此时需要考虑的是如何写出新鲜的内容，如何安排好材料和文章结构等方面的问题。这样的状态才叫作写作。

**（1）仔细审题，突出重点：**大家都很清楚，英语作文要求的字数一般都比较少，所以更需要我们以较少的字数表达出重点的内容。写英语作文时，一定要先审题，搞清题目要自己写的重点是什么，然后围绕重点展开描述。不要在非重点部分随意发挥，而应集中火力直奔主题。

**（2）写好开篇语：**一般说来，英语写作非常注重的就是这个开篇语，即能够统帅全文或者全段的句子。根据选定了的中心，一定要写好这个开篇语，写得新颖、吸引人。在文章开头表达一次，再在作文末尾回应一下。同时要注意的是，文章的每段也应有自己的中心句。这样，整篇文章才会给人一种完整、有序的感觉。

**特级教师**

写英语作文千万不要好高骛远，没学好词和语法，就想用高深的语句，那样只能适得其反。写考场作文时更要注意这点，能用新鲜的词语当然是好事，但是自己拿不准的词语、句型，就千万别写，多写多错，还不如老老实实写自己最熟悉的简单句。

## 四、用好复杂结构和高级词汇

要适当用一些新鲜的词汇、结构。其实就是要考生不要总是应用低级水平的小短句，而是要用好那些新鲜的、复杂的结构和高级词汇，这些都将是老师改卷时加分的依据。考生应该试着把简单的句子变成复杂的句子，把初中的句子用高中学的新词带一下。

## 五、不写自己不熟悉的，避免好高骛远

这里要提醒大家的是，绝不能好高骛远。如果你发觉自己写出完整的句子都还存在困难，这说明你的基础知识还不够扎实。此时，你千万别急于写出长篇大论，而是要注意对语言的积累，留意那些常用词和句型。多读、多背课文，适当做一些翻译练习都可以帮助自己提高运用语言的能力，也可以为提高写作成绩打基础。

### 六、检查与润色，注意卷面

一气呵成的一篇考场作文，也少不了检查和润色。先检查有没有拼写错误，有没有语法错误。动词时态、语态是否正确，人称是否对应等，都是检查的重点。检查的同时还要再润色一遍文章，比如，适当添加一些合适的连词，注意分段、中心句，等等。

考试时间有限，虽然我们不主张打草稿，但把主要的关键词写下来，把要点列出来，还是很必要的。要保证自己写上卷面的是干净、整齐而正确的英文。别忘记，卷面也是英语作文得分很重要的一个因素。

## ◆理科综合试题解答技巧

理科综合是在高考第二天的上午进行的考试，所以一定要调整好自己的心态。不管前一天考试的情况如何，一定要放下所有的包袱，以一个饱满的精神状态迎接考试。

### 一、认真审题

理科综合审题也非常重要，特别是一些关键字词。只有搞明白这些字词的意思，才有可能真正了解题目所给出的信息。可以在这些关键词下面适当做上记号。另外，不能有轻敌的念头，尤其是遇到感觉特别简单或者特别熟悉的题目，更加不能掉以轻心。要时刻提醒自己，一些看起来难度不大的题目往往其中隐藏着“新意”，这些“温柔的陷阱”往往会使自己马失前蹄。同样，也不能一看到感觉困难或者从未见过的题目就主动放弃。要时刻告诉自己，再难的题目也是由一个个简单的步骤构成的，之所以感觉到题目难，是因为其中的某个环节没有被攻克，只要找到解题的思路，这道题目就可以很轻松地被拿下。因此，题目无论是简单还是困难，无论是熟悉还是陌生，都需要用谨慎而平静的心态去对待。也只有这样，在最后的考试当中才会稳扎稳地取得好成绩。

### 二、注意规范

不管是实验题还是计算题，都有属于自己的答题要求和规范。只有按照这些要求和规范去做，才能在这些方面不丢分或少丢分。计算题一般应分步列式，不要用综合或连等式，因为高考阅卷是按步给分的；应用常规方法，使用通用符号，以免阅卷老师判错；说明题应用各学科规范语言，以免表达不严谨而被扣分。这些都需要你在解答题目的过程当中多加注意。

由于理综涵盖了三个学科的试题，因此存在学科交叉的部分，如果审题不仔细就会漏掉某一重要信息，使解题陷入困境之中。一些同学遇到理综试题容易感到慌乱，这是不必要的。虽然试卷上会出现学科间交叉考查的题目，但都是课本上最基础的知识，因此只要放平心态仔细审题，得出答案也并非想象中那样困难。

### 三、做题顺序

一般来说，理科综合中各科题目的排列顺序都是先易后难，因为出题老师也希望通过这样一种循序渐进的方式使大家尽快进入答题状态。既然这样，那我们在做题的时候也就应该尽可能地依据题目安排的顺序一一解答。这样不仅符合心理习惯，而且能够做到心中有数。

对于做题顺序，很多同学在这一方面都存在误区。由于理综试卷囊括了三科的题目，所以有不少同学在做题的时候会感到特别没有头绪，上一道刚做完生物题这一道又要应对物理题了。于是就有同学喜欢分科做，先把其中一科的全部题目都处理完，再去做下一科的题目。其实，这样的做法往往是不被提倡的，因为只有读完题目之后才能确定这道题属于哪一科目，如果不做就放过去接着做下面的题目，而等到再回来做这道题的时候就又要重新读题，无形中浪费了做题的时间。

### 四、做题原则

如果做题中遇到难题究竟该怎么处理呢？是不是一定要遵循从前往后的顺序呢？答案当然是否定的。倘若遇到难一些的题目，经过几分钟思考后依然没有思路，那就应该暂时放下，开始做其他的题目。千万不能因为一道题而浪费了大量的时间，使后面的题目不能保质保量地完成。如果因为这样的原因而对整体分数造成了影响，那实在有些可惜。

五、优势优先

你对物理、化学、生物三门学科的掌握程度不可能是完全相同的，一定有相对而言的优势学科，那么在做题的时候就应该适当地调整好自己的时间。对于自己的优势学科，在保证正确率的情况下要尽快解答。这样将会节省出更多的时间留给稍微逊色的学科，从而最大限度地保证分数的最大化。

六、不留空白

不管你是不是能做对这道题目，也不管你是不是会做，都不能在卷面上留下一片空白区域。在这个时候，能写多少步就写多少步，要力争拿下自己能够拿到的得分点。并且，有大片的空白区也会破坏老师的阅卷印象，导致最终失去了印象分而吃亏。

## ◆文科综合试题解答技巧

不管考前复习效果如何，一切都要在真正的考试当中进行检验。所以，如何在考场上能够最大限度地发挥出自己的水平就显得尤为重要。那么，文科综合这三个学科有怎样的应考技巧呢?

一、政治：审题沉稳，理清头绪

政治学科没有非常有效的应试方法，一切都需要依据自己的习惯进行答题。特别需要注意的是，不要随便改变自己原先的答题习惯。毕竟习惯已经养成，想在考场上改正是很困难的。另外，一定不要着急做题。每年的考试当中，总是会有同学匆匆忙忙地审题，慌慌张张地做题，直到写了大半，才发现审题出现了问题，那个时候再修改就来不及了。

一定要尽可能地保证试卷的整洁，字迹要清晰，方便阅卷老师辨认。同时，在答题的时候一定要层次鲜明，每个答题要点都应该单独罗列，这样可以更好地使阅卷老师找到你答题的得分点，从而提高成绩。

答题的时候一定要全面，要结合自己高中所学相关内容进行回答。特别是回答哲学问题时，一定要看清楚是从哪个原理的角度进行作答，倘若没有要求，就一定要尽可能答得全面准确。

选择题：①抓住立意。每个选择题只有一个立意。也就是说，每道题目只有一个中心思想。所以，在看到题目之后，一定要认真阅读，尽快找到中心思想。然后再看设问，这样就能很快地找到答案。②找关键词。一般来说，每个选择题的关键词大多在题干的最后一句话中，如范围关键词：经济学、哲学等；内容关键词：措施是、制度是等；形容词关键词：根本、主要等；立意和关键词相结合，对做难度稍大的题目有很大的帮助。③排查错误选项。高考题目中有一部分是难度相对较大的题目。甚至有一些选项一时难以理解。如果遇到了这样的情况，那就要使用排查法，先把明显错误的选项去掉。然后进一步缩小范围。

材料题：①先看设问，审清题意，后看材料。②围绕设问，分析材料，要注重切入语，进行总结观点要明确。③能分段就分段，能分点就分点，标清大小点。

**特级教师**

地理中的很多知识点是通过地图串联起来的，因此如果想要在地理考试中得高分，就一定在平日训练时加强对图的关注，画图更是一种有益的学习方法。如果能够将地理课本中需要掌握的图熟记于心，就能在答题时快速找到解题思路，在考场上做到游刃有余。

图表题：①认真审题是正确答题的前提和关键。审题不准确，答案就不可能正确。审题要注意：审读设问和审读图表相结合；审读图表标题；在横向和纵向两方面审读图表；审读图表的内在联系；审读附注或注释。②要把图表所反映的信息与设问的要求联系起来，结合材料，联系热点，做出正确的归纳和总结。

## 二、地理：读懂地图是答题关键

发下试卷之后，首先要翻阅全卷，看看有没有地图，都是哪类的地图，看看这些地图是否熟悉，这样对心理能够起到稳定作用。另外，有些试卷中非选择题上的地图，能够给前面答选择题一些提示和帮助。其次是应认真审视题干的要求，一些考生常常忽略了题目中画图的要求，结果痛失分数。也有很多试题常常采用连题的形式，往往一环紧扣一环，前面的答案会对后面的作答产生影响，因此审题要细心。最后是在时间的安排上，与历史、政治相比，地理学科思考的时间多于作答的时间，故要求考生认真分析题干。

地理中有不少国家、省（区）、河流等的轮廓或形状要识记。如何尽快准确而又便捷地将它们记住，不妨采用看图形象记忆的方法。记忆时，可展开丰富的想象。如将南方四省比作机器人，将肚子部分看作湖南，脑袋看作湖北，两条腿的左边和右边便分别为广东、广西。又如，非洲大陆轮廓像是一个梯形和三角形的组合；意大利版图则像一只加了高跟的靴子在踢足球；我国青海省轮廓像是一只兔子，西宁则似它的眼睛。

对于综合题来说，一般是有地图的，所以要认真审清地图和相关材料。综合题的难度一般不太大，只要根据各学科知识认真回答即可得分。

### 三、历史：明确要求，抓住重点词

做历史题的时候也一定要特别注意审题，务必要清楚地了解问题和其限制条件，比如时间、地点、范围、程度等都要搞清楚。同时，答题的时候可以采取各种方法解答：分析法，从各个方面详细阐述；论证法，首先确定论点然后拿出相关证据来证明自己的论点；对比法，找到事物之间的相同点与不同点，进行科学的对比；叙述法，按照时间先后的顺序进行答题。

一般来说，历史题目的设计是一道大题下面设置 3 ~ 4 个小问题，这就要求大家在审题的时候分清主题干和分题干的要求。要注意题目当中的重点词，防止出现明明试题要求答“错误的是”却答了“正确的是”这样的低级错误。

历史的发展顺序是用时间来表示的。时间，是构成历史事件的重要环节之一。因此，学习历史，自然就要记住重要的历史时间，而这正是令不少同学头疼的事。要记住历史时间一定要讲究学习方法才行。

# 第五篇

# 合理营养不可缺少

第一章　高中生应该补补脑

第二章　壮体益智迎高考

第三章　高考食谱巧安排

第四章　走出饮食误区

# 第一章 高中生应该补补脑

## ◆食物对健脑益智有什么作用

食物因其不同的性能和作用，在健脑益智方面能发挥不同的功效。科学研究发现，通过健脑，能够增强智力的效能，表现为如下七个方面。

一、能激发创造力

很多食物能使人体内的血液得到稀释，从而让血液流动更加畅通，以使大脑可以得到充分的血液供应，为大脑提供更多的营养物质。此类食物如常用的生姜、洋葱、大蒜、柠檬等，其所含的姜辣素、挥发油、柠檬酸等成分，有助于激发人的想象力和创造力。

二、能增强记忆力

凡含胆碱（或在体内转化释放胆碱）、维生素 C 等营养成分的食品，由于它们能够增加大脑活动时所必需的乙酰胆碱，且是脑神经细胞间传递信息的桥梁，所以能增强大脑的记忆功能。这类食品包括豆类、蛋黄、鱼类、水果、蔬菜等，如大豆能够在人体内释放较多的乙酰胆碱；水果中的菠萝、蔬菜中的番茄等，都含有丰富的维生素 C 和微量元素，而且热量小，有助于提高记忆力；经常吃胡萝卜有加强大脑新陈代谢的作用。

三、能提高灵敏度

有些食物确能使人反应敏捷、思路灵活。如含有较多的优质蛋白和卵磷脂的核桃，对促进脑细胞代谢有益；栗子，除含有丰富的卵磷脂、蛋白质外，还含微量元素锌、钙等，同样有助于提高大脑思维的灵敏度。

四、能使人集中精力

大多数含有挥发油等成分的食物，它们能稀释血液、改善大脑的血液供应，并且还能消除心理疲劳和大脑的过度紧张。这些食物有洋葱、大蒜、芫荽、柿椒等。曾有专家研究指出，如果学生能够在每天饮食中吃半个洋葱（辅料），可以收到注意力集中的良好效果。

五、能提高分析能力

人们要经常食用的花生、松子、栗子、瓜子、杏仁、银杏、胡桃等，因为它们含有人体多种必需氨基酸、卵磷脂等营养成分，不但可以防止过早衰老，并且能够促进脑细胞的新陈代谢，达到健脑益智的效果，还能保护血管，防止脑功能衰退，提高分析和判断能力。

六、能促进睡眠

充足的睡眠可以使大脑及时休整，而日常食用的小米、酸枣（仁）、五味子、猪心、小麦之类，具有显著的安神、定志的效果。几千年前的《黄帝内经》就有专治失眠的“半夏秫米汤”的记载。中医专家建议，于睡前半小时，适量进食小米粥，可以帮助入睡。

七、能提高学习效率

凡是能够促使体内血糖顺利地通过大脑的各道屏障而进入脑组织，所生能量可以被大脑充分利用，或者具有促进血糖氧化和释放能量作用的食品，都可以提高大脑在学习、工作时的效率。这类食物有苹果、龙眼、大枣、葡萄、橘子、番茄、柠檬、胡桃、栗子、香榧等。

## ◆怎样选健脑食品

人类生命的延续、种族的繁衍，离不了各种食物，而食物又分为谷、肉、果、蔬、山珍、海味等多种门类。它们不仅营养丰富，而且美味可口。因为它们是日常必需的，故人们常说“药补不如食补”，可见人们对于容易消化、吸收的食品是何等的喜爱。事实上，只要人们能合理、正确地进食，是能够满足身体对营养素的需求的。尤其是大脑所需的营养成分，大多是要通过食物自然、平和的属性来给予补充。健脑食物当然也就成为补养大脑的首选。而在选择健脑食物时，最好还是选择自然环境下生长的原生态的动植物，营养成分相对要纯正一些，这也是当今强调“返璞归真”“回归自然”的道理。

中医历来强调“五谷为养，五果为助，五畜为益，五菜为充”，并指出“天食人以五气，地食人以五味”，就是说通过“气”“味”的调和，经过肠胃运化之后，能“化生津液，补益精气，强志健脑”。我们知道大脑功能的正常发挥，离不开整体功能的良好状态。大脑的营养既有其特殊需要，又有其普遍需求，故应当杂食共进，五味协调，主食配以其他杂粮和菜肴，这样特殊营养可以满足，而各种营养成分也相对平衡。所谓辨证施食，就是根据食物的性味特点和功能，因人、因时合理地选择和摄取需要的营养素，从而达到健脑益智的目的，这就是中医重视食物健脑的特点和精华。我们试图把有健脑作用的日常食品进行归并，分为如下七大类。

鱼类　该类食品大多含有不饱和脂肪酸（包括亚油酸、亚麻酸、卵磷脂等），并有丰富的蛋白质、钙、磷、锌等矿物元素，对大脑细胞的生长发育非常有益。日常食用的鱼类有：带鱼、青鱼、鲢鱼、鲫鱼、鲤鱼、鲳鱼、草鱼等。

奶蛋类　这类食物富含蛋白质、色氨酸、磷脂、钙、镁等，尤其在蛋黄中还含丰富的胆碱，它们是脑神经细胞的重要物质。常用食品有：牛奶、酸奶、奶酪、鸡蛋、鸽蛋、鹌鹑蛋、鸭蛋等。

蔬菜类　这类食物除富含人体容易利用的水分外，并有较多的维生素 C、维生素 $B_1$、植物蛋白、胡萝卜素、生育酚、叶酸等，对脑细胞的代谢和发育有益。供选择的品种甚多，如菠菜、胡萝卜、黄花菜、卷心菜、芹菜、番茄等。

果品类　此类食品大多为碱性物质，可用以清除脑的酸性代谢产物。它们含维生素 C、维生素 $B_6$、果糖等。常用食品有橘子、柚子、柑子、橙子、柠檬、香蕉、草莓等；另有胡桃、芝麻等，含氨基酸、维生素 $B_1$、维生素 C、卵磷脂等，是脑细胞“构架”的材料。

谷物和豆类　是人类生命活动所需热能的主要来源之一，它们含碳水化合物、蛋白质、脂肪、钙、铁、维生素 $B_1$、纤维素等，除供给大脑能量外，还有促进大脑微循环畅通，改善脑代谢功能的作用。这类食品有大米、小麦、小米、玉米、大豆、荞麦、莜麦等。

肉类　这类食品可分为“畜肉”和“禽肉”两类，它们主要含氨基酸，且色氨酸含量很高，故能健脑益智，并有铁、锌、钾、磷等健脑必需的微量元素。常用的食品包括猪肉、牛肉、羊肉、兔肉、鸡肉、鸭肉、鹌鹑肉等。

海藻类　它们富含碘、硒等微量元素，而这些营养成分具有促进大脑发育、增强脑神经细胞活力的功能。常用的有海带、紫菜、海苔等。

此外，具有健脑益智作用的食物还有很多。中医学认为，那些能宁心定志的桂圆、芝麻、荔枝、藕粉等，安神、涩精、强记的猪心、芡实等，补肾、添精、强志的葡萄、木耳、墨鱼、樱桃、大枣、火腿、羊肾、牛髓、鸡肉等，都有健脑益智的功效。所以，只要平时能有计划地选择食品，合理配伍日常膳食，对于提高记忆、思维能力，一定会有较大的帮助。

## ◆主要健脑食品介绍

食物是否健脑，首先是看它们能否通过血脑屏障，是否含有能促进记忆功能的高级蛋白，另外就是是否含有丰富的大脑组织所需的微量元素、维生素和矿物元素。凡是具有上述要素的，均可认定为具有健脑益智作用。

其实，健脑食物不是单一的某食品，也不单是某种营养成分，应当是多种食品及它们所含营养素的总和。如果一定要把健脑益智食物按所含的主要营养成分分类，大约可划分为：富含碳水化合物的健脑食物（如大米、面粉、小米、玉米、红枣、桂圆、蜂蜜等），富含优质蛋白质的健脑食物（如蛋类、乳类、鱼类、禽类、瘦肉类及大豆类），富含不饱和脂肪酸的健脑食物（如各种植物油、葵花子、南瓜子、花生、西瓜子、核桃、鱼、虾等），富含脑磷脂的健脑食物（如猪脑、羊脑、鸡脑等），富含卵磷脂的健脑食物（如鸡蛋黄、鸭蛋黄、鹌鹑蛋黄、大豆及其制品），富含维生素A的健脑食物（如动物肝脏、乳类、蛋类及胡萝卜、韭菜、海带和木耳等），富含D族维生素的健脑食物（如谷类、豆类、花生、核桃、芝麻、腰果、香菇、卷心菜、蛋类、奶类、瘦猪肉、动物脏腑、酵母、鳝鱼等），富含维生素C的健脑食物（如鲜枣、猕猴桃、柑橘、柠檬、柚子、菜花、绿叶蔬菜、辣椒、西红柿等）。一般情况下，要提高智力，选择健脑食物时，也要辨其体质，如血虚者，可选龙眼肉；活力不足、懒散，可能属脾肾阳虚者，宜选用虾类、鹿肉、牛肉等。

中医学所指的“脑”，不单指器官的形式，而具有更广泛的含义。所以《黄帝内经》中有“心主神明”（指出心可以行使脑的部分功能）、“肾生髓、通脑”（指出肾是脑髓的源泉）等论说。中医学说中所论及的心、肾等脏器与脑在物质结构和功能活动方面存在着密不可分的关系，许多动物的心、肾、髓，如猪心、羊肾、牛髓等都被视为健脑佳品，便与这种理论相关。为了能恰当地选择健脑食品，并进一步了解这些食品所含的营养成分，现选一些常用的健脑食品介绍一下。

青鱼　又名黑鲩、青鲩、鲭，为鲤科动物。青鱼的肉富含蛋白质、脂肪、磷、钙、铁、硫胺素、核黄素、烟酸等。有补气养胃、化湿利水、健脑益智的功效。

鲫鱼　又名鲋鱼、喜头、鲫拐子，为鲤科动物。含丰富的蛋白质、钙、磷、铁、烟酸、维生素$B_1$、维生素$B_2$、维生素$B_{12}$及多种微量元素。有益气健脾、清热解毒、补脑强记的作用。

鲢鱼　又名花鲢、白鲢，为鲤科动物。鲢鱼的肉富含蛋白质、脂肪、钙、磷、铁、多种氨基酸、维生素$B_2$、维生素A、烟酸等。有益气利水、健脾和胃的作用。

鸡肉　富含蛋白质（为猪肉的近3倍），并含多种人体必需氨基酸，而脂肪含量较少（大多为不饱和脂肪酸），还含碳水化合物、钙、磷、铁、硫、镁及维生素C、维生素$B_1$、维生素$B_2$、维生素E、烟酸等。鸡肉性温，味甘，能补益中气、温脾填精，具有抗疲劳、抗衰老和提高免疫功能的作用。因为它能温中益气、补髓添精，故还有补虚益智的作用。《神农本草经》也指出，常吃鸡肉能“通神”，历代医家均认为鸡肉“食之令人聪慧”。

牛肉　黄牛或水牛的肉富含蛋白质、人体必需的氨基酸、脂肪、维生素$B_1$、维生素$B_2$、钙、磷、铁等。能益气健脾、生津和胃、养血止血、强筋健骨，凡身体虚弱、智力衰退者，吃牛肉最为相宜。且牛肉所含蛋白质、磷较多，组成牛肉蛋白质的氨基酸种类多，结构合理，为完全性蛋白质食品。牛心，更是传统的益智食品。

牛奶　牛奶富含蛋白质、脂肪、糖类、钙、磷、铁、维生素 $B_1$、维生素 $B_2$、烟酸、维生素 C、维生素 A 等。牛奶钙含量高，吸收率也高。牛奶中的蛋白质主要是磷蛋白，即酪蛋白、白蛋白、球蛋白，这三种蛋白都含人体必需氨基酸。牛奶还含有卵磷脂，学生常饮牛奶，可补充蛋白质和钙等营养成分，有利于健脑。

大豆　大豆是传统的补益食品，具有益智、美容等功效。大豆包括黄豆和黑豆。黑豆可常食用，入药也可以，其益智作用在某些方面超过黄豆。粮食中大豆的蛋白质含量最高，一般为 30％～40％，黑豆蛋白质含量达 50％。大豆中的蛋白质不仅量多，而且质好，氨基酸的组成与人体的需要比较接近。大豆的脂肪含量可达 15％～20％，其中不饱和脂肪酸占 84.4％，又以亚油酸和亚麻酸最为丰富。此外，大豆还含有 1.64％卵磷脂。因为大豆脂肪的熔点低，易于消化吸收，因此对儿童的大脑、神经系统发育具有重要意义。要多给学生吃豆油以利于健脑。大豆中铁、钙、镁、B 族维生素含量也较高。大豆可以制成水豆腐、老豆腐、百页、腐乳、腐竹、油豆腐、豆浆、豆腐脑、豆芽菜等，均有益智健脑的功效。

核桃　核桃为胡桃科胡桃属乔木植物，又名胡桃、羌桃、合桃等，与杏仁、榛子、腰果并列为世界四大干果，在我国也享有“万岁子”“长寿果”“养人之宝”的美誉。原产我国西北地区，种植历史至少有 2000 年。核桃树高大而长寿，其高可达 21～46 米，核桃可以自花或异花授粉。优良品种有：绵仁核桃、霞仁核桃、阳平核桃，最著名的是河北省的石门核桃，特点是纹细皮薄、口味香甜。核桃是理想的滋补食品，核桃中所含的脂肪和蛋白质，不仅量大而且质优。此外，它还含有糖分、多种维生素、钙、磷、镁、钾、锰、铬等矿物质，以及鞣质、纤维素、戊聚糖等。据分析，500 克核桃肉的营养价值，相当于 2500 克鸡蛋、4750 克牛奶或 1500 克猪肉，可见核桃对人体的营养作用很大。《医学衷中参西录》一书分析，核桃为滋补肝肾、强筋健骨之要药，故善治腰疼脚痛，一切筋骨疼痛。因为其能补肾，故能固齿、乌须发，治虚劳咳嗽、下焦虚寒、小便频数、女子崩带诸症。核桃，味甘、性温、无毒，能润肤黑发，补肾助阳、补肺敛肺、润肠通便、补气养血、润燥化痰。有健肾、补血、润肺、益胃之功效，对肾亏腰痛、肺虚久咳、气喘、大便秘结、病后虚弱以及头晕、失眠、食欲不振、全身无力等症均有一定疗效。对大脑神经有益，是神经衰弱的辅助治剂。核桃油可作缓下剂，并能驱绦虫，是高级的食用油。长期从事脑力劳动，或体力劳动过度的人，食用核桃可以补脑、健脑；患有神经衰弱者，坚持每天早、晚各吃 2~3 个核桃，会有明显的疗效。核桃可增强人体细胞的活力，对防止动脉硬化有益。核桃中的大量维生素 E，还可延缓衰老。现代医学研究发现，核桃仁中的脂肪含丰富的不饱和脂肪酸，其中不饱和的双键具有与其他物质相结合的能力，可促进胆固醇代谢，从而提高大脑功能。核桃仁中所含的锌、锰、铬，对维持心血管的健康，保持内分泌和生殖功能的正常有重要作用。核桃中含的磷质，具有调节脑神经的作用。

花生　花生除含有多种氨基酸、蛋白质、脂肪、钙、磷、铁、B 族维生素外，更为突出的是含有较多的卵磷脂和脑磷脂，这是神经系统所需要的重要物质。所以花生是一种良好的“健脑食品”，常食花生可以改善脑血管的循环，增强记忆力。

胡萝卜　又名红萝卜、丁香萝卜，为伞形科两年生草本植物。含 10 多种维生素、多种糖类（如葡萄糖、果糖、蔗糖等）、5 种氨基酸（如赖氨酸等）、丰富的胡萝卜素、蛋白质、粗纤维、磷、钙、铁、果胶、有机酸、胡萝卜碱、琥珀钾盐及降糖成分等。味辛甘，性微温，有下气补中、利胸膈、调肠胃、安五脏之功效，能健脾和胃、生津止咳、润肠通便，是健脑益智之佳品。

辣椒　又名秦椒、辣茄、番椒，为茄科植物辣椒的果实。含辣椒碱、二氢辣椒碱、高辣椒碱、脂肪油、龙葵胺、大量维生素 C、隐黄素、辣椒红素、辣椒玉红素、胡萝卜素、烟酸、粗纤维、柠檬酸、酒石酸、苹果酸、蛋白质、脂肪、糖类、钙、磷、铁等。味辛，性温，温中散寒，开胃除湿，促进食欲，有助于激发思维、增进想象力。

姜　又分老姜、嫩姜。含有姜醇、莰烯、柠檬醛、甲基庚烯酮、王醛、芳樟醇、姜辣素（包括姜油酮、姜油酚、姜油醇及姜烯）、水芹烯、天门冬素、谷氨酸、丝氨酸、甘氨酸、姜酚、茴香萜、桉树脑、姜黄素、维生素 B 类、维生素 C、烟酸、蛋白质、糖、粗纤维、脂肪与丰富的铁盐。味辛，性微温，有温中、发汗、解鱼蟹毒、祛风除湿、促进血液循环、增强大脑记忆力等功效。

葱　又称青葱、葱白头、菜伯、火葱等。为百合科多年生草本植物。含挥发油、脂肪油、葱蒜素、二烯丙基硫醚、胡萝卜素、糖类、蛋白质、黏液质、烟酸、粗纤维、维生素 A、维生素 $B_6$、维生素 C、钙、磷、铁等。味辛，性温，有散寒、回阳、宣窍、醒神、益智、解毒之功效。

茄子　又名落苏、酪酥，为一年生茄科草本植物，有紫、白、青、黄几种，以白、紫为上品。含胆碱、葫芦巴碱、水苏碱、龙葵碱、色素、蛋白质、糖、脂肪、维生素 C、维生素 $B_1$、胡萝卜素、烟酸、粗纤维、铁、钙、磷等，紫茄子中还有维生素 P 和皂苷等物质。味甘，性寒，无毒，所含胆碱经体内代谢后，有益智健脑之功效。

香菇　又名香蕈、冬菇等，营养丰富。含有蛋白质、脂肪、碳水化合物、钙、磷、铁及维生素 $B_1$、维生素 $B_2$、维生素 C、维生素 D 等成分。人体必需的 8 种氨基酸，香菇中就含有 7 种。香菇是有利于健脑的美味食品。

黑木耳　味甘，性平，补气益肾，滋肺清肠，养血乌发，降脂活血，凉血止血。含丰富的蛋白质、糖类、维生素 C、维生素 $B_1$、维生素 $B_2$、胡萝卜素、脂肪、粗纤维和钾、钠、磷、钙、铁、锌、硒等矿物质。经常适量食用黑木耳，对老年人能防治动脉粥样硬化、冠心病，以及降压等，对青年学生则有补肾健脑、增强记忆的作用。

小米　含蛋白质、脂肪、淀粉、钙、磷、铁、胡萝卜素和维生素 $B_2$ 等。能补虚损、健脾胃、清虚热，被称为健脑主食。在治疗方面，小米有防治神经衰弱的作用，平时常吃小米粥、小米饭，有利于脑的保健。

玉米　含淀粉、蛋白质、脂肪、胡萝卜素、钙、磷、铁及维生素 $B_1$、维生素 D、烟酸等，而且富含不饱和脂肪酸，其中 50% 为亚油酸，还含有卵磷脂、胆固醇、维生素 E 等。其营养超过大米，尤其所含不饱和脂肪酸，有助于人体脂肪的正常代谢。其味甘、性平，补中健胃，运脾化温，利水清热。《本草纲目》称其“气味甘平，无毒，主治调中开胃，根叶主治小便淋漓”，有延缓细胞衰老和防治脑功能衰退等作用。

洋葱　又名玉葱、球葱、圆葱、葱头，有黄皮、红皮和白皮三种。洋葱含有柠檬酸、叶酸、硫胺素、核黄素、多种游离氨基酸、胸腺嘧啶、槲皮素、胡萝卜素、维生素 $B_1$、烟酸、维生素 C、粗纤维、蛋白质、钙、磷、铁、硒等。味辛甘，性温，能激发大脑的思维活动，增进创造性和记忆力。

## ◆天然药材的健脑作用

当我们了解怎样从食物中摄取大脑所需的营养成分以后，还必须掌握如何从天然药材中寻求健脑益智之品。因为中华医药文化，历来强调“药食同源”。古代“神农尝百草”的故事，就是告诉我们“药”的根本就是来源于食物，只不过是在人类长期生活实践中，将为治病所用的“定格”为“药品”，而那些日常生活中用以充饥、果腹者，叫作“食品”。即使如此，目前还有不少仍然可以“药食两用”，例如大枣、银耳、茯苓、芡实、银杏、薏苡仁、莲藕、山楂、龙眼肉、山药等。所以从天然药材中选取“健脑益智”之品，制成药膳，同样有益于考生备考。

### 一、中医对健脑的认识

中医对人脑结构与功能的认识非常深刻，指出，脑虽深藏于头部，是全身最精密的器官，但与五脏六腑相连。因此，前贤曾强调其外形像“腑”，但功能更近似于“脏”，称它为“奇恒之腑”。明代医学家李时珍又称脑为“元神之府”。中医的经典著作《黄帝内经》中说到，当人怀孕后，胚胎逐渐成长，脑髓也随之生成，从而提出“脑为髓之海”的论点。

髓从何来呢？先辈们认为“肾主精”“精生髓”，髓通过背脊正中的督脉而上通于脑。清代时，有河北名医王清任，经对人体解剖后，对此有了更全面的认识，提出脑髓与智力发展关系十分密切。

对照现代有关脑——神经系统功能的研究，中医则把它们归列于五脏，且有明确的分工。其中尤以心、肾占主要地位。《内经》提出了“心主神明”“肾藏智”的说法。从而强调对大脑的保养、智慧的开发，需要重视益肾气、补肾精，同时还要补益心气。中医通过长期的临床实践，积累了丰富的经验，从而认识到，补脑益智除食物外，确实可以从补肾、宁心、益气血的天然药材中选取，或单用泡服，或制作药膳，或配制点心。

中医学还特别强调，“肾气”与人体的盛衰有密切关系。《黄帝内经》就曾指出女子“二七”、男子“二八”之期“肾气”始盛，这时人的脑力充、精神健、活力足；而到“七七”和“八八”，则“肾气”渐渐衰竭，智力减、精神颓，甚至出现呆滞等。所以，中医历来主张健脑要重视补肾。

## 二、健脑天然药材选介

能健脑的天然药材有哪些？中医指出，脑为“髓海”，而肾主骨，生髓。又说“心主神明”，而主生血。“肝藏血”（魂之所依者），并司谋虑。所以，增强记忆力的药物，常常要从具有补肾、滋肝、养心（血）功能的药物中挑选，这些天然药材又常被列为“健脑益智”药物。较常用而有效的有：枸杞子、熟地黄、巴戟天、杜仲、益智仁、桑葚子、菟丝子、肉苁蓉、五味子、山茱萸、龟板、鳖甲、麦冬、何首乌、人参、黄芪、黄精、枣仁、灵芝、石菖蒲、柏子仁、芍药、丹参、当归、冬虫夏草、茯苓、天麻、参三七等。现分别简介于下，以供选用。

**枸杞子**　又名杞果、甘杞子、枣杞子，为茄科多年生灌木枸杞的果实。味甘，性平，入肝、肾两经。滋阴补肾，益精明目，养血涵肝。现代药理研究发现本品含甜菜碱、胡萝卜素、维生素A、B族维生素、维生素C、钙、磷、铁、烟酸、亚油酸等。具有滋肝益肾、养血填精之能，并有降血糖、降血脂等作用，故能健脑增智。

**熟地黄**　又称熟地，为玄参科多年生草本植物地黄的根茎，乃干地黄经酒拌焖，反复蒸晒而成。味甘，性微温，入心、肝、肾经。具有补血调经、滋肾育阴之功。现代药理研究发现其含地黄素、甘露醇、糖类、氨基酸、维生素A等。有强心、利尿、血糖、血压等功能，故可填益精髓、健脑增智。

**巴戟天**　又名巴戟肉，为茜草科多年生藤本植物巴戟天的根。味辛、甘，性微温，入肝、肾两经。能补肾壮阳、强健筋骨、逐寒湿、祛痹痛。现代药理研究发现，巴戟天含维生素C、树脂、糖类及皮质激素样物质，有降压、抗疲劳和抗衰老等作用，并通过补肾而达到健脑益智的效果。

**杜仲**　又名绵杜仲、厚杜仲，为杜仲科落叶乔木杜仲的树皮。味甘微辛，性微温，入肝、肾两经。能补益肝肾、强健筋骨、安养胎元、平降血压。现代药理研究发现本品内含杜仲酸、树脂、鞣质、糖苷、有机酸等，对肾虚腰痛、高血压等症有镇静、镇痛、降压的作用，并因其能填益精髓，故有健脑益智之功。

益智仁　为姜科植物益智草的干燥成熟果实。味辛，性温。具温脾止泻、暖肾固精、摄涎缩泉的功用。现代药理研究发现本品含卵磷脂、氨基酸、生物碱、钙、磷等。因其能固精健脑，故称其“益智”，确有增强记忆、使人聪敏之效。

何首乌　又叫首乌、制首乌，为蓼科多年生缠绕草本植物何首乌的块根。味苦甘微涩，性微温，入心、肝、肾经。能补肝肾，益精血，乌须发，美容颜。现代药理研究发现，其含卵磷脂、蒽醌类大黄素、大黄酚、大黄酸、淀粉、粗纤维等。具有强壮神经及类肾上腺皮质激素样作用，有降低血清胆固醇、缓解动脉粥样硬化形成的功能，生用时具有缓泻作用，但有微毒不可多服。

人参　又名吉林参、生晒参、朝鲜参、别直参等，属五加科多年生草本植物人参的干燥根。味甘，微苦、微辛，入肺、脾、心经，大补元气，生津调营。能促进人体的新陈代谢，调节网织内皮系统功能，提高脑力和体力劳动的效率，能增强免疫功能，也能健脑益智，特别是通过增强心脏收缩能力，而给大脑供给充分血氧。其所含的 29 种人参皂苷等，有抗疲劳、醒神增智的作用。

黄芪　又名绵芪、箭芪、黄参等，为豆科多年生草本植物黄芪的根。味甘，性温，入脾、肺两经。具补气升阳，固表敛汗，利尿消肿，排毒生肌的功能。现代药理研究证明，它含胆碱、甜菜碱、多种氨基酸、蔗糖、叶酸等，并具有增强网状内皮系统的吞噬功能，能提高人体抗病能力，还有强心、保肝、抑菌等多种功效。因其能补气养血，故能益智健脑。

灵芝　又名木灵芝、灵芝草，为多孔菌科多年生草本植物紫芝（或赤芝）的全株。味淡、微苦，性温，入心、肝、脾、肺、肾经。具补肺益肾、健脾宁神、益气健脑、延缓衰老之功。现代药理研究表明，其含蛋白质、氨基酸、油脂、甾体、生物碱、酸性树脂、酚类等。有调节自主神经、降低胆固醇、抗动脉粥样硬化、强心、降血压、降血糖、保肝、止咳平喘等作用，故经常服用本品，能宁心神、益智健脑。

# 第二章
# 壮体益智迎高考

## ◆饮食调理补充大脑能量

古代打仗常常强调“兵马未动，粮草先行”。同学们迎接高考，无疑也是在打一次硬仗。在整个过程中，除了要求心态平稳，尽量争取充足的睡眠外，合理的膳食和营养平衡是保证提高智力、保持才思敏捷的另一个方面。因为很多食物确实有益于提高人的记忆能力。

人们知道，通过饮食结构的合理调整，大脑的疲劳状态能迅速得到改善，这就有利于健脑和益智。当然，益智食物并不是指某一品种，也不单指某种营养成分，而是“平衡”的营养状态。所以我们要学会科学地组合饮食结构。在迎考阶段，需要重视“美食先行”，在迎考的早期就要给考生合理安排健脑营养成分。由于大家迎考的时间性极强，绝不允许停顿、休息，只能勉力而为，因此，恰当选用食物补充能量，并适当促进血液循环，以加快代谢产物的及时排出，才能保持旺盛的精力，维护和健全脑力，达到益智、增智、增强记忆之目的。

大脑，是人体耗能最多的器官之一。在一般情况下，人体每天所耗能量的1/5是在脑内消耗的，如果是从事艰苦的脑力劳动，大脑的耗能可以达到人体总耗量的1/3左右。比如，我们在迎考阶段，大脑的耗能就非常大。在大量耗能的同时，脑内所产生的代谢产物也需要及时排出，否则会刺激神经，出现大脑疲劳的现象——哈欠、嗜睡、困倦等。

通过饮食来补充能量，当然是一种理想的办法，但是饮食需要考生自觉接受。

因此，中医专家们十分重视护养“胃气”。所谓“胃气”就是指人体对营养的消化和吸收功能。人们所谓的健康膳食就是包括了三层含义：首先，通过膳食调配，提供满足人体生理需要的热能和比例合适的各种营养素；其次，建立合理的膳食制度和掌握正确的烹调方法，以利于各种营养素的吸收利用及减少营养素的损失；再次，就是避免膳食结构的比例失调，以免造成营养素的缺乏或过量，引起机体代谢紊乱，甚至发生疾病。

人的消化功能，应该包括“机械性”和“化学性”两个方面。口腔咀嚼，胃、肠的蠕动等，是机械功能或称物理性；而各种消化酶、胃酸等消化液对食物的作用，则属化学性消化。这两者又常与自主神经功能相关。因此，要想通过饮食来补充能量，就要求重视烹制技艺，制作出色、香、味、形俱佳的美食，从感观上激发自己的食欲，使自己爱食、增食。简言之，对大家的膳食安排，要变健康膳食为健康美食，这样，才能够通过饮食充分补足大脑对能量的需求。

## ◆科学运用饮食防病

有些食物对某种疾病确实有防治作用，这在我国古代文献中早有记载。专门为某些疾病配制有一定疗效的食品也有不少，如《黄帝内经》用治失眠的“半夏秫米汤”等。近年来，食疗更加引起医学界及专家的重视。从20世纪70年代起，人们在传统食疗的基础上，研究制成很多食疗食品，供患者治疗时食用，与此同时也发明了供某些从事特殊工作的人们所需要的食物，如航天员及潜水员所需的食品。随着人们生活水平的提高和健康意识的增强，健康食品、保健食品、特殊用途食品等，更是名目繁多。可以将这些食品归列为两大类：一类是以健康人群为对象的，其中有婴幼儿、孕妇、产妇、乳母、老年人，以及从事剧烈体力劳动需要大量补充营养素的人群所用的食品；另一类是医疗特需人群的食品，如糖尿病人所需的无糖食品之类。如果按食品的作用又可分为以下三类。

### 一、滋补健身的食品

目前已较普遍使用的有浓缩鱼蛋白、人造肉、豆奶、母乳奶、补血奶糖、L－赖氨酸味精、防龋齿糖、嗓音保健茶等。最近又制成含多种纤维素的面包、饼干，可用以预防大肠癌、直肠癌、肥胖病、胆结石、静脉炎、龋齿、溃疡性结肠炎等疾病。另外，某些蜜蜂花粉食品，含有蛋白质、氨基酸、维生素、糖类、酶类、微量元素等多种物质，营养价值要比牛奶高 5 ~ 7 倍。

### 二、专门用作治疗的食品

主要通过调整食物中的营养素来适应病人的消化、吸收和代谢功能，从而促进病人的早日康复，这些食品可以按疾病治疗要求加工制成，已用于临床的有：低钠食品、低蛋白质食品、低热量食品、低（无）蛋白质高热量食品、高蛋白质食品、无乳糖食品、配制低盐食物用的组合食品等七大类。它们已成为相关疾病的患者康复时不可或缺的食品。

### 三、要素饮食或化学成分明确的食品

又称要素膳食或要素合剂，是一种将人体需要的各种营养要素，按一定组成配制而成的粉状或液化的膳食。用时加水配制成悬液，供口服或管饲之用。自 1940 年要素膳食在实验和临床应用后，日益受到临床医师的重视。1965 年给宇宙航行员应用，称为宇宙饮食。以后逐步被用于临床，如治疗大面积烧伤、消化道瘘、短肠综合征等，以及外科手术前的营养补充等。要素饮食甚至被认为是继抗生素发明以来的又一重要治疗武器，是临床营养方面的一项重要进展。要素饮食是从研究人体对氨基酸的需要量和食用化学成分明确的膳食，进行一系列实验研究发展起来的。

因此，掌握食疗不但能有助于疾病的早期康复，更重要的是能预防疾病、增强体质和保障健康。学生时期，能够不生病，其智力的发育也必然是健康的。

## ◆防止体质“酸性化”

人体在大量摄入高脂肪、高蛋白、高热量的食物以后，经过体内组织、器官的代谢，产生大量的酸性物质，如乳酸、碳酸等。当体内的酸性物质超过自体调节能力，或者机体调节酸碱平衡能力受到影响时，就可能使其体液呈现“酸性化”，并由此而形成酸性体质。什么叫酸性体质？它对人体有哪些危害呢？

人体体液的 pH 值在 7.3 以下时，就称为酸性体质；如果测得人体血液 pH 值在 7.3 ～ 7.45 之间时，称为碱性体质。

据统计，碱性体质者约占人群的 10％ 左右。若人体液的 pH 值是在 7.35 以下，就处于健康和疾病之间，医学上称之为“亚健康状态”。处在这种状态下的人，经常会感到身体疲乏、记忆力衰退、注意力不集中、腰酸腿痛，但又查不出什么器质性病变。如果此时不重视改善体质，就会继续恶化，而出现不同系统的疾病，当体液 pH 值低于 7 时，就可能会产生重大疾病了。

如果人体倾向酸性时，组织、器官的细胞功能、作用就会变差，而代谢时所产生的“废物”也不容易排出，肝、肾两脏的负担就会加重，整个人体的新陈代谢会显得缓慢，各器官的功能也会减弱，所以也就容易得病（癌症患者几乎都是酸性体质）。对于青少年来说，酸性体质会使之产生“酸性脑”，影响其智力的发育，所以家长们应特别重视对食品酸碱性质的调节。

随着人们生活水平的提高，大多数人都有条件选取精细食品，如精白米、精白面、鱼、肉、虾、蟹、禽、奶、蛋类等食物。这些食物可以让人们摄取大量含氯、硫、氮、磷等酸性物质，但若都是摄取这类精细食品，体液就难以维持弱碱性的状态，容易发生体液“酸化”。如果孩子们长期跟随家长摄取同类饮食，就有可能严重影响其大脑智力和脑神经功能的正常发育。因为，当成为酸性体质时，大脑当然也属于“酸性脑”了，“酸性脑”会直接影响记忆力，并使思维能力减弱，严重时还可能导致发生精神孤独、忧郁等现象。

家长对子女的饮食安排，不单是满足口腹之欲，还需要明确个体特点。因为人的发育先后、快慢不一样，智能的反映也有差异。影响的因素有先天和后天等多方面，当然也涉及在构建大脑时，大脑发育的物质基础是否充分、合理。所以，家长们需要了解食物的酸碱属性，要根据孩子的体质特征合理安排饮食。如果酸性和碱性不平衡，还会引起多种疾病。

但我们应该知道，所谓酸性、碱性食品，并非指味觉上的酸碱性。确切地说所谓碱性食品的要素成分是钙、钠、钾、镁，它们成为人体运动和脑活动所必需的四种元素。食物中含钙、钠、钾、镁等金属元素的总量原本是较高的，当它们在人体内经过代谢以后，最终产生的灰质则呈碱性，因此此类食物才被称为碱性食物。常用的碱性食物包括：蔬菜、水果、牛奶，干果中的杏仁、栗子、榧子等。而所谓酸性食品则含有较多的氯、硫、磷等非金属元素，它们在体内代谢后，最终产生的灰质是呈酸性的，因此这类食物才被称为酸性食物。常用的酸性食物有含k蛋白质丰富的肉类、鱼类、禽类、蛋类，以及谷类，干果中的花生、榛子、核桃等。与此同时，必须知道，较多蛋白质是"两性"的，所以人们只要注意在平时的饮食过程中，酸碱食品适量配合，这种饮食就是健康的。为了健康的需要，必须注意酸性与碱性食品的平衡，尤其要适当控制酸性食品摄入的比例，以避免发生体质的"酸性化"。

## ◆益智膳食的合理安排

已知人体必需的营养素约有50多种，各种营养素在机体内发挥着各自独特的功能，但它们在代谢过程中又需要相互影响，才能协同完成调节人体的各项生理活动，以维持人体健康。

膳食，就是日常的饮食。人们所需要的营养素，绝大多数就是从膳食中摄取。各式各样的食品含有不同比例、组合各异的营养成分，用这些食品的不同种类和数量去组合食物，就是人们所谓的"膳食结构"。

健康膳食也称合理膳食、平衡膳食，它是在营养合理的基础上，使人体内各种营养素相对平衡，以保障人们的身体健康。所以健康膳食应当包含三层意义：①通过膳食的调配，提供能满足人体生理需要的热能和比例合适的各种营养素；②建立合理的膳食制度和掌握正确的烹调方法，以利于各种营养素的吸收利用及减少营养素的损失；③避免膳食结构的比例失调，造成营养素的缺乏或过量，从而引起机体代谢紊乱，导致疾病发生。

因此，搭配合理就显得非常重要，当然健脑益智用的膳食，更要重视科学的搭配。配伍的原则可以归纳为以下几点。

主食搭配　就是指将细粮与粗粮，粮谷与豆类、薯类、瓜类等食物进行科学的配比。为了使摄入的营养素全面、丰富，机体能充分地对食物消化、吸收，就要求对食物的粗细进行全盘考虑。科学的饮食必须讲究合理的粗细搭配，采取有粗、有细的均衡膳食（当然也包含粮食的粗细比例）。除动物性蛋白质等营养素以外，蔬菜、水果中膳食纤维、维生素的含量也必需适量配足。从理论上讲，要求粗细之比最好是 3∶2，这样的配比营养更合理，特别是 B 族维生素、膳食纤维更丰富，并使主食形式更加多彩。

荤素搭配　荤菜与素菜所含的营养成分不同，而且营养素在人体内的作用也各有特点。平衡膳食讲究合理的荤素搭配。按要求，荤菜包括各种肉类，每天总量为 150 ~ 200 克；素菜包括蔬菜、豆制品等，每天总量为 350 ~ 500 克。荤素搭配可以达到营养的互补，有利于人体的吸收、利用。

多样搭配　市场上食物品种繁多，即使同一类食物，其所含的营养成分也各不相同，应视每日所选的食物种类，从多品种配合角度给予调整。科学的膳食要求每天应包含“膳食宝塔”所列五大类。根据我国实际情况，国内营养学专家提出，每人每天的食物种类应吃到 10 ~ 20 种，最好能达到 30 种。

水陆搭配　在选择动物性食品作为蛋白质供给时，应当做到水陆食物的合理搭配，同时应注重水产食品的海陆平衡，在选择水产品作为蛋白质供给时，必须考虑海、陆水产品的合理调配，以使两者在营养上的“优势互补”。

膳食的科学搭配，有利于人体对蛋白质、脂肪、碳水化合物、矿物质、维生素等各种营养素的摄入，从而更好地满足机体的生理需求；膳食的科学搭配，使得各种食物的营养素做到优势互补，如由肉类与豆制品组成的菜肴，就是动物蛋白与植物蛋白的有机结合，可以使蛋白质对机体健康的作用发挥得更好；膳食的科学搭配，可提高一些食物的营养价值，如单纯进食谷类会缺少赖氨酸，而豆类的硫氨基酸含量相当丰富，但单纯进食豆类则与谷类正好相反，如果采用粮豆混食，就可以大大提高两者的营养价值；膳食的科学搭配，可以由一种营养物质促进另一种营养物质在体内的消化、吸收与利用，如维生素 A 能促进蛋白质的合成，维生素 C 能促进铁的吸收等；膳食的科学搭配，对各种食物的主料、副料、点缀料进行科学组合，注重饭、菜的色、香、味、形、质，可以大大增进营养食品的食欲效果，并提高食物的消化与吸收。因此，膳食的科学搭配，对增进营养和促进健康是非常有益的。益智膳食，就更需要通过膳食的合理搭配，重点突出在选取的食物，以补充大脑所需的营养成分，用以增强记忆、促进思维等。

## ◆需要特别补充的营养

有效的益智膳食，就是要不断地摄入对大脑有益的、含不同营养成分的食物，并进行科学、合理的搭配，从而促进大脑的多种功能，包括提高脑神经功能的灵敏度，促使记忆力增强，并且能够迅速地清除影响脑功能正常发挥的不良因素，尽快消除脑疲劳和脑饥饿。益智膳食特别需要补充的营养成分如下。

含有大脑所需的糖类食物　人体能量来源主要由膳食中的糖、脂肪和蛋白质所提供。人脑所消耗的能源，主要也是依靠血液中的葡萄糖（血糖）氧化所供给，因此大脑对血糖是极为敏感的。人脑每天需用 116 ~ 145 克葡萄糖，当血糖浓度降低时，大脑的耗氧量也随之下降，脑的反应也就迟钝。较轻者，可以感到头昏、疲倦；重则还会发生昏迷。为此，保持一定血糖的浓度，才可以保证大脑能够完成一系列复杂的机能。

富含优质蛋白的食物　所谓优质蛋白质，就是这些蛋白质成分中，含有组氨酸、赖氨酸、丝氨酸等人体必需的氨基酸。这些氨基酸与大脑皮层及神经细胞功能调节相关，而大脑皮层正常的兴奋和抑制功能，有利于提高脑的记忆力。优质蛋白除了有调节神经功能外，还是构造血细胞的重要原料。一般情况下，中学生每天需要摄入 50 ~ 60 克蛋白质，在迎考阶段应适当增加，如果摄入量不足时，容易发生贫血。要适当食用一些奶及奶制品、蛋类及瘦肉，这些食品富含优质蛋白，对大脑是有益的。优质蛋白还能组合、利用脑细胞在代谢过程中所产生的“氨”，从而消除或减低代谢产物的毒性，保护脑细胞。

有脑磷脂和卵磷脂成分的食品对于大脑的保护，同样十分必要。但食物中的脂类有饱和脂肪酸和不饱和脂肪酸之分，大脑所需要的是不饱和脂肪酸，特别是脑磷脂和卵磷脂之类。构成脑细胞的重要原料就有亚油酸、亚麻酸、花生四烯酸等不饱和脂肪酸，因此，含脑磷脂、卵磷脂的食物，有补养脑细胞的作用，能使人精力充沛，工作和学习持久力增强，对于因为长期紧张而引起的神经衰弱，也有较好的防治功效。

## ◆益智的微量元素与食源

我们经常会发现，有些中学生面色苍白，还会出现头昏目眩、懒言乏力、心悸气短、精神不振、记忆力差等症状。这与长期紧张的学习，大脑消耗能量较多，出现大脑疲劳有关，有些还与体内缺乏某些微量元素有关。其中与智力密切相关的微量元素有如下几种，它们可以从相关食物中摄取。

铁　因为铁是组成红细胞中血红蛋白的重要成分，红细胞之所以能携带氧气及二氧化碳，就是依靠铁来完成的。如果食物中长期缺铁，就会导致缺铁性贫血。其实，铁的食源很广泛，日常食物中瘦肉、蛋黄、鱼类等都含有丰富的铁，而植物食品大枣、核桃、花生米、山楂、樱桃、草莓等也都含铁。

铜　铜是人体必需的微量元素，在人体内是以铜酶的形式，参与机体一系列复杂的生化过程。它参与血红细胞中铜蛋白的组成，与微量元素铁有相互依赖的关系，是体内铁元素吸收、利用、运转及红细胞生成等生理代谢的催化剂。此外，铜还参与造血和铁的代谢过程，如果缺少铜，会导致造血机能发生障碍，即使机体内有充足的铁，也会引起贫血。因此，饮食中需要吃含铜丰富的食物，如鱼、牡蛎、芸豆、金针菜、蛋黄、大豆、核桃、花生、葵花子、芝麻、蘑菇、菠菜、杏仁、茄子、稻米、牛奶等。

锌　是人体内一种重要的营养素，它参与体内 50 多种酶的合成，能促进生长发育与组织再生，能促进食欲，还具有增强脑细胞思维、记忆的功能。如果缺锌，就会出现嗅觉、味觉衰退，厌食，生长缓慢，智力减退，记忆力下降等。锌的供给量中学生每天为 10 毫克，如果按混合膳食中锌的平均吸收率为 20% 估算，每人每天的锌供给量应为 50 毫克。锌的主要食源是蛤、贝类；其次是动物肝脏、虾、鱼、猪瘦肉、牛肉、酵母、鸡肉、鸡蛋、花生酱等；蘑菇和坚果类（花生、核桃、松子仁等）、豆类，还有小麦、麦麸、牛奶、海带、芝麻、木耳、茶叶等也含有一定量的锌；蔬菜中含锌较多的有卷心菜、土豆、菜花等。

钴　是维生素 $B_{12}$ 的一种极其重要的组成成分，它必须从体外摄入。含钴的维生素 $B_{12}$ 可被人体结肠中的大肠杆菌合成，是血红细胞形成的一种重要元素。人体内的维生素 $B_{12}$ 含量为 2 ~ 5 毫克，主要分布在肝脏中，由进入人体的钴，在肠道中合成。每日人体对钴需要量为 1 微克。钴的丰富食源主要是，牛肝、猪肝、猪肉、蛤肉类、鸡肝、牛胰、猪肾等动物脏器，猪瘦肉、蟹肉、沙丁鱼、蛋和干酪也是钴的良好食源，牛奶、酸奶、豆类、木耳、银耳和家禽肉为钴的一般食源。

锰　是维持人体健康的一种营养元素。它在细胞代谢中起重要作用。人体内含锰为 12 ~ 20 毫克，分布在人体的一切组织内。肝、肾中含量较高，对心血管有益。人体缺锰时，不但会导致骨质疏松，而且会影响记忆力。每人每日需摄取锰 5 ~ 10 毫克，才能维持锰的代谢平衡。锰含量较多的食物有糙米、米糠、核桃、麦芽等；花生、木耳、口蘑、紫菜、马铃薯、大豆粉、葵花子、松子仁、榛子、麦粉、高粱等也含有较多的锰；动物肝脏、大多数蔬菜、茶叶也含有锰。

铬　是人体必不可少的微量元素之一。主要功能是维持体内葡萄糖的正常含量。人体缺铬可导致糖代谢紊乱，使大脑疲劳，缺铬还会导致近视。含铬丰富的食源有干酪、蛋类、动物肝脏，以及小麦、麸面、玉米、糙米、牛肉、啤酒、面包、红糖、黄油、鸡、马铃薯、柑橘、菠菜、草莓、葡萄、核桃、紫菜、黄花菜、苋菜及豆类。

硒　是维持人体正常生理功能的重要微量元素。硒与智力发育有一定关系。硒缺乏可见躁动不安、面色苍白等症状。硒的食源有芝麻、动物内脏、大蒜、蘑菇、海米、鲜贝、淡菜、金针菜、海参、鱿鱼、牡蛎、鱼粉、黄油、啤酒、酵母、小麦胚和龙虾。海蟹、干贝、带鱼、松花蛋、黄鱼、豆油、猪肾、全小麦粒（粉）、猪肉和羊肉也含有硒。

碘　在人体中的作用是合成甲状腺素，甲状腺素对人体有着多方面的重要生理功能。它能促进物质和能量代谢，促进蛋白质、糖和脂肪的代谢，还能使胡萝卜素转化为维生素 A，有利于提高视力。甲状腺功能低下时，体格和智力发育受到明显影响。含碘丰富的食物有：海藻、海带、紫菜、鱼肝、蚶、蛤、蛏、干贝、淡菜、海参、海蟹、龙虾等；此外鸡蛋、小麦、玉米、高粱、大米、葡萄等也含碘；还有种植在富碘土壤中的蔬菜，以及用含碘食物喂养的动物及其奶、蛋也含碘。

镍　具有刺激血细胞生长的作用，能促进红细胞再生。在人体缺铜的情况下，镍的生理活性将会发挥得更好。红细胞的功能对于供给大脑的营养素和血氧非常重要。镍的食源主要有茶叶、坚果类和海产品。而可可、奶油、谷类、肉类和部分蔬菜中也含有镍，海产品中尤其是海带、海参、鳗鱼、鲳鱼、紫菜等含量较多，蔬菜中黄花菜、雪菜、银耳、木耳等含量较多。

此外，叶酸、维生素 $B_{12}$ 及维生素 C，虽然不是构成血细胞的成分，但血细胞离开这些物质就不能成熟。这些营养素如果缺少时，会影响造血，引起贫血而使智力减退。

# 第三章 高考食谱巧安排

## ◆迎接高考的饮食原则

迎接高考最紧张的时间，正值春夏之交。此时气候渐趋炎热，容易出汗，人们不但因此丢失大量体液，并且大量消耗体内的多种营养物质，尤其是无机盐随汗而流失，若不及时、积极补充，还可能发生体液平衡失调，引起水、电解质紊乱。而且，因为天气炎热，导致胃液分泌减少，消化能力下降，影响脾胃的消化、吸收功能。加上睡眠不足，又可能会影响正常的食欲。而此时饮食安排应该强调“清补”为宜，尤其要重视健脾、益气、消暑、化湿，使消化功能保持健全。这样才可以从饮食中摄取并补充肌体不断消耗的能量，增强记忆功能，提高考试效率。科学合理的饮食安排原则如下。

### 一、早餐需吃好，避免发生低血糖

吃好早餐，这意味着给大脑供应必需的、充足的能量，以保持旺盛的精力和良好的应试状态。在迎考阶段可以多吃一些鱼类、豆制品、瘦肉、鸡蛋、牛奶及新鲜蔬菜、瓜果等有补脑益智功能的食物，少吃肥腻、油炸、甘甜的食品，更不要暴饮暴食，而加重肠胃的负担。否则不但对营养吸收不利，而且会使大脑的灵敏度降低，影响复习和考试的成效。早餐仍应该以粮杂类为主食，但因为碳水化合物内的热能释放相对较快，所以必须配有富含蛋白质和少量脂肪的食物，要合理配伍，做到干稀搭配，主副兼顾。

二、午餐要吃饱，保障充分的营养素

备考期间，大脑工作量大，体内的热能、各种营养素和水分消耗很大，所以午餐应该吃饱、吃好。午餐可以多吃一些肉类、鸡蛋等含优质蛋白质、卵磷脂等营养素的食物，以满足体内能量的较高需求，为午后的学习、活动做好物质、精神准备。因此，午餐应摄入充足的热量（占全天供能的40%左右）和多种营养素，包括主食、肉类、蔬菜、豆制品等。食物配置时要荤素搭配、粗细搭配。

三、晚餐应清淡，有利于大脑的休整

晚餐摄入食物的量，应与休息的迟早相协调。即使睡眠较迟者，晚餐也不宜过饱，更不可在睡前吃得过多，尤其不应该吃油腻和不易消化的食物，以避免导致消化不良。总之，晚餐要清淡，并且不宜吃得过饱。有学者研究发现，吃得过饱时，大脑中有一种叫“纤维芽细胞生长因子”的物质明显增加，从而使大脑的活动节奏明显减慢，这时工作效率就降低，学习的效果当然要差得多。

三餐之间，可以根据实际情况，灵活地安排一些水果、饮料之类。一般夏季气候炎热，水分消耗较多，中医称之为“伤津耗液”，可以增加一些时令水果，如西瓜、香蕉、草莓、苹果、葡萄等。饮料可选橙汁、苹果汁、柠檬汁、番茄汁、葡萄汁、菠萝汁（最好是现榨的原汁），既可以补充多种维生素、糖类、矿物质，还能调整水电介质的平衡。但应注意，即使天气炎热，也不要过多食用冷饮、冰镇食品，因为过多食用冷食，可能造成肠胃功能紊乱，影响正常的营养消化和吸收。

## ◆一周食谱安排示例

在安排一日三餐时，应重视主食、副食的合理搭配。根据中华民族的饮食习惯，三餐主食，在南方多选取大米为主，而北方以小麦、玉米等为主；副食的选取则与民族、宗教信仰等有关，一般情况选取内容大致如下。

早餐　主食可以选馒头、包子、油饼、烧饼、豆沙包、鸡蛋挂面、鸡蛋炒饭等；稀的主食可选取牛奶、米粥、鸡蛋汤、麦片粥等。而副食则可考虑选择咸鸭蛋、火腿肠、煮黄豆、酱豆腐、煮花生米、小葱拌豆腐等富含蛋白质的食品，以及拌三丝、拌黄瓜、拌茼蒿、麻香菠菜等含B族维生素、维生素C的食品。

午餐　主食可以选取大米饭、盖浇饭、炒饭、馒头、芝麻酱花卷、包子、玉米面、花生凉面、玉米小窝头、发糕、荞麦面等；粥类则选小米粥、大米粥、玉米面粥、绿豆粥、银耳蛋糊、木耳粥、丝瓜粥等。副食的热菜有炒猪肝、虾皮烧油菜、肉丝炒芹菜、柿子椒炒肉片、海带炖豆腐、炒大白菜、肉片烧豆角、蒌烧豆腐、珊瑚卷心菜、木耳炒白菜、肉末炒鸡蛋、珍珠菜花等；汤菜有排骨冬瓜汤、虾皮白菜汤、紫菜虾皮汤、金针虾仁汤、冬菇腐皮汤等。

晚餐　主食可以选小米粥、大米粥、山药粥、绿豆粥、莲子粥、参芪粥等；也可选取大米饭、馒头、芝麻酱花卷、白面发糕、玉米小窝头、鸡蛋挂面等。副食可选取热菜如炒肉丝、葱爆肉片、葱爆兔肉、糖醋带鱼、熘鱼片、虾皮烧菜心、宫保肉丁、鱼头砂锅豆腐、虾皮韭菜炒蛋、蒌烧豆腐、红烧鲥鱼、番茄炒蛋、拌绿豆芽、猪肘煲、清蒸黄花鱼、番茄鱼泥、滑溜双菇等；汤菜有蛤蜊木耳蛋汤、冬菇腐皮汤、杞骨汤、紫菜虾皮汤、党参益智猪尾汤等。

## ◆考期强化饮食要素

高考期间学生吃的菜肴，滋补力要强，当然首先要注意到能健运脾胃，同时考虑其益气血、滋阴精、补肝肾、添脑髓的作用。在烹饪中特别要重视调味，经常地变换花式，要让食品种类丰富。考期饮食更要注意如下几方面。

食品卫生，不可马虎　考期正值夏初，苍蝇、蟑螂等昆虫的滋生繁殖密度较大，而且空气中湿度、温度也适宜致病微生物的生长，这对高蛋白、高糖食品的贮存带来很多不利。所以考生饮食必须保持清洁、卫生，食品务必新鲜，绝对不可食用变质腐烂果蔬，以确保考生考期内健康。

优质蛋白，供给要足　因为蛋白质是脑神经细胞不可缺少的营养成分，而在三天考期内大脑活动强度增大，蛋白质的消耗量也相应增加，为了保证脑神经细胞功能可以迅速恢复，必须补给足够量的优质蛋白，如鸡蛋、鸽子、牛肉、羊肉、鱼、虾等。

补充维生素 C，改善供氧 在高考期间要适当地安排富含维生素 C 的食物，如番茄、芹菜、冬瓜、西瓜、草莓、葡萄、菠萝等应时果蔬。这是因为维生素 C 可以使血液发生动力改变，从而能改善大脑的氧化环境，使脑用氧气充分，不易发生脑疲劳。

补充磷脂，休整大脑 为了能使高考时大脑得到及时休整，需要补充一定的脑磷脂、卵磷脂，特别要多补充含 DHA 和 EPA 的鱼类食品，因为磷脂是脑细胞结构的主要材料。在高考期间，大脑工作时间延长，神经活动处于紧张状态，可能发生“脑饥饿”，为了能使脑神经细胞及时得到休整，所以要适当增加含磷脂类的食物。

## ◆健脑益智食谱精选

### 花生凉面

【选料】面条 100 克，花生米 50 克，黄瓜 75 克，精盐、香油、白糖各适量。

【制作】先将花生米，炒香研末，加精盐、白糖、香油拌成酱；黄瓜洗净，切细丝；再将面条下沸水中煮熟，捞出投入凉开水中浸凉后，沥去水分；调入花生酱、黄瓜丝，拌匀即食。

【功能】健脑益智，增强记忆。

【营养特色分析】花生米含有 40％～50％的脂肪酸，其中不饱和脂肪酸占 80％，为卵磷脂、脑磷脂等，有促进脑的发育、增强记忆力的功效。小麦面粉含有胆碱、卵磷脂，可增强记忆力，提高智力。黄瓜富含维生素 C，对脑也有益。此膳味清淡、鲜香，软而有筋，夏令食用，可促进脑的发育，增强记忆力，提高智力。

### 玉米小窝头

【选料】细玉米面 400 克，黄豆面 100 克，白糖 20 克，糖桂花 10 克。

【制作】先将玉米面、黄豆面、白糖、糖桂花一起放在盆中拌匀，逐次加入温水，共 150 克，反复揉和，使面团柔韧有劲，揉匀后搓成直径 5~6 厘米的圆条，再揪小面剂。在捏窝头前，右手先蘸一点儿凉水，擦在左手心上，以免捏时黏手。然后取一个面剂放在左手心，用右手指捻几下，将风干的表面揉软，再用两手搓成圆球形，仍放在左手心里。右手食指蘸点凉水，在圆球中间钻一个小洞，边钻边转动，左手拇指根及中指同时协同捏拢。这样洞口由小到大，由浅至深，将窝头上端捏成尖形，直到面团厚度只有 0.5 厘米，且内壁、表面均光滑时，便制成小窝头生坯。将生坯码入屉内，上火蒸 10 分钟，即可食用。

【功能】健脑和中，益智强志。

【营养特色分析】本膳用玉米面，富含多种营养成分，有卵磷脂、维生素 B 族、钙、磷、锌等，能健脑益智；黄豆以其所含多种氨基酸、磷脂等配合，更能强智和脾胃。此膳色艳味佳，甜香可口，粗粮细作，营养互补，造型亦美。

### 黄豆小米浆

【选料】黄豆 150 克，小米 150 克，白糖适量（也可不加）。

【制作】先将黄豆、小米分别去除杂质，放入盆里，用冷水浸泡 2~3 小时，磨成稀浆，滤出浆汁（去渣不用），放入盆内。锅内加适量清水，煮沸，把滤好的浆汁入锅内，边下边搅，煮沸后加糖（不加亦可），即可食用。

【功能】益智健脑，益气和中。

【营养特色分析】本膳所用黄豆，含脂肪、蛋白质、异黄酮等多种营养成分；小米营养极为丰富，有安神益智之功。此膳细腻无渣、滑润可口，并有益智健脑、健脾和胃、益气宽中的作用。

### 芝麻核桃糊

【选料】黑芝麻 120 克，核桃仁 100 克，桑葚 30 克，蜂蜜适量。

【制作】先将黑芝麻用水淘洗干净、沥干，上锅用小火炒香，取出，与核桃仁、桑葚共研成末，备用。食用时将研成之碎末，放入碗中，加蜂蜜调匀，再加沸水冲泡成糊，即可食用。

【功能】养血补肝，益肾健脑。

【营养特色分析】本膳中芝麻、核桃仁，富含卵磷脂、脑磷脂等不饱和脂肪酸，有滋养肝肾、填益精髓、健脑强智、增强记忆的功效；桑葚补血养肝，并含多种维生素，特别是维生素 C、维生素 A 的含量非常丰富；蜂蜜含果糖、维生素 C 等。

诸品共组，故能益智力、增记忆。此膳味甘黏稠、香甜可口。

### 海带炖豆腐

【选料】水发海带 50 克，豆腐 100 克，虾子少许，精盐、葱末、姜末、植物油、高汤各适量。

【制作】海带洗净，切成丝；豆腐切成小方块，下开水锅内焯一下，捞出沥水（去豆腥味）。锅置火上，放少许植物油烧热，下葱、姜末煸炒，随即放入高汤烧开，放入海带煮沸 3 分钟，放入豆腐、虾子，盖上盖，小火炖 15 分钟，放入盐、味精、胡椒等调味品，即可出锅装盘。

【功能】益智健脑，增强记忆。

【营养特色分析】本膳所用海带富含碘、钙、多种氨基酸，其谷氨酸含量高。另外每 100 克海带中含有 200 毫克的牛磺酸，对孩子大脑的发育起十分重要的作用，是益智健脑食品。豆腐则可以给脑提供丰富的蛋白质、钙等营养成分。此膳如能经常食用，有利于促进大脑的发育及智力的提高。

### 木耳炒白菜

【选料】水发木耳 100 克，大白菜 250 克，米醋、白糖、鲜汤、精盐、味精、水淀粉、色拉油各适量。

【制作】先将黑木耳洗净，去杂质，沥干水分；大白菜去老叶，洗净，沥干水分，切成骨牌形的片，备用。炒锅置旺火上，放色拉油，烧至四成热，下木耳、大白菜，煸炒透，加精盐、白糖、鲜汤，煮沸 5 分钟，再加入味精，用水淀粉勾芡，最后放米醋少许。起锅装盘，即可食用。

【功能】健脑益智，清心润肺。

【营养特色分析】本膳用黑木耳，含蛋白质、人体必需氨基酸等，能健脑益智；大白菜含水分、蛋白质、钙，并含大量维生素 C、维生素 B 族等营养素。此膳色泽明快，口味鲜美。

### 糖醋带鱼

【选料】鲜带鱼 200 克，精盐、白糖、醋、料酒、花椒水、葱花姜末、蒜末、香菜、味精、植物油、酱油、湿淀粉各适量。

【制作】先将带鱼剁去头、鳍和尾尖，开膛去内脏，刮去腹内的黑膜，洗净，剁成 4~5 厘米的段，用酱油渍 20 分钟。锅置火上，放入植物油，烧至七成热，将酱油渍过的带鱼段放入油锅中，炸至外皮略硬，呈金黄色捞出，沥油。炒锅内留底油少许，入葱、姜、蒜末煸香后，加入酱油、米醋、白糖、料酒、花椒水、盐，再放入带鱼，煮沸 6 分钟，用湿淀粉勾芡，出锅装盘，即可佐餐。

【功能】健脑益智，清心润肺。

【营养特色分析】本膳用带鱼，含蛋白质、人体必需氨基酸等，能健脑益智。

### 番茄炒鸡蛋

【选料】鸡蛋 2 个，番茄 150 克，植物油 20 克，精盐、味精、白糖各适量。

【制作】先将番茄洗净，去皮、子，切成 1 厘米见方的小丁；鸡蛋磕入碗内，加少许盐搅打均匀。炒锅置火上，放入植物油，烧至五成热后，倒入鸡蛋翻炒均匀，下入番茄丁煸炒，加入精盐、白糖、味精，炒匀。盛入盘内，即可食用。

【功能】增强记忆，健脑益智。

【营养特色分析】本膳用鸡蛋，是理想的益智食物，对加强记忆力作用尤为明显；西红柿含丰富的维生素 C，并且在烹调时不易因加热而被破坏。维生素 C 在提高脑功能方面是极为重要的营养素，充足的维生素可使大脑灵活、敏锐。此膳番茄、鸡蛋相配，是很好的益智健脑菜肴，且色泽鲜艳，柔软适口。

### 肉丝豆腐羹

【选料】豆腐 250 克，猪肉 80 克，笋肉 25 克，高汤 500 毫升，湿淀粉、酱油、精盐、味精、料酒等适量。

【制作】先将豆腐切成条块状，猪肉切作丝，笋肉切丝。锅烧热，加植物油少许，放入肉丝，翻炒几下，加入料酒、高汤，再下豆腐块及笋丝、酱油、精盐，烧沸后加味精，再用湿淀粉勾芡，即可出锅装盆。

【功能】补肾养血，安神益智。

【营养特色分析】本膳用猪肉，蛋白质占 20% 左右，脂肪占 5% 左右，矿物质占 1%，其余为水分和维生素，尤其猪瘦肉含蛋白质较多，营养价值高，且容易消化；豆腐，含植物蛋白质、钙、磷等。此膳滑嫩鲜美，营养丰富。

### 荷包蛋

【选料】鸡蛋 2 只，胡椒粉、植物油、精盐各适量。

【制作】将锅置火上，加入植物油，待烧至五成热时，磕入鸡蛋，用小火，使蛋黄渐呈凝固状，撒入少许盐及胡椒粉，用铲起锅；第二只如法炮制即可。

【功能】健脑益智，活跃思路。

【营养特色分析】本膳用鸡蛋，营养丰富，含蛋白质、氨基酸较全面，能健脑益智；胡椒为中药，也是一种常用的调味品，含有胡椒碱、胡椒新碱、胡椒明碱、胡椒脂碱及芳香挥发油，有温中散寒、下气和胃、辛香开窍之功。此膳蛋嫩、味鲜，能健脑启智。

## 紫菜虾皮汤

【选料】紫菜 10 克，虾皮 15 克，瘦猪肉 20 克，料酒、精盐、醋、味精、色拉油、香油各适量。

【制作】先将紫菜撕碎，用水浸泡，洗净；瘦猪肉切成丝；虾皮去杂洗净泥沙，用料酒浸泡。锅置火上，内放色拉油烧至三成热，放入肉丝炝锅，再放入清汤、虾皮，煮沸后放入紫菜，沸 2 分钟，放入醋、精盐、味精，淋上香油，即可出锅食用。

【功能】健脑益智，和胃温肾。

【营养特色分析】本膳中的紫菜，含多种矿物元素，是益智食品；虾皮，也含有丰富的钙和锌，能温阳补肾。研究证实，锌有促进智能发展的作用，是维持大脑发育和增强脑功能的必要物质。此汤味鲜美，汤清、味醇，考生佐餐能促进食欲。

## 凉拌双耳

【选料】水发银耳 50 克，水发木耳 50 克，精盐、味精、白糖、胡椒粉、香油各适量。

【制作】先将水发银耳、木耳去杂质，撕成小片，用清水洗净，下沸水焯一下，捞出，投入冷开水中，凉后捞出，沥干装盘。取碗一个，加入精盐、味精、白糖、胡椒粉、香油。用冷开水调匀，浇在盘中，拌匀即成。

【功能】健脑强身，益智补肾。

【营养特色分析】本膳食用银耳、黑木耳，都含有丰富的蛋白质、脂肪、碳水化合物、钙、磷、铁、B 族维生素等，这些都是大脑最需要和最容易吸收的营养物质。银耳含 17 种氨基酸和酸性异多糖，有健脑强身之功；黑木耳含较多维生素 $B_2$，对脑的功能有促进作用。此膳口味爽脆，肉质细腻，柔嫩鲜美。

# 第四章 走出饮食误区

## ◆凡是补药就有益

随着人们生活水平的提高，在迎接高考的准备阶段，大多数学生家长会给孩子买很多补品，有人参、鹿茸、燕窝、哈士蟆、海宝、紫河车、冬虫夏草等。似乎越名贵的，属天然的“补药”，对孩子的高考帮助就越大。

中医历来非常重视对人体“进补”，然而“补”有各种方法，具体落实到每个人都不相同。简而言之，“补”是针对不足的一种调整方法。“补”，应当指“缺损、脱漏”者，需要给予补足、补充。所以，要注意缺什么，补什么。人们从日常饮食中摄取必需的营养成分，弥补消耗的缺失，从而使人体“收支平衡”，这就是“日常必需之补”。因为个人体质（素质）的差异或缺陷，一般可分为寒性、凉性、温性、热性和平性体质，或有阳虚、阴虚、气虚、血虚之别，而给予必要的调节，或补阴，或补阳，或补气，或补血，这就是“因人而异之补”。再者，因我国地域辽阔，南北、东西的湿度、气温、习俗都不相同，水土、矿藏也有差异，因而需要有针对性地调节（包括水分补充、矿物元素的调节等），这是“因地而异的补”。随着季节的变迁，人体对能量、营养成分的需求也有变化，因此有春养肝、夏清心、秋润肺、冬温肾等说法，这是四季“因时制宜的补”。

再说补药。任何药物都存在一定的适应范围，没有万能的“健脑品”。各种药物均有不同的性味和功能，而且在加工、炮制的过程中，又会发生一系列变化，产生功能的转变，形成不同品种。例如人参，就有山参、红参、生晒参等，它们存在平性、温性的区别；至于鹿茸、紫河车与银耳、燕窝之间，更是有燥热与凉润的差异。至于那些适宜服用的“补药”，还需要掌握合理的、科学的服法和用量。例如人参，确有抗疲劳的功能，从中医学角度分析，能“益气生津，调营养卫”。肺脾气虚的学生，若长期大脑耗氧而出现倦怠、乏力、打哈欠时，可以少量服食参汤或人参制品，但也不能服用太久，曾发现服参过久、过多，而发生亢奋、激动，导致引起失眠、烦躁的高考学生。因此，高考学生不能滥服补药，家长如果想给孩子进补，应当去医院请教，在医生的指导下服用。起码应当选择孩子适宜的，且特别了解了食用的方法、需用的剂量、服食的禁忌等的补药，切莫盲目、大量给孩子进补。

“补”是针对不足和“虚”而言，“补”的本义，是指有缺损、脱漏时，需要给予补足或补充的“调衡法则”，不能随意乱补。

## ◆吃得越多越好

高考备考期间，学生们由于精神压力大，不少人食欲不佳，饭量减少，甚至厌食，于是精力不支，倦怠乏力，萎靡不振。在这种状态下，复习的效果当然是不会理想的。因此，除了减轻心理压力外，设法改善营养，使大脑有足够的能源和血氧供给，是十分重要的举措。

但也存在另一种情况，有少数学生食欲特别旺盛，三餐进食“狼吞虎咽”，并似乎终日没有饱的感觉，在备考阶段吃个不停，糕点、鸡蛋、牛肉干、牛奶、水果，等等。家长则认为只要吃得下，吃得越多越好。其实，这种观点也不准确。因为这样的吃法，会使大脑血氧供给不足，血糖代谢失调，而影响脑神经的正常功能。我们知道，当胃内容物充盈时，血管就处在充血状态，便于提供血氧，并兴奋自主神经，胃肠蠕动加快。这时大脑的血供相应减少，脑细胞代谢产物也不能及时运走，而脑神经传递效率减退，必然会影响脑的记忆、思维等功能。所以，饮食要有节，调节好消化系统的“生物钟”，既要保障脑内能源的供给，也要使大脑的血氧供应充足。

科学研究发现，一个人如果吃得过饱，大脑中有一种叫“纤维芽细胞生长因子”的物质会明显增加，从而使大脑的节奏减慢，这样无论学习或工作，效率都会降低。

## ◆盲目信赖益智保健品

临近高考时，市场上会出现各种“益智”保健品，真是琳琅满目，任君挑选。那些包装精美、色彩鲜艳、价格昂贵的保健食品，大多标上内含脑黄金、卵磷脂、脑磷脂等，标榜它们有“益智”“健脑”“增强记忆”等功能。

于是学生家长毫不吝啬地买回一大堆，早晚督促孩子吃这吃那，还唯恐少吃了效果不好。其实，这只能是一种心理上的安慰，且不说这些物品所含益智成分的真假，试想这小小一支口服液或几粒胶丸，要在短期内起效，可能吗？所以，当孩子胃口本来欠佳时，家长们千万不要逼迫他（她）们吃这些所谓的“益智品”。

我们曾经遇见一吴姓男孩，本来学习很用功，但胃口不佳，形体羸弱，平时三餐进食不多。在临高考前一个月，家长希望他能突击“增智”，在市场上买了卵磷脂、深海鱼油、脑黄金等一大堆“益智”物品，督促他早晚服用。一个月后，孩子产生了厌食症，见到口服液和胶丸就想呕吐，饭也吃不下去，临近高考时，精神萎靡不振，记忆力下降，勉强应试，未能正常发挥，成绩自然不

**特级教师**

学生在学习过程中，在获取知识时，大脑的思维、记忆、想象等能力十分活跃，智力也在不断地发展。在此时期，由于大脑处于不断地调整完善之中，而且青少年需要不断掌握科学文化知识，脑的负担相当重，故必须保证供给大脑足够而多样的营养物质，以支持其高强度的活动和消耗。

够理想。

其实对这样的考生，除了考试前进行心理减压，更要设法调节好他的消化功能。饮食安排需要投其所好，变着法子进行食品翻新，种类多样化，烹制可口的饭菜，从而激发他的食欲，在这个基础上给予合理的营养供给。只有心情轻松了食欲才能旺盛，不能强迫他们接受不愿服用的食品。

中医历来强调“护养后天”，所谓后天就是脾、胃。只有脾胃的消化功能健全时，人的精力才能充沛，记忆力才能增强，以这种状态参加考试，当然就轻松愉快多了。